U0572955

BLUE BOOK

智 库 成 果 出 版 与 传 播 平 台

河南省社会科学院哲学社会科学创新工程试点项目

河南蓝皮书
BLUE BOOK OF HENAN

河南社会发展报告（2022）

ANNUAL REPORT ON SOCIAL DEVELOPMENT OF HENAN (2022)

加快建设幸福美好家园

主　编／王承哲

副主编／陈东辉　张　侃

社会科学文献出版社
SOCIAL SCIENCES ACADEMIC PRESS (CHINA)

图书在版编目（CIP）数据

河南社会发展报告：加快建设幸福美好家园.2022 /
王承哲主编. -- 北京：社会科学文献出版社，2021.12
（河南蓝皮书）
ISBN 978 - 7 - 5201 - 9237 - 8

Ⅰ.①河…　Ⅱ.①王…　Ⅲ.①社会发展 - 研究报告 -
河南 - 2022　Ⅳ.①D676.1

中国版本图书馆 CIP 数据核字（2021）第 213852 号

河南蓝皮书
河南社会发展报告（2022）
——加快建设幸福美好家园

主　　编／王承哲
副 主 编／陈东辉　张　侃

出 版 人／王利民
组稿编辑／任文武
责任编辑／连凌云
责任印制／王京美

出　　版／社会科学文献出版社·城市和绿色发展分社（010）59367143
　　　　　地址：北京市北三环中路甲 29 号院华龙大厦　邮编：100029
　　　　　网址：www. ssap. com. cn
发　　行／市场营销中心（010）59367081　59367083
印　　装／天津千鹤文化传播有限公司

规　　格／开　本：787mm × 1092mm　1/16
　　　　　印　张：20.75　字　数：310 千字
版　　次／2021 年 12 月第 1 版　2021 年 12 月第 1 次印刷
书　　号／ISBN 978 - 7 - 5201 - 9237 - 8
定　　价／128.00 元

河南蓝皮书系列编委会

主　　任　阮金泉

副 主 任　王承哲　李同新

委　　员　（按姓氏笔画排序）

万银峰　王宏源　王建国　王承哲　王玲杰

毛　兵　任晓莉　阮金泉　闫德亮　李太淼

李立新　李同新　李宏伟　完世伟　张富禄

张新斌　陈东辉　陈明星　曹　明　潘世杰

主要编撰者简介

王承哲　河南省社会科学院党委委员、副院长、研究员。马克思主义理论与建设工程首席专家，国家级领军人才。主持马克思主义理论与建设工程、国家社科基金重大项目《网络意识形态工作研究》《新时代条件下农村社会治理问题研究》两项以及国家社科基金一般项目1项。著有《意识形态与网络综合治理体系建设》等多部专著。主持省委省政府重要政策的制定工作，主持起草了《华夏历史文明传承创新区实施方案》《河南省文化强省规划纲要》等多部重要文件。参加中央纪念马克思诞辰200周年纪念大会中央领导讲话起草工作、中宣部《习近平新时代中国特色社会主义思想学习纲要》编写工作等，受到中宣部嘉奖。获得省部级一、二等奖励多项。

陈东辉　河南省社会科学院社会发展研究所负责人、研究员，为河南省学术技术带头人、全省宣传思想文化系统"四个一批"人才、全省青年社会科学理论"百优人才"；在《光明日报》《中州学刊》等报刊发表论文60多篇，多篇论文被人大复印报刊资料全文转载或被《求是》《新华文摘》摘编；独著《反腐倡廉建设中的窝案串案问题研究》等2部，参与完成《历久弥新的红旗渠精神》等15部著作；独立和参与完成的成果获省部级优秀成果奖10多项；主持完成国家社科基金项目青年课题1项，参与完成国家课题5项；多次参与省委省政府重要文件起草工作，省委省政府组织的省情调研活动和中纪委、中组部的调研活动；参与完成的10多篇决策建议进入省委省政府决策。

摘　要

　　本书由河南省社会科学院主持编撰，系统概括了近年来尤其是2021年河南社会建设所取得的主要成绩，全面梳理了当前河南社会发展的特点和形势，剖析了河南社会发展面临的热点、难点及焦点问题，并对河南2022年社会发展提出了对策建议。

　　《河南社会发展报告（2022）》依据党的十九大及十九届三中全会、四中全会、五中全会精神和省第十一次党代会精神，以加快建设幸福美好家园为主线，对河南省的民生建设、网络舆情、贫困治理、人口老龄化、社会保障、乡村振兴等重大理论与实践问题进行了全面深入系统的解读。

　　全书由总报告、热点篇、专题篇、调查篇四大部分组成。总报告由河南省社会科学院"河南社会发展报告课题组"撰写，代表本书对河南社会发展形势分析与研判的基本观点。2021年是"十四五"的开局之年，是伟大的中国共产党迎来百年华诞的纪念之年，也是河南开启全面建设社会主义现代化河南新征程、谱写新时代中原更加出彩绚丽篇章的关键一年。一年来，面对汛情疫情的叠加影响，河南省委、省政府直面危机，团结带领全省人民迎难而上，加快推进灾后重建，全力抓好疫情防控，回稳向好的发展态势稳步拓展，社会事业高质量发展持续推进，保障和改善民生水平不断提升，幸福美好家园建设全面铺开，为河南"十四五"规划的成功实施奠定了坚实的基础。但同时，河南社会发展也面临着一系列不容忽视的挑战与难题，汛情疫情叠加冲击下经济社会发展面临严峻考验，灾后重建任务复杂艰巨，重点领域风险有所抬头，人口结构性矛盾日益加剧，持续巩固拓展脱贫成果与

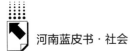

乡村振兴有效衔接任重道远。2022 年是推进河南省社会主义现代化进程的新起点，为贯彻落实"十四五"发展规划和实现第二个百年奋斗目标打好基础，意义重大。面对复杂严峻的外部环境和省内长期积累的体制性、结构性矛盾风险，河南省应理性看待形势变化，牢牢抓紧构建"十四五"发展新格局的战略机遇、新时代推动中部地区高质量发展政策机遇和黄河流域生态保护和高质量发展历史机遇，锚定"两个确保"奋斗目标，全面实施"十大战略"，努力开创河南省高质量发展、加快建设幸福美好家园的新局面。

热点篇、专题篇、调查篇三大板块，邀请省内外专家学者分别从不同视角对河南社会的重大事项进行深入剖析，客观反映了 2021 年河南社会发展的基本状况、挑战和难题，展望了 2022 年河南社会发展的形势趋向，提出了推动社会事业改革发展、加快建设幸福美好家园、谱写新时代中原更加出彩绚丽篇章的对策建议。

关键词： 社会发展　幸福美好家园　高质量发展　河南省

目 录 ↖↘

Ⅰ 总报告

Ⅱ 热点篇

Ⅲ 专题篇

Ⅳ 调查篇

皮书数据库阅读**使用指南** 👆

总 报 告
General Report

B.1
推动社会事业高质量发展
加快建设幸福美好家园
——2021~2022年河南社会发展报告

河南社会发展报告课题组*

摘　要： 2021年是"十四五"的开局之年，是伟大的中国共产党迎来百年华诞的纪念之年，也是河南开启全面建设社会主义现代化河南新征程、谱写新时代中原更加出彩绚丽篇章的关键一年。一年来，面对汛情疫情的叠加影响，河南省委、省政府直面危机，团结带领全省人民迎难而上，加快推进灾后重建，全力抓好疫情防控，回稳向好的发展态势稳步拓展，社会事业高质量发展持续推进，保障和改善民生水平不断提升，幸福美好家园建设全面铺开，

---

　*　课题组负责人：陈东辉。执笔人：陈东辉，河南省社会科学院社会发展研究所研究员，主要研究方向为政治社会学；张侃，河南省社会科学院社会发展研究所助理研究员，主要研究方向为组织社会学；李三辉，河南省社会科学院社会发展研究所助理研究员，主要研究方向为乡村治理；闫慈，河南省社会科学院社会发展研究所助理研究员，主要研究方向为社会治理；潘艳艳，河南省社会科学院社会发展研究所助理研究员，主要研究方向为城市社区治理。

为河南"十四五"规划的成功实施奠定了坚实的基础。但同时，河南社会发展也面临着一系列不容忽视的挑战与难题，汛情疫情叠加冲击下经济社会发展面临严峻考验，灾后重建任务复杂艰巨，重点领域风险有所抬头，人口结构性矛盾日益加剧，持续巩固拓展脱贫成果与乡村振兴有效衔接任重道远。2022年是推进河南省社会主义现代化进程的新起点，为贯彻落实"十四五"发展规划和实现第二个百年奋斗目标打好基础，意义重大。面对复杂严峻的外部环境和省内长期积累的体制性、结构性矛盾风险，河南省应理性看待形势变化，牢牢抓紧构建"十四五"发展新格局的战略机遇、新时代推动中部地区高质量发展政策机遇和黄河流域生态保护和高质量发展历史机遇，锚定"两个确保"奋斗目标，全面实施"十大战略"，努力开创河南省高质量发展的新局面。

关键词： 社会事业 高质量发展 民生建设 "十四五"规划

一 2021年河南社会发展形势及特点分析

2021年是"十四五"的开局之年，是伟大的中国共产党迎来百年华诞的纪念之年，是我国全面建成小康社会、实现第一个百年奋斗目标之后，乘势而上开启全面建设社会主义现代化国家新征程、向第二个百年奋斗目标进军的第一年，也是河南开启全面建设社会主义现代化河南新征程、谱写新时代中原更加出彩绚丽篇章的关键一年。

2021年，也是形势严峻复杂、极不平凡的一年。7月中旬以来河南遭遇了极端强降雨天气，特别是7月20日省会郑州市遭受特大暴雨灾害，灾害给河南造成了重大人员伤亡和财产损失。7月底，特大暴雨带来的余波还未结束，新冠病毒变异毒株德尔塔（Delta）带来的疫情又再次肆虐。一年来，疫情和汛情的叠加影响，给正处于经济社会恢复发展期的河南带来了前所未有的困难和挑战。遭受汛情疫情叠加影响的河南，经济社会发展面临着比上年更为严峻、复杂的考验。河南省委、省政府直面危机，勇往直前，团结带领全省人民迎难而上，以习近平总书记关于防汛救灾工作重要指示为根本遵循，全面深化落实李克强总理批示，加快推进灾后重建，全力抓好疫情防控，确保人民群众生命财产安全，确保社会大局稳定，使得回稳向好的发展态势稳步拓展，社会事业高质量发展持续推进，保障和改善民生水平不断提升，幸福美好家园建设加快推进，为河南"十四五"规划的成功实施奠定了坚实的基础，在谱写新时代中原更加出彩绚丽篇章的进程中迈出了重要的第一步。

（一）经济发展回稳向好，发展新动能不断增强

2021 年河南坚持稳中求进工作总基调，以推动高质量发展为主题，致力于以持续的改革创新来巩固拓展疫情防控和经济社会发展成果，努力保持经济运行在合理区间。上半年，全省供需两端共同发力，经济发展实现了稳定恢复、稳中向好。

一是整体经济发展形势平稳恢复，与全国的差距在逐步缩小。上半年，河南生产总值 28927.96 亿元，同比增长 10.2%，两年平均增长 4.8%；上半年全省生产总值的同比增速与全国的差距相比第一季度的 2.9 个百分点缩小到了 2.5 个百分点。① 但同时也应该看到，河南上半年的 GDP 增速和两年平均增速都低于全国平均水平，在中部六省中也排名垫底。

二是经济发展供需两端都实现了持续恢复改善。生产供给端方面：农业生产稳中向好，全省夏粮产量达到 760.64 亿斤，比上年增长 1.3%，再创历史新高；工业生产稳步恢复，全省 40 个工业行业大类中有 37 个实现了增加值同比增长，增长面达 92.5%，五大主导产业增加值同比增长 12.4%，增速高于规模以上工业 1.9 个百分点；服务业快速恢复，服务业增加值同比增长 12.4%，两年平均增长 6%，分别高于全国水平 0.6 个、

---

① 《河南省 2021 年上半年国民经济成绩单》，河南省人民政府网，2021 年 7 月 19 日，http://czt.henan.gov.cn/2021/07 - 19/2185474.html。

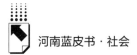

1.1 个百分点。市场需求端方面：固定资产投资稳步恢复，上半年全省工业投资同比增长 7.7%，两年平均增长 5.1%，比一季度两年平均增速快了 5.8 个百分点，基础设施投资和房地产开发投资上半年同比增速分别高于全部投资增速 1.8 个、3.7 个百分点；进出口实现了较快增长，上半年全省进出口总值同比增长 60%，高于全国水平 32.9 个百分点，全省手机出口同比增长 72.6%，占全省出口总额的 55.4%。①

三是发展新动能不断增强。重点改革持续推进。上半年以来，全省省市县政务服务事项办理时限压缩 70% 以上，减税降费 101.72 亿元，实现新增市场主体 76.2 万户。对外开放势头良好。上半年全省实际吸收外资超过 105 亿美元，同比增长 5%，郑州机场国际货邮吞吐量同比增长 45.3%，客货运规模稳居中部地区双第一。② 创新驱动成效显著。新兴产业快速发展，上半年全省规模以上高技术制造业、战略性新兴产业增加值同比分别增长 27.5%、16.2%，分别高于规模以上工业增速 17 个、5.7 个百分点，全省高技术制造业投资增长 36.7%，高于工业投资增速 29 个百分点；数字经济产业发展迅猛，上半年全省电子信息设备制造业增加值增长 38.1%，增速高于规模以上工业 27.6 个百分点，全省电子信息产业投资增长 31.9%，增速高于全省工业投资 24.2 个百分点；企业研发费用持续增长，1~5 月全省规模以上工业企业研发费用同比增长 51.4%，规模以上服务业企业研发费用同比增长 39.3%。③

（二）居民人均可支配收入恢复性增长，居民消费呈现逐步回暖态势

2020 年，新冠肺炎疫情给河南经济社会发展带来巨大冲击，也给居民

① 《2021 年上半年河南经济运行情况分析》，中商情报网，2021 年 7 月 20 日，https：//www. askci. com/news/data/hongguan/20210720/1001071523546. shtml。
② 《河南省 2021 年上半年国民经济成绩单》，河南省人大融媒体中心，2021 年 7 月 28 日，https：//www. henanrd. gov. cn/2021/07 –28/129562. html。
③ 《2021 年上半年河南经济运行情况分析》，中商情报网，2021 年 7 月 20 日，https：//www. askci. com/news/data/hongguan/20210720/1001071523546. shtml。

生活带来了重大影响，全年全省居民人均可支配收入只同比增长了3.8%，居民人均消费支出更是同比下降了1.2%。2021年，随着河南经济社会发展的复苏，人民生活也呈现出逐步向好的趋势。上半年，全省居民人均可支配收入为12735元，同比增长11.42%，略高于同期经济增速，居民收入增长与经济增长基本同步。但横向比较来看，河南居民人均可支配收入与全国水平的差距有扩大趋势。2019年、2020年和2021年上半年，河南全省居民人均可支配收入分别为全国居民人均可支配收入的77.8%、77.1%、72.2%，占比持续缩小；从收入增长情况看，2019年、2020年和2021年上半年河南人均可支配收入增速分别低于全国0.1个、0.9个、1.2个百分点，与全国增速差距呈扩大态势。这是一个需要引起高度重视的现象。

伴随着居民收入的增长，居民消费也逐步恢复增长。上半年，全省居民人均消费支出9087元，同比增长22.57%。消费支出的增长推动了全省消费品市场的稳步复苏。上半年，社会消费品零售总额为11813.09亿元，同比增长17.1%，其中，限额以上批发零售住宿餐饮业零售额同比增长19.0%。① 居民消费结构持续优化，消费升级态势得到延续。2021年以来，消费升级类商品保持了较快增长，上半年，新能源汽车限额以上零售额同比增长125.4%，高于限额以上零售额增速106.4个百分点；计算机及其配套产品限额以上零售额同比增长70.5%，高于限额以上零售额增速51.5个百分点；体育娱乐用品类、书报杂志类、文化办公用品类限额以上零售额同比分别增长26.8%、25.7%、40.1%，分别高于限额以上零售额增速7.8个、6.7个、21.1个百分点；金银珠宝类限额以上零售额同比增长27.0%，高于限额以上零售额增速8个百分点。②

---

① 《上半年全省消费品市场持续恢复》，河南省统计局官网，2021年7月29日，http://www.ha.stats.gov.cn/2021/07－29/2192191.html。
② 《上半年全省消费品市场持续恢复》，河南省统计局官网，2021年7月29日，http://www.ha.stats.gov.cn/2021/07－29/2192191.html。

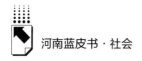

（三）教育领域综合改革持续深入，义务教育阶段"双减"成为改革重点

2021年，进入"十四五"时期的河南教育事业发展开启了新的征程。河南在持续深化教育领域综合改革的基础上进一步加快建设高质量教育体系。为了积极应对人口老龄化，激励家庭生育，如何切实减轻家庭的教育负担、进一步推进教育公平就成为当下教育改革亟待解决的问题。而作为整个国民教育序列基础的义务教育，更应该凸显其公平性、公益性、普惠性和全民性，自然也成为教育领域减负改革的重点。在这个大背景下，作为2021年中央部署的一项重大政治任务，"双减"（减轻中小学生作业负担和校外培训负担）成为教育部推动的头号工程。围绕这一改革主题，中央和河南省都推出了一系列改革举措。① 这些改革举措包括：中共中央办公厅、国务院办公厅印发《关于进一步减轻义务教育阶段学生作业负担和校外培训负担的意见》；教育部下发了《教育部办公厅关于进一步明确义务教育阶段校外培训学科类和非学科类范围的通知》；教育部等八部门联合发布了《关于规范公办学校举办或者参与举办民办义务教育学校的通知》；新修订的《民办教育促进法实施条例》于9月开始实施；河南省教育厅下发《关于组织实施2021年义务教育师资薄弱环节改善暨中小学教师素质提升工程的通知》；河南省教育厅印发《河南省推进幼小科学衔接攻坚行动实施方案》等。

这一系列法律、文件、政策的推出实施，其核心就是要给教育特别是义务教育阶段的学生减负，进一步促进教育公平、提升教育质量。具体来说，推出的改革举措主要有以下几个方面：

一是通过全面减少学校作业总量和时长来切实减轻学生的过重作业负担。规定作业难度不超标，严禁要求家长检查、批改作业，以减轻家长负

---

① 《"开局十四五　奋进新征程"系列发布会（二）：教育事业高质量发展文字实录》，河南省教育厅官网，2021年6月17日，http：//jyt. henan. gov. cn/2021/06 – 17/2166454. html。

担；量化作业多少标准，明确要求小学一、二年级不布置家庭书面作业，三至六年级作业时间不能超过 1 小时，初中不得超过 90 分钟。这些举措都很具体很具可操作性和可检查性，便于有效落实。

二是提升学校课后服务水平，切实减轻家庭教育负担。规定学校要提供课后服务，一方面是时间上要有保证，课后服务结束时间不早于当地正常下班时间。有特殊需要的学生，学校还应该提供延时托管服务，初中生工作日晚上还可开设自习班。另一方面是质量要有保证，规定学校要制定课后服务实施方案，增强课后服务的吸引力，要将完成作业、学习答疑和课外兴趣活动相结合，同时严禁讲新课。在完善提升学校课后服务水平方面，郑州市已经做出了很多尝试。2020 年，郑州市就已经开始推行公立中小学中午供餐，放学免费延时托管的改革，极大地方便了学生，减轻了家庭接送负担。郑州市金水区更是探索出一套"1 + X"课时分配模式，规定课后服务第 1 个课时进行统一作业辅导，第 2 个课时开展丰富多彩的社团活动。在统一提供 2 课时课后服务之后，通过党员先锋岗、值班教室、家长志愿者等进行"接力"，实现学生弹性离校，满足个别家长延迟接送孩子的特殊要求；同时区政府督查室将学校开展课后服务工作纳入教育督导考核，注重听取学生和家长反馈，构建起了中小学课后服务的"金水模式"。金水区也因此入选教育部遴选确定的首批 23 个义务教育课后服务典型案例单位。

三是坚持从严治理，全面规范校外培训行为，从供给侧进行改革，彻底化解义务教育阶段的"内卷化"。通过将"义务教育阶段的校外培训机构转为非营利、不再审批新的，存量机构进行严格审核，禁止校外培训机构占用国家法定节假日、休息日及寒暑假期组织学科类培训"等一系列雷厉风行的举措，基本将校外培训机构进行学科培训的路径堵死，从供给侧根本上消除了学生争相"抢跑"进行课外培训而导致的教育焦虑、教育内卷和家庭教育负担过重等一系列问题，也从根本上推动了真正教育公平的实现。为了进一步堵住公办学校在职教师的校外培训行为，教育部专门发布了《关于开展中小学有偿补课和教师违规收受礼品礼金问题专项整治工作的通知》，决定自 2021 年 7 月到 2022 年 3 月，面向全国中小学校和教师

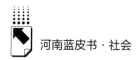

开展有偿补课和违规收受礼品礼金问题的专项整治工作，以彻底消除校内教师校外补课的乱象、遏制教师"课上不讲课下讲"现象和教育领域的各种不正之风。河南省教育厅也印发了《河南省推进有效科学衔接攻坚行动实施方案》，规范了小学招生，明确禁止校外培训机构对学前儿童进行小学课程的学科培训。

四是进一步提升公立义务教育学校教育均衡和教育质量，同时严查公立学校办民校现象，将优质教育资源收归公立教育体系，进一步推进教育公平的实现。《关于进一步减轻义务教育阶段学生作业负担和校外培训负担的意见》中提出要大力提升教育教学质量，确保学生在校内学足学好，通过促进义务教育优质均衡发展、提升课堂教学质量、提高优质普通高中招生指标分配到区域内初中的比例等一系列改革举措，让公立义务教育的质量更加提升，教育机会更加公平，从而增强公立义务教育的吸引力，为化解义务教育的"拉丁美洲化"[①] 现象奠定了政策基础。同时明确规定，"实施义务教育的公办学校不得举办或者参与举办民办学校，不得利用国家财政性经费举办民办学校，不得影响公办学校教学活动"。这也预示着"公参民"学校将彻底退出历史舞台。这一改革举措，一方面明确了公办和民办的界限，杜绝了以往通过公办名校光环举办民办分校，绕开政策约束进行掐尖招生、高价招生等严重破坏义务教育公平性、公益性的现象，另一方面也给予真正的民办学校以空间，让纯民办学校能够规范发展，发挥公立教育有益补充的作用，从而进一步优化了教育生态，提升了教育质量，促进了教育公平。目前，河南全省义务教育阶段的"公参民"学校已经开始"闻风而动"，就到底是独立变成完全民办还是转制成为真正的公立学校进行前期分类考察，为下一步的改制、改革进行探路。

---

① 义务教育阶段的"拉丁美洲化"问题，其具体是指"在人口收入差距急剧拉大的社会中，大量中高收入的学生家长可能逃离公共教育体系而在私立部门寻求更高水准的服务，公办学校特别是基础教育阶段的公办学校逐渐成为低劣质量机构的'代名词'"。见王蓉主编《中国教育新业态发展报告（2017）》，社会科学文献出版社，2018。

（四）就业形势总体平稳，重点人群和受疫情灾情影响行业的就业压力得到有效疏解

2021 年，河南坚持把稳就业、保就业作为工作的重中之重，社会保障、人才人事、劳动关系和行风建设等工作统筹推进，以强力有效的举措取得了就业任务的高效推进。1~7 月全省城镇新增就业 84.59 万人，新增农村劳动力转移就业 36.96 万人，已分别完成年度目标任务的 76.9%、92.4%；[①]上半年，全省城镇登记失业率 3.29%，继续保持在预期目标范围内，开展各类职业技能培训 161.95 万人次，完成年度目标的 54%。[②]

面对河南经济艰难的恢复以及 2021 年 7 月以来的特大暴雨灾害和卷土重来的新冠肺炎疫情，河南的就业压力也在持续增大。河南通过一系列改革举措疏解了重点人群和部分行业高企的就业压力，为河南就业形势的整体平稳提供了坚实保障。一是大力缓解重点人群特别是 2021 年新毕业大学生的就业压力。2021 年河南全省应届普通高校毕业生达 70.6 万人，总量居全国第一，受疫情灾情叠加影响，就业形势十分严峻。[③] 为此，河南省政府办公厅印发了《河南省促进 2021 年高校毕业生更加充分更高质量就业若干政策措施》（以下简称《措施》），提出了鼓励企业扩大就业规模、落实政策性就业、支持基层就业等 13 条措施。其中，2021 年公务员招录计划 9000 人，事业单位招聘计划 40000 人，各高校专升本、研究生及第二学士学位招生计划 107000 人，应征入伍计划 8000 人，就业见习计划 23000 人；河南省国有企业要在 2021 年招聘计划中安排不低于 50% 的岗位招聘本省高校应届毕业生；各类基层服务项目招募数量原则上

---

① 《7 月份全省经济运行情况分析》，河南省统计局官网，2021 年 8 月 18 日，http://www. ha. stats. gov. cn/2021/08 – 18/2295678. html。

② 《河南省人力资源社会保障工作座谈会在郑召开》，河南省人民政府官网，2021 年 7 月 28 日，https://www. henan. gov. cn/2021/07 – 28/2191560. html。

③ 《2021 年河南高校毕业生全国第一　超 70 万就业》，央广网，2021 年 8 月 13 日，https://www. sohu. com/a/483125577_ 362042。

不低于 2020 年。① 二是大力缓解受疫情灾情和经济发展大环境影响的部分行业就业压力。2021 年河南的特大汛情和再次肆虐的疫情共同作用，给河南的企业发展，特别是实力弱、底子薄、风险抵御能力差的小微企业带来了灾难性的冲击，导致很多企业陷入困境，最大的影响就是引发工人的下岗失业。同时由于全国疫情防控形势的影响，也让大量外出务工人员出现集中性的回流，这也给河南下半年的就业带来了超预期的较大压力。为了经济社会发展的持续稳定、年度目标的顺利完成，河南从就业供需两端同时发力，推出了一系列降税费、增收入、稳就业的政策措施。一方面，全省继续对企业进行补贴和减税降费，增强企业稳定提供就业岗位的能力；另一方面，全省通过就业补贴、创业补贴等措施增强重点群体的就业创业能力。② 通过一系列有针对性、具操作性的应对举措，有效缓解了重点人群和相关行业的就业压力，也为下半年可能出现的劳动力回流做了充分准备。

（五）消灭绝对贫困取得最终胜利，全面推进乡村振兴开启新征程

5 月 27 日，河南省脱贫攻坚总结表彰大会在郑州隆重举行。这标志着经过八年艰苦卓绝的攻坚战，河南这个拥有 1 亿人口、4000 多万农村人口、3000 多万外出务工人员的人口大省彻底解决了绝对贫困问题。截止到 2020 年底，河南 718.6 万建档立卡贫困人口全部脱贫，53 个贫困县全部摘帽，9536 个贫困村全部出列，"两不愁三保障"全面实现，与全国同步实现全面小康。③ 在这样一个农业大省，贫困人口曾经高居全国第三位，脱贫任务极度繁重的人口大省彻底解决了绝对贫困问题，探索出了一条具有河南特色的脱贫致富之路，为乡村全面振兴奠定了坚实基础，为全省经济社会的高质量发展开拓了更为广阔的空间、注入了更为强劲的动力。

---

① 《硬核！河南出台新举措促进高校毕业生就业》，光明网，2021 年 8 月 13 日，https：// m. gmw. cn/baijia/2021 – 08/13/1302484587. html。
② 河南省社会科学院课题组：《2021 年河南上半年经济运行分析暨全年走势展望》，《河南日报》2021 年 7 月 13 日。
③ 《河南省脱贫攻坚总结表彰大会隆重举行》，河南省人民政府官网，2021 年 5 月 27 日，http：//www. henan. gov. cn/2021/05 – 27/2153368. html。

5 月 28 日，河南省乡村振兴局正式挂牌成立，标志着河南将从集中资源支持脱贫攻坚向全面推进乡村振兴转移，从实施脱贫攻坚消灭绝对贫困向推进乡村振兴实现城乡一体化融合发展转移。省乡村振兴局是由原省扶贫办重组而来，主要负责巩固拓展脱贫攻坚成果、统筹推进乡村振兴战略有关具体工作。2021 年以来，河南在夯实脱贫成果、防止返贫和实施乡村振兴，推进乡村建设方面都举措频频，取得了很好成绩。

一是在巩固拓展脱贫成果防止返贫方面，主要是抓好"两类人群"① 监测帮扶工作。目前，全省识别"两类人群"10.2 万户 32.2 万人，其中脱贫不稳定户 4.2 万户 13.9 万人、边缘易致贫户 6 万户 18.3 万人；已消除返贫致贫风险户 8.9 万户 28.1 万人，占比为 87.3%。通过对符合监测条件的"两类人群"及时识别认定、快速预警响应、到户精准施策，实现早发现、早干预、早帮扶，坚决守住不发生规模性返贫的底线。二是在统筹推进乡村振兴战略实施方面，河南大力实施乡村建设行动，从顶层设计到具体实施全面铺开，迈出了河南从全面脱贫攻坚转向全面推进乡村振兴新征程的坚实一步。2021 年以来，相继出台了《乡村建设行动实施方案》《县域国土空间一体化规划行动方案》《县域城乡交通一体化行动方案》等 13 个乡村建设行动重点任务专项方案，为河南乡村振兴战略的全面实施筹划了完善的蓝图。② 《乡村建设行动实施方案》（以下简称《方案》）中指出了未来五年河南乡村建设的总体任务，即要完善农村的基础设施和公共服务，让农村的人居环境更加宜居，实现县域内城乡基础设施的一体化，把河南的"三农"短板变成释放发展活力的"潜力板"。《方案》还明确提出了具体目标，即到 2025 年，基础设施方面，农村自来水普及率达到 93%，行政村快递物流服务通达率达到 100%，实现乡镇以上区域和重点行政村 5G 网络全覆盖，所有行政村村民"进城"最多换乘一次；公共服务方面，全省普惠性幼儿园覆盖率稳定在 80% 以上，学前教育三年毛入园率达到 92%，300 所乡镇

---

① 两类人群，指脱贫监测户和边缘贫困户。

② 《河南全面启动乡村建设行动》，国家乡村振兴局官网，2021 年 8 月 11 日，http：//www.cpad. gov. cn/art/2021/8/11/art_ 5_ 191220. html？from = groupmessage&isappinstalled =0。

卫生院达到或接近二级医院水平，50 种以上常见病实现基层首诊、县域内就诊率达 90% 以上；人居环境方面，2021 年启动人居环境提升五年行动，基本实现农村生活垃圾分类、资源化利用全覆盖，农村生活污水治理率达 45% 以上。[①]

目标已经确立，任务已经明确，河南大力推进乡村振兴的脚步正毫不停歇地向前迈进。2021 年底前，河南将全面完成县级以上国土空间规划编制，并优先完成 1000 个乡村建设示范村的村庄规划编制，同时 2021 年河南已经全面启动乡村建设行动，制定完善专项行动方案，建立健全工作推进机制，实现对 1000 个乡村建设示范村的培育，确保河南的乡村建设行动和后扶贫时代乡村振兴战略的实施开好局、起好步。

（六）人口总量和受教育程度双重增长，二次人口红利潜力巨大

十年一次的全国人口普查结果于 2021 年 5 月公布，河南省的人口整体发展趋势呈现出以下三个特点：

一是人口总量持续增加，人口年龄结构发生重大变化。按照第七次全国人口普查数据，河南全省常住人口为 99365519 人，与第六次全国人口普查数据相比，十年增长了 5.68%。河南省常住人口占全国人口的比重也比十年前上升了 0.2 个百分点，是中部六省中唯一占全国人口比重上升的省份，其他省份均有不同程度的下降，而中部地区整体的人口占比则下降了 0.79 个百分点，由此也可以看出河南省作为人口大省，具有较为雄厚的人口数量上的优势。[②] 年龄结构方面，全省常住人口中，0 ~ 14 岁人口占 23.14%；15 ~ 59 岁人口占 58.78%；60 岁及以上人口占 18.08%，其中 65 岁及以上人口占 13.49%。与第六次全国人口普查数据相比，十年间河南省 0 ~ 14 岁

---

① 《河南省乡村建设行动实施方案出炉　把农村短板变成"潜力板"》，潇湘晨报官方百家号，2021 年 5 月 25 日，https://baijiahao.baidu.com/s? id = 1700693102595699997&wfr = spider&for = pc。

② 河南省统计局：《河南省第七次全国人口普查公报（第一号）》，河南省统计局官网，2021 年 5 月 14 日，http://www.ha.stats.gov.cn/tjfw/tjsj/。

人口比重上升了 2.14 个百分点，15~59 岁人口比重下降了 7.49 个百分点，60 岁及以上人口比重上升了 5.35 个百分点，65 岁及以上人口比重上升了 5.13 个百分点。与全国相比，0~14 岁人口比重河南比全国水平高 5.19 个百分点，15~59 岁人口比重比全国水平低 4.57 个百分点，60 岁及以上人口比重比全国水平低 0.62 个百分点，基本持平。可以看出，河南处于劳动年龄的人口出现了较大幅度的减少，而未成年人和老年人的比例均有较大幅度增加，这让全社会的抚养负担迅速增加。但同时也可以发现，河南 0~14 岁的人口数量巨大，占人口比重在全国 31 个省、区、市中排名第四，年轻化人口数量仍有较大优势。

二是人口受教育程度大幅提升，人力资本存量持续增加。根据第七次全国人口普查数据，河南常住人口的受教育程度得到了大幅提升，每 10 万人中拥有大专及以上文化程度的人数为 11744 人，拥有高中文化程度的有 15239 人，拥有初中文化程度的有 37518 人，拥有小学文化程度的有 24557 人，与十年前的第六次人口普查数据相比，大专及以上文化程度人数增加了 83.56%，高中文化程度人数增加了 15.34%，初中文化程度人数减少了 11.64%，小学文化程度人数增加了 1.86%。人口受教育程度的大幅提升体现出了近十年河南人口整体素质的大幅提高，同时也反映了人力资本存量的人口平均受教育年限也稳步提高，15 岁及以上人口的平均受教育年限达到 9.79 年，比第六次全国人口普查时期的 8.95 年提高了 9.39%。

三是城镇化率大幅提高，人口流动规模不断增大。据第七次全国人口普查数据，河南城镇化率达到 55.43%，比十年前的第六次全国人口普查数据提升了 16.91 个百分点，增速快于同期全国水平。城镇化快速发展的同时，河南的流动人口规模也在快速扩大，与第六次全国人口普查数据相比，人户分离人口增长了 162.59%，流动人口中，省内流动人口增长了 167.64%，外省流入人口增长了 115.09%。

总体来说，由于人口老龄化和少子化趋势等的影响，作为人口大省的河南以数量型人口红利为主的第一次人口红利期逐渐过去，但同时以人口素质提升、人力资本积累和劳动力流动迁移推动的质量型和配置型人口红利为主

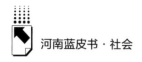

的第二次人口红利期正在河南兴起，逐步成为推动新时代河南经济社会发展的新的动力之源。

（七）大力推进基本民生建设，以政府"紧日子"换取百姓"好日子"

历经 2020 年新冠肺炎疫情的巨大冲击和 2021 年特大暴雨灾情与卷土重来疫情的双重影响，河南经济社会发展仍然面临着巨大压力，全省财政收支形势严峻，民生保障的任务更加艰巨。2021 年以来，省委省政府高度重视民生保障和基本民生建设，省委十届十三次全会上明确提出了"坚持紧日子保民生"的要求。河南在当前各级财政面临巨大困难的情况下，一方面要求从省级领导班子做起，从省直机关做起，带头过紧日子，坚决压缩非生产性支出；另一方面又大力推进民生建设，在压减一般性支出的同时，持续加大民生投入，2021 年上半年，全省民生支出 4472.4 亿元，占一般公共预算支出的比重为 75%。教育、文化、住房保障等民生支出分别同比增长4.8%、2%、9.6%。① 河南用自己的民生实践，真正践行了用政府的"紧日子"换取百姓的"好日子"。

从 2005 年开始的年度民生实事工程，是河南推进民生建设，切实增进人民福祉的有力抓手。2021 年确立的十大重点民生实事是年初省委、省政府从全省人民最关心、最直接、最现实的利益问题入手，在综合考虑社会关注度、群众满意度和任务完整性的基础上精心挑选出来的，并写入了政府工作报告。十项重点民生实事中有 5 项是接续推进的，5 项是新增加的，这样的设计安排一方面体现了民生建设的系统性和持续性，另一方面又充分体现了群众的最新诉求。②

截至 6 月底，省十项重点实事工程得到了积极推进，其中开展妇女"两癌"筛查、产前筛查和新生儿疾病筛查项目，全省累计开展妇女宫颈癌

---

① 《上半年河南全省民生支出 4472.4 亿元》，顶端新闻，2021 年 7 月 31 日，https：//www.163.com/dy/article/GG570CFC051490Q6.html。

② 《河南公布 2021 年重点民生实事》，《东方今报》2021 年 2 月 4 日。

筛查完成目标任务的 60.01%、乳腺癌筛查完成目标任务的 62.07%，全省免费产前超声筛查、血清学产前筛查目标人群覆盖率分别达到 75.58%、76.57%，覆盖率分别高于年度目标任务 20.58 个和 21.57 个百分点，完成新生儿"两病"筛查 40.64 万例、听力筛查 40.61 万例，筛查率分别为98.88%、98.81%，分别高于年度目标任务 8.88 个和 8.81 个百分点；实施残疾儿童康复救助项目，截至 6 月底，有 21985 名残疾儿童接受了康复救助服务，有 11 个省辖市、济源示范区和 8 个省直管县已提前完成了年度目标任务；推进城镇老旧小区改造项目，上半年，全省已经完成老旧小区改造任务的 76%；改善农村出行条件项目，上半年全省累计实现 4955 个自然村通硬化路，完成目标的 55%；推动农村电网提档升级项目，上半年完成了 1848 个配电台区改造升级，完成目标任务的 36.96%，新建、改造10 千伏及以下线路 2834 千米，完成率达 56.68%；城市公共区域窨井设施维护改造项目，完成了年度整治任务的 40%；扩大 5G 网络覆盖面项目，已实现全省县城以上城区及 1394 个乡镇 5G 网络覆盖；提升移动政务服务能力项目，"豫事办"累计上线服务事项 3788 项，覆盖住建、人社、公安、民政、卫健等高频民生领域，已完成年度目标任务，"豫事办"全省普及率达 41.1%，各地"豫事办"分厅共计上线服务事项 2611 项；加快补齐乡村教育短板项目，特岗教师招聘方面，教育厅等四部门 4 月印发了《关于做好 2021 年农村义务教育阶段学校教师特设岗位计划实施工作的通知》，计划于 8 月中旬完成特岗教师招聘工作，农村教师周转房建设工程，上半年全省已开工建设农村教师周转宿舍 6849 套，开工率达 97.84%，已建成 1182 套；扩大村（居）法律顾问服务项目，上半年全省专业律师担任村（居）法律顾问的比例已达到 83.8%，完成了年度目标任务。[①] 总体上看，河南 2021 年的十项重点民生实事工程基本实现了时间过半任务完成过半，民生建设工作推进效果良好。

---

① 河南省人民政府办公厅：《关于 2021 年上半年省重点民生实事进展情况的通报》，2021 年 7 月 19 日，https：//www.henan.gov.cn/2021/07－19/2184698.html。

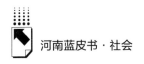
二 2021年河南社会发展面临的挑战和问题

2021年河南省面临的社会发展形势比较复杂，自然灾害、突发应急事件、重大事故等不确定性因素增多，给经济社会发展带来了诸多困难和挑战，社会生活秩序恢复、民生保障水平提升、人口结构改善、社会治理能力提高、乡村振兴推进等都需要引起高度重视和认真对待。

（一）水灾叠加疫情反复，经济社会运行遭遇严峻形势

2021年，河南经济社会运行实属不易、艰难重重，罕见暴雨灾害与疫情反复叠加，经济、社会、民生问题交织，防汛救灾、灾后重建、疫情防控负重并行，全省经济社会运行遇到了前所未有的严峻挑战与考验。一方面，历史罕见暴雨灾害给河南经济社会发展造成了重大损失，多地人民群众的生产生活秩序被严重扰乱。2021年8月9日，河南省政府新闻办召开的发布会表示，经核查，截至8月9日7时，此次洪涝灾害共造成150个县（市、区）1664个乡镇1481.4万人受灾，累计紧急避险转移93.38万人，直接经济损失1337.15亿元。① 毋庸置疑，此次暴雨灾害给经济社会发展的多个领域带来的损害都创下了极值，灾后恢复重建任务繁重复杂。也基于此，"河南省加快灾后重建"系列第三场新闻发布会透露，"力争灾后1个月内基本完成受损的重要市政设施、基础设施、公共服务设施维修抢通任务，3个月内恢复城乡正常生产生活秩序，力争1年内受灾地区基本生产生活条件和经济社会发展基本恢复到灾前水平"②。显而易见，无论是从受灾公布的数据还是灾后重建的计划时间跨度看，此次洪涝灾害对全省尤其是部分灾情严重

---

① 《力争灾后3个月恢复城乡正常生产生活秩序，1年内恢复到灾前水平！河南灾后恢复重建加快进行中》，大河网，https：//baijiahao.baidu.com/s？id＝1707679515455860615&wfr＝spider&for＝pc。
② 《力争灾后3个月恢复城乡正常生产生活秩序，1年内恢复到灾前水平！河南灾后恢复重建加快进行中》，大河网，https：//baijiahao.baidu.com/s？id＝1707679515455860615&wfr＝spider&for＝pc。

地区人民的生产生活秩序造成了极端不利影响。另一方面，河南灾后重建刚刚起步又叠加本土聚集性疫情反复，进一步扰乱了全省尚未恢复的经济社会运行秩序。面对突如其来的疫情反扑，全省多地正常生产生活秩序被迫"暂停"，尤其是郑州等区域经济社会发展重启的按键再次被搁置，企业生产停滞、民众工作学习中断、生活消费受阻，疫情直接导致多项经济社会发展指数下滑，企业市场不确定性增加、居民收入下降、公共安全情绪紧张、社会心态波动，"涝疫结合"给河南经济社会发展正常运行、生产生活秩序恢复带来了巨大挑战，并且压力在短期内无法完全消解。

（二）重点领域风险有所抬头，社会治理能力亟待提升

2021年虽然河南社会大局秩序稳定，但回头来看，一些重点领域社会风险的动向也较突出，生发出了几例突发事件、重大事故和潜在风险，扰乱了经济社会生活秩序，触发和加深了民众对社会公共安全的焦虑，带来了明显的负向社会后果，社会治理面临的多领域重大风险不容忽视，必须持续强化社会治理能力提升。一是应急管理领域风险凸显，突发事件应对与风险防控存在能力短板。2021年7月以来，暴雨灾害给河南造成了重大人员伤亡和财产损失，其背后绕不开的是人们对应急管理和灾难救援的追问。重大灾难后果直接暴露了河南应急管理体系存在重大漏洞风险，如城市风险研判预警不足、关键基础设施工程应对极端灾害风险的设计存在短板、突发事件的应急预案不足等。如何不断提高灾害预警的精准度、应急决策的科学性、防灾减灾救灾效度，将是进一步完善应急体系、提升应急管理能力必须填补的地方。除了持续极端强降雨灾害，河南还接续遭遇了本土聚集性疫情，不仅呈现了院感防控不力带来的巨大危害，更直接暴露出常态化疫情防控政策体系及其落实存在重大问题隐患，"松懈"常态化疫情防控需坚决拉紧，常态化疫情防控不能沦为疫情常态化反复。这些事件也再一次给我们敲响了警钟，要正确科学分析灾害风险的潜在后果，防控思想麻痹诱发更大风险，当风险灾害来临时如何切实保护人民群众生命财产安全、维护社会生活秩序稳定，始终是应急管理的最大命题。二是安全生产领域风险持续存在，安全生

产治理能力急需加强。近年来，党和政府更加注重安全生产发展工作，一再强调"生命重于泰山"，要坚决守住安全生产底线红线。然而，安全生产事故依然时有发生，如5月新密煤矿涉嫌瞒报4人死亡安全事故，柘城县"6·25"火灾事故。这些惨痛教训，凸显了安全生产的思维意识、隐患排查、法定职责压实、行业部门监管等环节不同程度地存在缺陷，必须在制度层面、体系层面从严从紧加强安全生产治理能力建设，切实把风险隐患消除在事故之前，为经济社会发展、人民生命财产安全筑牢防线。三是企业市场领域风险积累，社会不稳定因素值得警惕。雨情、疫情冲击下，省内各市场行业都受到不同程度的影响，尤其是实体经济遭遇困境，一些企业不得不停工停产、个体经营暂停甚至倒闭，给民众经营收入增加、扩展就业、生活质量提高等带来严重挫折。同时，政府债务风险、企业风险、金融风险也在不断累加，如"豫能化"债务危机影响仍在，地方政府的隐性债务压力仍在，房地产领域资金链运行风险仍在，非法金融风险仍在，对此等各类风险如果重视不够、防范不力，可能会导致多领域风险叠加，传导释放更大的风险后果甚至损害社会大局稳定。

（三）民生保障水平仍需提高，灾后重建任务复杂艰巨

民生是推进社会主义现代化建设之本。加快建设幸福美好家园，需要一以贯之坚持以人民为中心的发展思想，通过更加平衡、更为充分的发展来不断满足人民的美好生活需求。2021年，河南民生社会事业改革迈出了坚实步伐，在教育、医疗、社会保障等热点难点问题上都下了功夫，但是民生保障改善水平还较低，与人民对美好生活的期待还存有差距，再加上罕见洪涝灾害的冲击，进一步给全省民生社会事业进步、持续深化改革带来一定的负向影响。一方面，突发自然灾害严重损伤民生发展，灾后恢复重建过程中的民生保障任务艰巨，这也是2021年、2022年两年内民生社会事业的新特点和新挑战。据统计，2021年7月以来的河南暴雨灾害给正常生产生活带来了恶劣后果，农业方面，农作物受灾面积1620.3万亩，成灾面积1001万亩，绝收面积513.7万亩；居民住房方面，倒塌房屋35325户99312间，严

重损坏房屋 53535 户 164923 间，一般损坏房屋 209465 户 664279 间；交通运输方面，京广等 3 条高铁和陇海、京广等 7 条普铁发生水害 1100 余处，高速公路 75 个路段、2630 处发生水毁，干线公路水毁路段 6458 个、长度 876 公里，农村公路冲毁路基 7524 公里、路面 6944 公里，内河损毁航道护坡护岸 10 处、航标 106 座、渡口 137 处、码头 43 处，抢修保通任务异常艰巨；电力电网方面，受强降雨影响停运（含主动停运）35 千伏及以上变电站 42 座、35 千伏及以上输电线路 47 条，10 千伏配电线路受损 1807 条。[1] 不难发现，灾后恢复重建工程量极大，形势严峻，政府有关部门推算，受灾地区恢复到灾前生产生活水平至少需要 1 年的时间，做好受灾地区民生保障工作困难重重。另一方面，持续做好就业、教育、住房、医疗、养老、社会保障等重点民生工作压力不减，保障和改善人民生活水平的公共服务体系仍待健全。如就业形势依然严峻，就业结构性矛盾日渐突出。疫情防控常态化下的经济下行及产业结构调整，给就业带来巨大挑战，重点群体的就业压力巨大，其中高校毕业生的就业需求仍在不断扩大，2021 年河南 70.6 万的应届普通高校毕业生数量居全国第一。[2] 同时，新兴行业人才短缺、用工供需上的年龄失衡矛盾、行业性供求差异较大等"用工荒"和"就业难"并存的就业结构性矛盾现象已成常态，仍待合理引导消解。办好人民满意的教育依然任重道远，城乡义务教育资源均衡发展问题仍未真正解决，"双减"政策试点探索成效尚待检验，学前教育入院难、公办幼儿园占比低、幼儿安全等普及普惠发展问题备受关注，普通高中教育与高中阶段职业教育改革问题屡屡引发民众讨论，优质高等教育资源依然短缺。实现全体人民住有所居目标的住房保障体系仍需发力，棚户区改造、公共租赁住房保障体系建设、老旧小区更新改造等都需加速提升。老龄事业改革发展和养老服务体系建设仍需提

---

[1] 《力争灾后 3 个月恢复城乡正常生产生活秩序，1 年内恢复到灾前水平！河南灾后恢复重建加快进行中》，大河网，https：//baijiahao.baidu.com/s? id = 1707679515455860615&wfr = spider&for = pc。

[2] 《2021 年河南高校毕业生全国第一超 70 万就业》，腾讯网，https：//new.qq.com/omn/ 20210813/20210813A05DQ500.html。

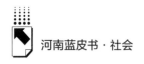

速提质，距离建成健全的居家社区机构相协调、医养康养相结合的养老服务体系还有一段距离，这是跑步进入"老龄社会"的河南必须积极应对的难题。

（四）人口结构性矛盾日益加剧，促进人口长期均衡发展面临挑战

人口发展问题一直是国计民生的核心议题，是关乎全局的战略性问题。作为人口大省，河南在很长一段时期都存在着突出的人口数量与质量、人口结构非均衡等矛盾张力，延阻了河南经济社会健康发展步伐。透视最新的第七次人口普查结果，河南人口发展态势呈现了一些新变化、新特征，一些结构性的矛盾有加剧走向，给经济社会发展增添了新挑战。一方面，人口老龄化程度不断加深，劳动年龄人口比重呈下降趋势。相较于2010年第六次全国人口普查数据，河南第七次全国人口普查结果显示，全省常住人口中，15～59岁人口为5841.3万人，占58.78%，比重下降7.49个百分点；60岁及以上人口为1796.4万人，占18.08%，比重上升5.35个百分点；65岁及以上人口为1340.2万人，占13.49%，比重上升5.13个百分点。① 分析来看，河南人口老龄化发展迅速，同时劳动年龄人口比重在下降，人口年龄构成"此消彼长"现象的背后将是社会负担的日渐加重。另一方面，人口受教育结构中高学历人口比例低。河南第七次全国人口普查结果显示，全省常住人口中，拥有大专及以上文化程度的人口为11669874人。与2010年第六次全国人口普查数据相比，每10万人中拥有大专及以上文化程度的由6398人上升为11744人②，但与全国平均水平的15467人相比仍有差距。③ 从受教育程度人口结构看，虽然河南近年来人口教育水平有了较大提高，人口受教育年限增加，但与全国平均水平比仍然较低，国内排名不占优势，人口大省距离人力资源强省还有一段路程。综合来看，尤其是在当前老龄化社会日益加

---

① 《河南省第七次全国人口普查公报（第四号）》，河南省统计局官网，http://www.ha.stats.gov.cn/2021/05－14/2145060.html。
② 《河南省第七次全国人口普查公报（第五号）》，河南省统计局官网，http://www.ha.stats.gov.cn/2021/05－14/2145061.html。
③ 《图解｜七普人口数据你关心的问题、官方回应全在这》，界面新闻，https://www.jiemian.com/article/6076545.html。

深的背景下，对冲劳动年龄人口数量减少的人才需求缺口，更需要持续提升人口素质，不断将人口教育水平推向新高度，以更有优势的人力人才要素应对人口结构的动态变化。

（五）步入全面推进乡村振兴新阶段，持续巩固拓展脱贫成果与乡村振兴有效衔接任重道远

2021 年，"三农"工作重心在脱贫攻坚战全面胜利后发生了历史性转移，河南乡村振兴事业也步入了全面推进的新阶段，乡村振兴战略使命光荣、挑战巨大。一是巩固脱贫攻坚成果面临压力，返贫现象受多重不确定性风险因素影响。2021 年以来，河南遭遇了暴雨袭击、多轮强降雨叠加等重大风险灾害，多地农村居民受灾，农村基础设施、农业农田作物生产、农房、公共服务设施及产业发展设施等遭到严重破坏，洪涝灾害给广大农民经济收入、生产生活品质带来了严重影响。据统计，此次暴雨灾害共造成全省 26 个国定脱贫县、11 个省定脱贫县、2759 个脱贫村、39.09 万建档立卡脱贫人口和监测对象受灾。造成全省扶贫项目损毁 5215 个，涉及资金规模约 11.30 亿元；扶贫车间受损 139 间，光伏电站受损 246 座、规模容量 45572.19 千瓦，农村扶贫道路损毁 1393.93 千米。① 显而易见，持续洪涝灾害加大了农村群众因灾致贫返贫风险，尤其是严重威胁了贫困地区"两不愁三保障"成果的巩固，确保全省无一人因灾致贫返贫任务艰巨，必须加大投入、因户施策，持续做好防止返贫监测和帮扶工作。二是实现有效衔接的产业核心支撑薄弱，乡村治理物质短板明显。产业振兴是乡村振兴的基础和首要任务，乡村发展、农民增收都依赖产业振兴和产品带动。当前，在面向"两个确保"奋勇前进的背景下，加快实现农业农村现代化必须大力推进乡村产业振兴，强化乡村发展的基础性支撑。然而，河南多数乡村产业发展较为滞后、农村集体经济发展普遍面临困境，显现于产业基础薄弱、抗风

---

① 《已脱贫地区民众受灾情况如何？河南：确保全省无一人因灾致贫返贫》，搜狐网，https：//www.sohu.com/a/483299683_120154373。

险能力差、优势自然属性向商品属性转化的路径不畅、特色产业缺乏、存在大量集体经济"空壳村"和薄弱村，从而导致乡村振兴"造血"功能与内生发展动力严重不足，农民就业门路狭窄、收入来源单一，城乡经济社会发展不平衡不充分。三是相对贫困治理是长线条社会问题，乡村振兴推进共同富裕目标实现需接续努力。共同富裕是社会主义本质要求和人民群众的期盼，农村地区推进乡村振兴是解决相对贫困问题、实现共同富裕的必经道路和关键。因为贫困治理是个长期性的问题，绝对贫困可以消除，但相对贫困会伴随经济社会发展状况而持续存在，需不断健全完善贫困治理工作机制，切实把针对绝对贫困的脱贫攻坚举措逐步调整为针对相对贫困的日常性帮扶措施，并纳入乡村振兴战略统筹安排，形成解决相对贫困问题的社会合力。当前，无论是农村居民收支水平，还是乡村产业化水平，都与全省平均水平、全国平均水平存在一定差距，乡村振兴推动实现共同富裕仍有较长的路要走。

三　2022年河南社会发展基本态势分析

即将过去的2021年是"十四五"的开局之年，是构建新发展格局的起步之年，更是开启建设社会主义现代化国家新征程的起始之年。站在新的历史起点，河南省紧抓战略机遇期，在新冠肺炎疫情与洪涝自然灾害的重大风险与挑战的多重考验中，坚持推动经济社会高质量发展。展望2022年，河南省要进一步抗稳压实责任担当，妥善应对灾情与疫情的负面影响，在危机中育新机、于变局中开新局。立足当前、放眼长远，全力促进社会在经济、政治、文化、生态等方面的健康可持续发展。

（一）新发展格局日趋形成，经济运行曲折中前行

近两年，全球疫情持续演变，国际环境纷繁复杂，国内经济社会大局也不断面临风险与挑战。中央经济工作会议指出，全球形势仍然复杂严峻，复苏不稳定不平衡，疫情冲击导致的各类衍生风险不容忽视。2022年要坚持

稳中求进工作总基调，"加快构建新发展格局"。加快构建以国内大循环为主体、国内国际双循环相互促进的新发展格局，坚持扩大内需战略，推动经济持续恢复和高质量发展。新发展格局的构建是党中央针对当前新形势做出的重大战略决策，也是贯彻以人民为中心发展思想的重要体现。为深入贯彻落实党中央国务院的决策部署，省第十一次党代会强调，要科学把握新发展阶段，完整准确全面贯彻新发展理念，紧抓构建新发展格局战略机遇，锚定"两个确保"，实施"十大战略"，加快推动河南高质量发展。这也为河南省当下及今后一段时间社会经济发展提出了目标任务和前进方向。

2021年，河南省经历了特大暴雨自然灾害和新冠肺炎疫情的严峻挑战与考验，经济运行呈现出更多不确定性。上半年，全省地区生产总值同比增速与全国相差2.5个百分点；规模以上工业增加值同比增速与全国相差5.4个百分点；固定资产投资同比增速与全国相差4.8个百分点。[①] 总体较第一季度而言，主要指标增速与全国差距逐步缩小，但经济恢复均衡性还需增强，恢复回升基础还需进一步巩固。[②] 在统筹安排2022年的经济工作中，要始终立足新发展阶段、贯彻新发展理念、服务和融入新发展格局，统筹疫情防控和经济社会发展取得进一步的新成效。习近平总书记强调，努力在危机中育新机、于变局中开新局。这两个"新"字为全省尽早摆脱疫情影响，加快经济复苏提供了科学方法论，也为2022年经济工作的高质量发展增添了动力与信心。同时，还要认真贯彻落实习近平总书记重要讲话和指示精神及国家重大决策部署，扎实做好"六稳"工作、全面落实"六保"任务。就社会领域而言，保障和改善民生是持续做好"六稳""六保"工作的根本出发点和落脚点，也是全年经济持续稳定增长的动力所在、关键所在。河南作为人口大省，要扎实践行以人民为中心的发展思想，坚持尽力而为、量力而行，以新发展理念推动高质量发展。同时勇于在应对危机中捕捉机遇、抓

---

① 《2020年上半年全省经济运行情况》，河南省统计局官网，2021年7月19日，http://www.ha.stats.gov.cn/2021/07-19/2184923.html。

② 河南省社会科学院课题组：《稳定回升显韧性　新动能增强蕴新机——2021年河南上半年经济运行分析暨全年走势展望》，《河南日报》2021年7月13日。

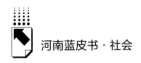

住机遇、创造机遇，在新发展格局日趋成熟的发展中，持续做好深化改革，为全省经济实现以保促稳、稳中求进的良好局面打下重要基础，迎来"柳暗花明又一村"的光明景象。

（二）巩固拓展脱贫攻坚成果，高效衔接乡村振兴

近年来，河南的精准脱贫工作取得了巨大的成绩。特别是在2020～2021两年深受新冠肺炎疫情影响之下，全省实施集中攻坚，出台精准支持政策。促进贫困劳动力就业、带贫企业复产、扶贫项目开工，开展消费扶贫，全省贫困劳动力外出务工比上年增加16.8万人，实施产业扶贫项目9929个，金融扶贫贷款余额达1900多亿元，贫困地区农村居民人均可支配收入增速高于全省平均水平1个百分点左右，顺利实现全省剩余35.7万建档立卡贫困人口全部脱贫、贫困村全部出列。[①] 河南省作为全国贫困人口超500万的六个省份之一，脱贫任务艰巨，特别是区域性整体贫困特点显著，贫困地区多分布在大别山区、伏牛山区和太行深山区，面临土地贫瘠、基础设施落后、交通不便、产业扶贫难度较大等重重困境。能够如期打赢脱贫攻坚战，啃下"硬骨头"，摆脱困扰人民群众千年来的绝对贫困，是河南省委省政府实现的庄严承诺，也为乡村振兴的开局打下了坚实的基础。

2022年，全省将着力聚焦巩固拓展脱贫攻坚成果，一方面有力推进防止返贫工作，另一方面也要做好脱贫攻坚与乡村振兴的有效衔接。根据中共河南省委农村工作领导小组印发的《河南省乡村产业振兴五年行动计划》《河南省乡村人才振兴五年行动计划》《河南省乡村生态振兴五年行动计划》《河南省乡村文化振兴五年行动计划》《河南省乡村组织振兴五年行动计划》，未来一段时间，河南省将从产业、人才、生态、文化和组织建设五个方面划定全省乡村振兴未来五年的"路线图"。一是做强高效种养业、绿色食品业和乡村现代服务业三大产业，完善现代农业生态、现代农业产业、现

---

① 《2021年河南省政府工作报告》，大河网，2021年1月25日，https：//news.dahe.cn/2021/01-25/792963.html。

代农业经营三大体系，以产业振兴巩固脱贫攻坚成果。二是持续优化乡村振兴各领域人才规模结构，为加快农业农村现代化不断注入"源头活水"。三是加快实施农业绿色发展行动、农村人居环境整治提升行动、生态功能提升行动、乡村环境治理行动和乡村生态振兴示范行动，以期构建起人与自然和谐共生的乡村发展新格局。四是全力推动人民群众真正成为乡村文化振兴主体，以文化获得感、幸福感为支点，打造乡村文化振兴。五是全面增强乡村党组织组织力，以组织建设为龙头，高速推进乡村治理体系和治理能力现代化建设。

（三）新冠肺炎疫情叠加特大暴雨灾情，社会风险不容忽视

随着河南省迈入新发展阶段，发展的内部条件和外部环境发生深刻复杂变化，特别是在新冠肺炎疫情叠加暴雨灾情等突发公共事件的影响下，社会各领域所面临的社会风险也在日益增多。习近平总书记强调：预判风险所在是防范风险的前提，把握风险走向是谋求战略主动的关键。科学研判当前构建新发展格局中可能衍生的社会稳定风险，制定长远性应对措施，是下一阶段河南省在预防和化解社会矛盾、创新社会治理方面需要着力加强的工作重点，只有增强风险意识、下好先手棋、打好主动仗，才能做好随时应对各种风险挑战的准备。

当前和今后一个时期，河南发展迈向快车道，社会发展逐步实现高质量推进，各种风险挑战也将不断积累并集中显露。就社会领域而言，抓准风险点和矛盾点，对风险因素保持高度的敏锐力和谨慎感，才能把握大势、未雨绸缪。一是要持续提升社会保障水平，积极改善民生，严防社会保障滞后引发制度性风险。要不断缩小城乡之间社会保障率的差距，提升社会保障制度规则应对社会风险的能力，以期消除缓解现代社会每个社会成员所面临的各种风险，从而维护社会的稳定。二是要持续平衡城乡资源分布，严防城乡资源不均引发群体性风险。近年来，河南省快速推进城镇化，一部分城镇地区实现了强大的集聚效应，吸纳大量的劳动力、资本等生产要素，但城市对农村的扩散效应和带动效应相对来说并没有发挥太大的作用。资源要素的明显

倾斜造成了城乡发展不平衡、农村发展不充分。"农业边缘化"、"农村空心化"和"农民老龄化"的"新三农"问题亟待关注。同时，城乡资源不均造成的城乡群体生活质量、社会事务参与度差异也需提防其转化为政治风险，削弱经济发展拉动力。可以说，当前社会领域中的风险是相互交织、相互作用、相互传导的，有时"牵一发而动全身"，有时交叉感染产生"蝴蝶效应"，有时层层联动成为"多米诺骨牌"。社会发展所面临的各种威胁和矛盾联动效应明显，触发的风险挑战源源不断且相互交织，稍有不慎，小问题就可能引发大事端，使社会风险演变为社会危机。因此，要坚持防范化解重大风险，严防风险叠加传导。坚持强管理与善治理相结合，既从大处着眼，又从细处着手，围绕社会重点领域，主动预判风险所在，提前把握风险走向，不断提升维护社会稳定的能力和水平。

（四）"十四五"蓝图持续落地，民生福祉持续改善

2021年是"十四五"开局之年，河南已经转向高质量发展阶段，正在向着全面建成社会主义现代化强国的第二个百年奋斗目标迈进。随着河南全面建成小康社会，省委、省政府始终将广大人民群众的根本利益作为大事要事放在重要位置，坚定不移地增进民生福祉，医疗、教育、生态、就业、社会保障水平等方方面面都得到显著提高。

习近平总书记强调：增进民生福祉是发展的根本目的。必须多谋民生之利、多解民生之忧，在发展中补齐民生短板、促进社会公平正义，在幼有所育、学有所教、劳有所得、病有所医、老有所养、住有所居、弱有所扶上不断取得新进展，深入开展脱贫攻坚，保证全体人民在共建共享发展中有更多获得感，不断促进人的全面发展、全体人民共同富裕。① 2021年9月，省委工作会提出"抓实民生领域改革"，要求"围绕增进人民福祉、促进人的全面发展，聚焦'一老一小一青壮'加快构建以居家为基础、社区为依托、

---

① 《习近平在中国共产党第十九次全国代表大会上的报告》，人民网，2017年10月28日，http://cpc.people.com.cn/n1/2017/1028/c64094-29613660.html。

机构为补充、医养相结合的养老服务体系"。可以预见，2022 年河南将始终坚持"民之所盼，政之所向"，持续推进民生福祉，高质量发展将同满足人民美好生活需要紧密结合。2021 年河南省政府工作报告就对河南省未来民生社会事业作出一系列利民惠民的前瞻性安排：要建设高质量教育体系，基本普及学前三年教育，高中阶段教育毛入学率提高到 93.5%，力争高等教育毛入学率提高到 55%；持续免费开展农村适龄妇女、纳入城市低保适龄妇女宫颈癌、乳腺癌筛查和出生缺陷产前筛查、新生儿疾病筛查；实施残疾儿童康复救助，全年救助不少于 1.9 万人；推进城镇老旧小区改造提升，完成改造不少于 50 万户；改善农村出行条件，实现约 9000 个自然村通硬化路；新增城镇就业 110 万人，农村劳动力转移就业 40 万人；新增 20 所县级综合医院、8 所县级中医院达到三级医院水平，600 所乡镇卫生院、社区卫生服务中心服务能力达到国家基本标准等。① 当前，全省上下正在紧紧围绕"奋勇争先、更加出彩"，加快构建新发展格局，推进高质量发展，锚定"两个确保"，在全面建设社会主义现代化河南的新征程上阔步前进。在社会治理领域，也要把握新发展阶段，贯彻新发展理念，做好民生工作，坚定信心、乘势而上，让人民群众的获得感成色更足、幸福感更可持续，努力推动全省"十四五"美好蓝图全面落地！

四　2022年推动河南社会发展的对策建议

2022 年是推进河南省社会主义现代化进程的新起点，对贯彻落实"十四五"发展规划和实现第二个百年奋斗目标打好基础，意义重大。面对复杂严峻的外部环境和省内长期积累的体制性、结构性矛盾风险，河南省应理性看待形势变化，牢牢抓紧构建"十四五"发展新格局的战略机遇、新时代推动中部地区高质量发展政策机遇和黄河流域生态保护和高质量发展历史

---

① 《2021 年河南省政府工作报告》，大河网，2021 年 1 月 25 日，https：//news. dahe. cn/2021/01 – 25/792963. html。

机遇，变压力为动力，在危机中寻新机，努力开创河南省高质量发展的新局面。

（一）加快恢复社会经济发展，推动社会经济大局稳定向好

2021年对河南省来说是极不平凡的一年，全省人民见证了全面脱贫任务的圆满完成，社会经济态势回稳向好，也遭遇了特大暴雨突袭、疫情复发的双重打击，社会经济恢复发展的不稳定性增强。当前，河南省战略叠加的机遇期、蓄势跃升的突破期、调整转型的攻坚期、风险挑战的凸显期等阶段性特征明显，社会经济在曲折中前行。① 河南省应准确认识、科学应对复杂多变的发展形势，加快推进灾后疫后社会经济秩序全面恢复，努力破除深层次体制机制障碍，重振经济发展，维护社会稳定，为河南省实现在中部高质量发展中奋勇争先、更加出彩打牢基础。一是高标准推进灾后重建。要立足当前，着眼长远，科学统筹编制重建规划，对在灾害中受损的公共基础设施加快修复、重建、提升，着力补齐交通、水利、排水排涝等基础设施短板，重点增强城乡基层灾害风险防治的应急管理能力。二是充分激发市场主体发展活力。深入开展"万人助万企"活动，加大对私营企业、小微企业、个体工商户的帮扶力度，助力企业恢复生产经营；制定完善惠企政策，持续优化营商环境，解决好企业发展面临的用地、人才、融资等难题，全力支持本土企业做大做强；充分发挥投资的拉动作用，推动"三个一批"项目落地落实，加强对项目实施的要素保障和全过程管理，以项目突破带动发展全局；加大促消费力度，开展多种形式的消费促进活动，深挖人民群众消费潜能，推进经济恢复性增长。三是切实兜牢民生底线。坚持"应保尽保"，对灾后困难群众开展精准帮扶，凝聚政府、企业、社会组织等多方救助合力，充分保障灾后困难群众基本生活，尽最大可能避免受灾群众因灾致贫、返贫；巩固好来之不易的抗疫战果，全面落实疫情常态化防控，对基层社区、

---

① 《2021年河南省政府工作报告》，大河网，2021年1月25日，https：//news. dahe. cn/2021/01 – 25/792963. html。

学校、医疗机构、"两站一场"等重点区域筑牢防线不放松，全力维护广大人民群众身体健康和生命安全；聚焦"一老一小一青壮"三类群体，围绕全生命周期针对性做好"养老服务、基础教育、技能提升"民生服务工作，千方百计解难题、定民心、促稳定，不断提升人民群众的生活质量和生活水平。

（二）增强城市韧性治理能力，积极应对各类风险挑战

近年来，河南省城市快速发展，城镇化率不断实现新突破，但随着城市规模的扩张、人口数量的递增，城市运行系统日趋复杂，带来的隐患和风险也日益增多。特别是 2021 年，特大暴雨引发郑州、新乡等城市发生内涝，公共基础设施损坏严重，新冠肺炎疫情卷土重来导致部分城市再次"停摆"，这些都暴露了城市在应急管理方面的短板与不足。为了应对当前城市面临的灾害风险与治理难题，"韧性城市"成为城市治理领域新概念并引发广泛关注。十九届五中全会通过的《中共中央关于制定国民经济和社会发展第十四个五年规划和二〇三五年远景目标的建议》提出，"推进以人为核心的新型城镇化"，"强化历史文化保护、塑造城市风貌，加强城镇老旧小区改造和社区建设，增强城市防洪排涝能力，建设海绵城市、韧性城市"。城市韧性已成为城市可持续发展的核心论点之一，其核心就是要有效应对各种变化或冲击，减少发展过程的不确定性和脆弱性。[①] 在河南省步入城市群发展的新时代，加强韧性城市建设，增强城市韧性治理能力是维护城市运行安全，推进城市高质量发展的必由之路。一是科学制定城市规划。政府要积极转变城市规划理念，在规划中体现韧性思维，提高规划的前瞻性、全面性、系统性、科学性，要高度重视城市人口密集地区的规划设计，增加预控防护空间、雨洪空间、减灾空间，最大限度地降低城市密度；要加强统筹协调，建立政府主导、部门协同、专家支持、公众参与的规划编制实施机制，共同推动韧性城市规划建设。二是提升城市基础设施韧性水平。加大城市基础设

---

① 龙瀛：《"十四五"新词典："韧性城市"》，《光明日报》2020 年 11 月 5 日。

施的投入力度，持续推进城市更新行动，加强供水、供电、交通、排水排涝、消防、防疫等重要基础设施的建设、管理与维护，增强基础设施体系韧性防护能力，实现城市对灾害风险适应性的提升。三是强化信息技术的创新应用。加快智慧城市建设步伐，充分利用大数据、物联网、云计算等新一代信息技术，建立城市风险管理服务平台，推动城市风险管理与各级政府管理服务平台信息互通、数据共享，加强对自然灾害、重大公共卫生事故等突发风险的预警监测、分析研判、防控防治，全面提高城市风险治理的智慧化水平。

（三）抓实民生领域深层次改革，持续增进全省人民福祉

民生问题是我国改革发展中的最大问题，解决民生问题是党和政府最重要的工作内容。2021年第二季度以来，河南省多地在暴雨洪灾和新冠肺炎疫情的叠加影响下，停电、停水、停课、停业接连发生，一度给人民的正常生活带来巨大冲击。当前，河南省一些受灾地区仍然"大伤未愈"，灾后重建任务繁重艰巨，在此关键时期，解决好人民群众急愁难盼的现实问题，保障人民群众生活质量不下降是当务之急。河南省应坚持以人民为中心的发展思想，深入推进民生领域的深层次改革，在幼有所育、学有所教、劳有所得、病有所医、老有所养、住有所居、弱有所扶上取得新进展，不断增强人民群众的幸福感、获得感、安全感，促进人民保障水平整体提升。一是优先保障教育事业。要深入推进教育体系综合改革，优化基础教育资源配置，全面实施素质教育，创新教师队伍发展机制，健全教育管理机制，补齐乡村教育短板，推动全省教育高质量发展。二是全力保障居民就业。继续落实社保费减免、税收减免、资金扶持等优惠政策，减轻企业经营负担，稳住更多就业岗位；完善创业指导、就业扶持、技能培训、就业信息提供有效衔接的创业就业服务体系，推动创业带动就业，鼓励发展多种形式的就业方式；对高校毕业生、农民工、退役军人等重点群体制定差异化就业支持政策，加大对就业困难群体的帮扶力度，确保就业公共服务惠及各个群体。三是构建全民医疗保障体系。要深化医疗保障制度改革，完善基本医疗保险、大病保险、医疗救助制度体系，建立公平适度的医疗保障待遇机制、稳健安全的基金运

行机制、严密有力的基金监管机制，逐步推进医疗保险省级统筹，提高医疗保险公共服务水平。四是健全养老保障体系。建立健全基本养老保险参保缴费激励机制、养老保险金合理调整机制，严格养老金的支出管理，维护养老保险基金的长期平衡和可持续；完善养老保险金投资管理制度，规范养老金管理机构市场化运作，在确保安全的前提下实现养老金保值增值；加强多层次、多支柱的养老保险体系建设，对企业年金、个人商业养老保险发展加大政策支持力度，提高养老保障供给能力。五是强化居民住房保障。建立健全政策调控、部门协同、预警监测、市场监管等机制，促进房地产市场健康平稳发展；深入开展保障性安居工程，加快推进公租房信息化建设，规范申请、分配、管理等全流程服务，实现更多住房困难群众幸福安居；同步推进城镇老旧小区改造及农村危房改造工作，推动城乡居民居住环境改善提升。六是做好政府兜底保障。加大基本生活保障资金的财政投入，确保低保金、特困供养金、残疾补助金等救助补助按时足额发放，解决好孤寡老人、困境儿童、重疾重残人员等特殊困难群体的生活难题；强化急难社会救助，将近两年因疫情、汛情而陷入生活困难的群体依法纳入保障范围，强化临时救助效能，帮助困难群众渡过难关。

（四）调整完善人口政策措施，逐步缓解少子老龄化危机

众所周知，河南省是中部人口大省和劳动力大省，常住人口总数连续多年居全国第三位。近年的河南人口数据显示，河南省的人口发展呈现适龄劳动人口和育龄妇女数量持续走低，生育率下降明显，人口老龄化程度加深的新态势，人口发展问题已经成为关乎全省社会经济发展大局的战略性问题。2021～2030年，河南省人口发展进入关键转折期，既面临诸多问题和潜在风险挑战，同时存在劳动力总量充裕、仍处于人口红利期等许多有利条件，统筹解决人口问题有较大的回旋空间。① 制定和完善人口长期发展战略，优

---

① 河南省人民政府办公厅：《河南省人民政府办公厅关于印发河南省人口发展规划（2016—2030年）的通知》，河南省人民政府门户网站，http：//www.henan.gov.cn/2017/05－25/248952.html。

化和改善人口发展结构，促进人口长期均衡发展对于河南省保持人力资源禀赋优势，建设人才强省和劳动力强省，推动社会经济高质量发展意义深远。一是完善生育支持政策体系。要有效扭转"低生育率"的趋势，需要从"生""育"两个层面着手，建立包括生育休假、生育保险、托育服务、教育保障、住房保障、就业支持等一系列社会经济制度，切实降低生育、养育、教育成本，激发育龄人群的生育意愿，推动"三孩"计划生育政策潜能进一步释放。二是积极应对人口老龄化问题。立足河南省老龄化发展形势，制定和实施本省积极应对人口老龄化的中长期发展规划，完善以基本养老保险与医疗保险、社会救助、养老服务、适老环境建设为主体架构的制度体系，推进老年教育、老年健康促进、老年社会参与等领域的立法进程，健全维护老年人权益的法律法规体系；要深入推进养老服务领域供给侧结构性改革，发挥政府、家庭、社区、养老机构等多主体的协同作用，构建多元化、多层次、社会化的养老服务体系；大力发展银发经济，培育发展养老产业新业态，探索医养结合、田园养老、智慧养老等新型养老模式；以老旧小区改造为契机，有序推进城市基础设施适老化改造，建立老年友好型城市。三是着力提高人口素质。加强健康中原建设，实施老人、妇女、儿童等重点人群的健康促进运动，做好传染病、慢性病、职业病等重大疾病的防控工作，不断提升全省人民健康素养水平；加快完善国民教育体系，推动各级各类教育协同发展，逐步提高高中教育、高等教育的普及率；大力实施全民技能振兴工程，充分挖掘劳动者的潜能，大力培养知识型、应用型、创新型的高素质劳动者，为全省社会经济发展提供有力支撑。

（五）深入落实乡村振兴战略，推动农业农村现代化水平提升

2021年以来，受7月多地连续暴雨洪灾和其他地质灾害的影响，河南农业生产损失巨大，农民生活受到严重影响。全面恢复农业农村生产生活秩序，推动巩固脱贫攻坚成果与乡村振兴有效衔接，全面贯彻落实乡村振兴战略是当前全省各级党委和政府工作的重中之重。2021年，河南省先后印发《河南省乡村产业振兴五年行动计划》《河南省乡村人才振兴五年行动计划》

《河南省乡村生态振兴五年行动计划》《河南省乡村文化振兴五年行动计划》《河南省乡村组织振兴五年行动计划》，分别从产业、人才、生态、文化和组织建设五个方面划定未来五年河南省乡村振兴的"路线图"，为今后一段时期河南省"三农"工作明确了目标，指明了新方向。河南省要立足当前，谋划长远，积极应对灾情、疫情叠加造成的复杂局面，全力稳住农业发展基本盘，加快补齐"三农"领域突出短板，持续推进农业农村现代化进程。一是加快推动农村灾后重建工作。将灾后重建工作与乡村振兴、美丽乡村建设统筹推进，因村施策、制定完善灾后重建方案，在房屋、道路、农田等重要基础设施方面落实政府补贴政策和农业保险，加强专项资金监管，促进硬件设施重建提升；要对低洼易涝、地质灾害频发地区的村庄实施异地搬迁，科学进行选址设计，做好群众转移安置工作，指导帮助受灾群众重建美好家园。二是大力发展农村产业经济。深化农村集体产权制度改革，最大限度地盘活农村资金资产资源，创新发展规模经营、合作经济、资源经济等新型集体经济实现形式；在重点区域建立完善现代化的粮食生产体系、产业体系和经营体系，增强粮食产业链、供应链韧性，提升粮食综合生产能力和安全保障能力；调整优化农村产业结构，推进种养业转型升级，大力发展绿色农业、智慧农业、生态旅游农业等特色高效农业，拓宽农民增收渠道。三是筑牢乡村治理基础。强化农村基层组织建设，选优配强领导班子，建立党建引领下"德治、法治、自治"相融合的乡村治理体系，激发农村基层发展动力。依托美丽乡村建设、农村精神文明建设，促进农村"硬件"与"软件"的共同提升，增加农村教育、医疗、养老、文化等公共服务供给，提升乡村社会文明程度，建设充满活力、和谐有序的新农村。四是加强农村生态环境治理。开展生态环境修复保护工作，加强对灾后山体、水体、河道、土壤的综合整治，改善提升生态环境质量；开展农村人居环境整治行动，持续推进农村厕所革命及生活垃圾污水处理工作，推动环境卫生管理精细化、常态化，共同打造干净整洁、美丽宜居的农村环境。

热 点 篇
Hot Spot Reports

B.2
2021年度河南社会热点事件分析报告

河南省社会科学院课题组*

摘　要： 回望2021年河南的舆论情况，社会热点事件数据依旧保持高位运行，热点事件、焦点话题频发下的舆情发酵、流动的演化轨迹没有发生改变，网络舆情仍然是舆论的主战场。梳理2021年度河南社会热点事件，可以发现，舆论聚焦集中在公共卫生、民生问题、社会性公共问题、时事政治等方面，并围绕聚焦几个热点话题，短时间内形成了几次舆论风暴和舆情浪潮，包括习近平在河南南阳考察调研、"7·20"河南特大暴雨洪涝灾害、郑州六院院感引发本土性疫情、《唐宫夜宴》"火出圈"、郑州"励志奶奶"摆摊走红等。

关键词： 河南　社会热点事件　社会治理

---

* 课题组成员：陈东辉、殷铬、张侃、潘艳艳、闫慈、李三辉、刘畅、马银隆。执笔人：李三辉，河南省社会科学院社会发展研究所助理研究员，主要研究方向为社会治理。

为了将社会热点事件的研究形成一个年度闭环，受出版周期和研创时间的影响，我们遴选社会热点事件的区间由上一年的第四季度与本年的前三季度组成。2021年度，河南特大暴雨灾害和新冠肺炎聚集性疫情无疑是舆论热度高、持续时间长、影响程度深的焦点话题。基于事件本身的热度，课题组筛选的2021年度社会热点事件中，其他社会热点事件分别是：习近平在河南南阳考察调研、《唐宫夜宴》"火出圈"、郑州"励志奶奶"摆摊走红。

一　习近平在河南南阳考察调研

2021年5月12~14日，习近平总书记在河南省南阳市考察调研，深入了解南阳市特色产业发展、传承创新发展中医药、南水北调中线工程建设管理运行和库区移民安置等情况，并于14日主持召开了"推进南水北调后续工程高质量发展"座谈会，强调要深入分析南水北调工程面临的新形势新任务，科学推进工程规划建设，提高水资源集约节约利用水平。[1] 细数习近平总书记的每次国内调研，他看了什么、强调了什么一直都是社会各界关注的热点，总能引发热烈反响，因为总书记所考察关注的一定是关系国计民生、谋划未来发展的要事，是为走好新征程指路领航。回顾习近平总书记此次的南阳考察调研，可以发现，他重点了解了"医圣"张仲景及其对中医药发展的贡献，考察了月季、艾草等特色产业发展，并研究推进了南水北调这一世纪工程。透过总书记的这些行程，我们能够看到这背后是人民情怀和心怀国之大者。无论是习近平总书记在移民村了解村民生活时强调的"我们共产党打江山、守江山，都是为了人民幸福，守的是人民的心"，还是考察当地利用资源优势发展产业以带动群众就业的情况，都彰显了总书记爱民为民的情感，中国共产党为人民谋幸福的初心。民众们尤其是南阳当地群众

---

[1] 《习近平在河南南阳考察调研》，《瞭望》2021年5月19日，http://lw.xinhuanet.com/2021-05/19/c_139952700.htm。

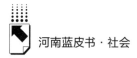

更直接感受到了我们党人民至上的情怀，认为"日子能越过越红火，要衷心感谢共产党"，而广大党员干部也从中汲取了强大力量，纷纷表示要牢记初心使命，更好地发挥基层党组织的作用和党员干部的作用，因地制宜发展特色产业，带动群众就业、拓宽农民增收渠道，努力让老百姓的日子越来越兴旺，不断提升民众生活品质。除了关注富民产业，总书记对做好中医药发展的强调更是围绕"人民"甚至是人类发展，因为实践已经证明中医药在抗击新冠肺炎等重大传染病中发挥了独特作用，为维护广大人民群众的生命健康提供了强力保障。也正是看到了这一点，习近平总书记强调要做好中医药的守正创新、传承发展工作，积极推进中医药科研和创新，为人民群众提供更加优质的健康服务。① 事实上，这并不是总书记第一次关注中医药发展，社会各界认为这是持续做好中华优秀传统文化弘扬、增强文化自信的鲜明信号，我们要进一步充分认识中医药作为中华民族的伟大创造、中华优秀传统文化的重要地位，切实做好中医药传承创新发展工作，让中医药振兴并更好地走向世界。值得注意的是，"水"再次成为习近平总书记考察的一个重点，并召开专题座谈会，南水北调工程的重要性不言而喻。正如总书记所强调的那样，它事关战略全局、事关长远发展、事关人民福祉，功在当代、利在千秋。"渠首一滴水，家国万里情""天一生水"，全国各地在此次座谈会的影响下都对人水关系、生态环境保护进行了热烈讨论，受水区激赏南水北调工程所带来的显著效益，水源区表示要做好生态环境保护、让一渠清水永续北送。从舆论反应看，广大干部群众都认为，要认真按照习近平总书记擘画的宏图，从守护生命线的政治高度，切实维护南水北调工程安全、供水安全、水质安全，为"一泓清水北上"贡献力量。应当看到，科学推进南水北调后续建设的前提是全面加强节水、强化水资源刚性约束，水与高质量发展的背后是人与自然的和谐共生，决不能逾越生态安全的底线。

---

① 《习近平总书记在南阳市考察调研引发热烈反响》，央广网，2021 年 5 月 17 日，https：//baijiahao. baidu. com/s？ id = 1699979280046580483&wfr = spider&for = pc。

二 "7·20"河南特大暴雨洪涝灾害

2021年7月以来，河南多地降暴雨、大暴雨，局部地区出现特大暴雨，尤其是郑州等地的日降水量突破有气象记录以来的历史极值，特大洪涝灾害引发网友持续关注。7月18日18时至21日0时，河南省会郑州遭遇一场特大暴雨，累积平均降水量449毫米，郑州、登封、新密、荥阳、巩义5站日降水量超过有气象记录以来极值，20日16～17时郑州本站降水量达201.9毫米，超过我国陆地小时降水量极值。[①] 由于遭遇罕见持续强降雨，郑州市区变成了一片汪洋，铁路、公路、航空、电力、通信等大面积中断，而此过程中的"地铁5号线问题""京广路隧道积水""医院被淹"等不断成为焦点话题，引发了一个又一个舆论风暴。"7·20"郑州特大暴雨给郑州带来了重创和巨大灾难，然而，这对于河南全省来说只是考验的开始。特大暴雨接续袭击新乡、焦作等多个地市，数百座村庄受灾、数十万群众被迫转移，"卫河鹤壁段决堤""卫辉市全城被淹"等让人揪心的消息不断爆出，河南各地防汛形势异常严峻，搅动社会各界的敏感神经，城乡满目疮痍令全国人民担忧。据河南省政府防汛救灾新闻发布会通报，7月16日至8月2日12时，河南省因灾遇难302人，50人失踪。[②] 据"河南省加快灾后重建"系列第三场新闻发布会通报，截至8月9日7时，此次洪涝灾害共造成150个县（市、区）1664个乡镇1481.4万人受灾，累计紧急避险转移93.38万人，直接经济损失1337.15亿元。力争灾后3个月恢复城乡正常生产生活秩序，1年内恢复到灾前水平。[③]

[①] 《郑州遭遇有记录以来史上最强降雨　洪灾已造成郑州市区12人死亡》，光明网，2021年7月21日，https：//m.gmw.cn/baijia/2021 -07/21/1302418038.html。

[②] 《痛心！河南因灾遇难302人，50人失踪》，澎湃，2021年8月2日，https：//m.thepaper.cn/baijiahao_13855380。

[③] 《力争灾后3个月恢复城乡正常生产生活秩序，1年内恢复到灾前水平！河南灾后恢复重建加快进行中》，大河网，2021年8月10日，https：//baijiahao.baidu.com/s？id = 1707679515455860615&wfr = spider&for = pc。

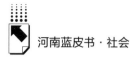

　　无论是浏览受灾过程中的现场报道，还是查询受灾损失统计，河南特大洪涝灾情的严重程度都令人震惊，灾后恢复重建困难重重。面对河南的危急艰难形势，习近平总书记对防汛救灾工作作出重要指示，李克强总理亲临河南指导推进灾后恢复重建工作，在党中央、国务院的关心关怀下，在全国人民团结互助下，河南人民打赢了防汛救灾战役。事实上，在此次抗洪救灾的过程中，暴雨下各方救援、民众互救画面也不断被刷屏，舆论涌动着"万众一心，抗洪救灾；洪水无情，人间有爱"的暖流情绪。伴随着"平凡中的不平凡"举动、暴雨无情人有情的一幕幕感人瞬间不断上演，社会各界人士、广大人民群众用实际行动向世界展示了中国人的守望相助、风雨同舟，"让我们永远可以相信：14亿中国人的心都紧紧联系在一起！"从救灾行动的舆论反应看，人们都被国人的精神、民众的大爱行为所感动，中国精神在灾难面前表现得淋漓尽致。毋庸置疑，大灾之下风雨同舟的爱与希望让人动容，灾难造成的重大人员伤亡和巨大财产损失也不免让人悲痛，而查明灾难的真相和应对防范的不足之处也是社会各界所热切关注的。因为自洪涝灾害发生以来，舆论质疑之声就从未间断，如郑州地铁为何不及时停运，京广路隧道何以在暴雨中"沦陷"，政府和相关部门的履职尽责是否到位，应急预警处置机制如何运转等问题。至于灾害形成的完整情况，我们可以等待国务院河南郑州"7·20"特大暴雨灾害调查组的后续通报。不过，透过此次河南洪涝灾害，舆论普遍认为在灾害预警和防控响应上存在一些问题，如果不加以解决，势必还会诱发风险灾害的发生。应当看到，近年来特大暴雨灾害在南北方都有发生，各地都需进一步研判极端灾害的防范机制，尤其是特大城市中的洪涝防控体系建设。其中，制度响应机制的建立健全、救援能力强化尤为重要，比如红色预警之后的制度响应机制、紧急响应机制，紧急救援的指挥体系、技术与装备配备等。不管怎样，我们都必须结合河南暴雨引发的一系列洪涝灾害进行深刻反思，吸取教训，敲响做好防灾减灾治理工作的警钟。

三　郑州六院院感引发本土性疫情

当前，我国疫情形势仍处在常态化防控阶段，一方面面临境外病例输入压力，另一方面要防范境外关联本土疫情的风险。在这种态势下，麻痹松懈不可避免地会引发境外新冠肺炎输入病例关联本土疫情，郑州六院疫情就是其中一起典型的院感事件。2021 年 7 月 30 日，郑州市二七区在例行检查中发现 1 例核酸初筛阳性，后经市疾控中心复核，被认定为无症状感染者。[①] 此后，在开展流调、检测、消杀、隔离等相关工作中又陆续发现多例新冠病毒感染者。从疫情的后续发展和调查结果来看，此次疫情是一起由医院感染引发的本土聚集性疫情事件[②]，波及人群包括保洁人员、陪护人员、住院病人、医护人员等，呈现局部播散状态。而结合疫情地域分布看，主要集中在郑州市，病例关联扩散至省内的开封、商丘等地，造成了短时间内疫情扩散。据河南省卫生健康委员会通报，7 月 31 日至 8 月 31 日 24 时，河南省累计报告本土确诊病例 167 例。[③] 郑州六院院感事件再一次给疫情防控敲响警钟，院感防控暴露出的思想认识不足、监管不力、制度落实不到位的漏洞问题不容忽视，尤其是常态化疫情防控中的"麻痹"思想风险。最不应该发生的院感事件的发生，用最为直接的方式提醒人们防疫还远没到能放松的时候，疫情防控中的"麻痹"思想要不得，否则会带来本土聚集性疫情的严重后果。那不仅会引发聚集性疫情传播，危害群众生命健康安全，还会损害卫生系统形象，引发舆论质疑和社会恐慌，最终给政府形象带来负面影响，妨碍疫情防控大局，扰乱经济社会生活秩序。尽管全国疫情防控形势总体上稳定向好，但必须清醒地看到，全球疫情仍在持续演变，疫情

---

① 《郑州深夜通报：新增 27 位感染者》，光明网，2021 年 8 月 1 日，https：//m. gmw. cn/baijia/2021 – 08/01/1302448222. html。

② 《郑州本轮疫情源头查明，医院感染暴露三大问题》，光明网，2021 年 8 月 6 日，https：//m. gmw. cn/baijia/2021 – 08/06/1302463761. html。

③ 《最新通报 | 8 月 31 日河南省无新增确诊病例、无症状感染者》，澎湃，2021 年 9 月 1 日，https：//m. thepaper. cn/baijiahao_ 14304783。

防控形势依然严峻复杂，要坚决杜绝麻痹思想，必须以对人民健康和生命安全高度负责的态度，从严从紧抓好疫情防控工作。要将全面加强院感防控工作监管作为常态化疫情防控工作的重中之重，汲取院感尤其是引发聚集性疫情的教训，不断完善院感防控体系，提升院感防控能力。同时，要持续做好常态化疫情防控工作，从严从紧从细落实防控规章制度，持续强化常态化疫情防控排查行动，防范化解风险堵塞漏洞。此外，鉴于疫情反复情况可能会继续出现，各地应当在做好常态化疫情防控的同时，做好针对疫情突发的应对预案，有计划地做好疫苗供给安排，尽快构筑免疫屏障，切实保护人民群众的安全。

四 《唐宫夜宴》"火出圈"

2021年，河南卫视备受全国乃至全球关注，原因在于其策划了一系列文化创意节目，俨然成了国人心目中的"传统文化担当"，而此效应起始于刷屏全网的《唐宫夜宴》作品。2021年2月，河南卫视的春晚节目《唐宫夜宴》在众多节目中"C位出圈"，无论是微博热搜、视频播放量、话题讨论度，还是朋友圈刷屏分享，此节目引发了现象级的舆论热度，受到了不同年龄层观众的疯狂点赞。① 一段时期以来，春晚档节目一直不温不火，群众审美疲劳与趣味欣赏也越来越难以拿捏，而河南卫视此次能够一举破圈，似乎是意料之外却又在情理之中。随着《唐宫夜宴》收到了非常好的效果，探究其为何能出圈的分析也逐渐增多，效仿节目创作的实践也有所增加，这些不仅是对河南卫视作品的肯定，也是对河南文化资源的再次宣传，有助于提升河南综合影响力和形象。不得不说，河南卫视创作思路的转变是成功的，立足河南本土资源优势找准了契合点，打造擦亮了文化名片，彰显了传统与现代融合的创新绚丽。如果说《唐宫夜宴》是"一时火"，那么，《元

---

① 《刷屏的〈唐宫夜宴〉，为何能C位出圈》，光明网，2021年2月25日，https://m.gmw.cn/baijia/2021-02/25/34641174.html。

宵奇妙夜》《端午奇妙游》《中秋奇妙游》等奇妙系列屡次出圈的"一直火"则无法简单归于偶然，这背后是中华传统文化的魅力支撑，是融合创新传播的实践认证。分析来看，"文化味"是河南卫视出圈作品的最大特点，也是最重要的底色。"内容为王"自始至终都是也应当是一部作品收获成功的法宝，《唐宫夜宴》等节目充分展示了历史文化内涵，亮出了文化自信自强，依托传统节日与传统文化受到了良好的效果。除节目本身具有浓厚的文化元素外，受众们的家国文化情怀表达也是关键因素。近年来，推崇传统文化的国风热在逐渐增强，人们期待有优秀的作品来阐释中国传统文化，来诉说中国故事，展现中国风采和文化自信。同时，传统文化形式创新与现代技术融合也是"火出圈"的重要原因。网络化时代的作品传播，如果不结合最新现代技术予以包装，很难跟得上时代潮流和迎合当下人群审美，也自然无法收到预期的效果。此次河南卫视系列节目的屡受好评关注，正是抓住了现代科技应用与播出形式创新，从传统文化里挖掘资源，在传承基础上借助新技术开创"打开方式"，实现中华优秀传统文化的创造性转化和创新性发展，让传统文化穿越历史变得真实可感。令人欣喜的是，当下国风题材已突破小众喜好而受大众特别是年轻人讨论关注，这从侧面反映了优秀传统文化回归的趋势，要加大对传统文化创新发展的研究，并注重甄别精华与糟粕。当然，传承优秀传统文化不能依赖于偶尔"出圈"，它仅是优秀传统文化复兴创新的开始，更好地走深走实则需要社会各方力量共同努力，让优质的艺术和文化内容常态化走进民众的日常生活才是长久之计。

五　郑州"励志奶奶"摆摊走红

2021年4月，一条"96岁奶奶坚持摆摊30年"的视频走红网络，视频对话中老奶奶的人生态度引发全网点赞和关注讨论。① 不论是亲历的视频拍

---

① 《新华社报道咱郑州96岁"励志奶奶"！快来围观》，搜狐网，2021年4月11日，https：//www.sohu.com/a/460153245_348738。

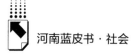

摄者，还是视频的广大观看者，都不觉感叹老奶奶的人生态度太正能量了，完全不同于外界对老年人群体的一贯认知和想象，她被网友们称为"励志奶奶"。"人老了应该有个价值""不想打牌打麻将，对年轻人影响也不好""老年人应该向年轻人学习""只要钱来得正道，没有不容易的事；来得不正道，再容易也不容易"等对话被网民们称为金句。大家普遍认为，老奶奶的思想观念很风潮，其对生活的理解有个性、有见地，她的生活精神和人生价值观感染了很多受众。因此，不少网友纷纷评论道，"励志奶奶"的这些人生体悟语句通透又潇洒，她像人生导师一样治愈和激励了自己。然而，令人遗憾的是，走红视频流传没过几天，传播正向价值观的"励志奶奶"故事却滑向了另一边，《爆红六天后，郑州96岁励志摆摊奶奶张玉珍悄悄的撤摊了》这则报道在网络上流传开来。① 从后续的事情发展可知，并不是"励志奶奶"出了什么问题，而是美好的东西被一些别有用心、无底线良知的网红们破坏了。"励志奶奶"的生活受到了极大的干扰甚至一度撤了谋生的摊位，"励志奶奶"走红的故事至此也"变了味"。一时间，舆论纷纷谴责和声讨肆意介入"励志奶奶"生活的网红们，网红直播乱象再次引发社会各界的愤怒和忧虑。民众普遍表示，"励志奶奶"遭众多"网红"围堵揭示"流量经济"乱象治理仍需发力。事实上，民众们的担忧并不多余，无论是山东拉面哥的先前遭遇，还是全红婵老家遭网红打卡，直播乱象近年来愈演愈烈，"流量为王"利欲追逐的非理性行为日渐增多，其背后都是流量经济导向。值得注意的是，许多行业的运行逻辑也受流量经济的侵扰而发生了改变，如果长期忽略价值观建设，泛娱乐化风气势必将在流量逻辑刺激下野蛮生长，进而衍生出一系列的社会问题。

---

① 《爆红六天后，郑州96岁励志摆摊奶奶张玉珍悄悄的撤摊了》，搜狐网，2021年4月21日，https://www.sohu.com/a/462081127_120978277。

B.3
2021年河南省网络舆情事件分析报告

河南省社会科学院课题组*

摘　要： 2021年河南网络舆情热点频出，呈现出新冠肺炎疫情和网络舆情伴生、重大突发舆情事件持续引发舆论关注、传统文化频频出圈、公众诉求越发频繁地诉诸网络空间等重要表现特征。整体上看，年度舆情总体态势平稳向好发展，同时随着网络舆论生态的深刻变革，网络舆情风险增加，网上网下舆情界限逐渐消解，舆情治理在新形势下或面临着更为艰巨的挑战。这就需要公共管理部门以大数据算法技术的运用，现代舆情治理观念的转变，提升舆情引导和治理的能力和水平，构建社会舆情公共参与的协同治理机制，推动网络空间愈加风清气正。

关键词： 网络舆情　舆情风险　舆情治理

一　2021年河南网络舆情态势

2021年，对于河南来说是充满挑战又迎难而上的一年。新冠肺炎疫情的反复、持续多地极端强降雨、现象级舆情事件的爆发等，都给河南网络舆情治理带来了不小的挑战。2021年的河南网络舆情涉及经济发展、公共卫生、自然灾害、传统文化、社会民生、教育科技等多个领域。舆论传播方式

---

* 课题组成员：陈东辉、殷铬、张侃、潘艳艳、闫慈、李三辉、刘畅、马银隆。执笔人：刘畅，河南省社会科学院社会发展研究所研究实习员，主要研究方向为社会舆情和文化传播。

集中于社交平台和新闻网站，其中短视频的舆论传播力在 2021 年的河南网络舆情传播中占据了重要位置。网络舆论逐渐趋于理性成熟，公共管理部门舆情处置能力也逐步增强，网络舆论空间正朝着一个积极正面的方向发展。

（一）疫情与舆情伴生，或成为长期舆情态势

舆情通常产生于与人们日常生活密切相关的领域，舆情传播通常借助于社交媒体网络，这种情况下，新冠肺炎疫情的最新动态始终牵动着舆论的神经。2021 年以来，河南疫情防控扎实推进，在外防输入和内防反弹方面取得了一定成绩，但是不断爆出的确诊案例和院感事件所导致的本土性聚集疫情，一次次反复卷起舆情风暴。8 月，郑州第六人民医院院感事件再一次将河南新冠肺炎疫情防控情况推上热搜。处于舆论风暴眼的郑州六院一时间引起了广泛的舆论关注，舆论关注焦点集中于此次院感事件的问责和防控工作，这次舆情也倒逼疫情期间医疗卫生机构的院感防控进一步升级。同时，郑州的五次全员核酸检测一方面让舆论感慨疫情防控下的公共管理部门的感召力，另一方面不少舆论也表示出核酸检测过程中或引起病毒传播的隐忧。9 月，河南推动新冠疫苗的加强针接种，也引起了不小的舆论关注度。整体来说，实现新冠肺炎疫情防控和互联网舆情治理同频共振，不仅需要公共卫生部门不懈怠于这场疫情防控持久战，也需要舆情治理部门加强群众的心理疏导，引导群众以科学理性的心态对待反复的疫情。

（二）突发重大公共事件，持续引发舆论风暴

突发重大公共事件常常因为其涉及面广、影响力深远从而在舆论场中引发更大的风暴。突发重大公共事件又因其突发性、紧急性和社会性进而演化为公共危机。"7·20"河南特大暴雨舆情事件已经算得上 2021 年河南网络舆情事件中影响力最大、持续时间最长的一次舆情事件了。持续的极端强降雨天气不仅给人们的生命财产造成了不小的损害，而且在之后引发了一系列次生舆情。在灾情不严重的时候，人们对于此次降雨尚是调侃态度，起初话题"到郑州去看海"冲上热搜，之后的"郑州地铁五号线乘客被困事件"爆

出，引发舆论的强烈关注，随着降雨的不断持续，一时间抢险救灾信息、防汛预警信息、自发互助信息，甚至于各种谣言和不实信息充斥着纷乱的舆论场。在舆论最沸腾的阶段，各地驰援河南的信息、碎片化的反复求助、部分问责抱怨的声音相互交织。随后的次生舆情发展中，舆论震怒于暴雨营销的部分企业，例如"入住高地，让风雨变成风景"的某房地产企业和趁暴雨期间提高数倍房价的某酒店；与其形成鲜明对比的是舆论对于自身资金不雄厚的鸿星尔克却向河南红十字捐了巨额款项这一企业行为，为表达自己朴素的正义感而进行的"野性消费"。"7·20"特大暴雨舆情，可以当作一次典型的突发重大灾害舆情事件的案例。这次舆情事件直接暴露出公共管理部门应急管理能力的不足和舆情引导能力尚待提升，舆论生态也急需更加健康完善。

（三）传统文化频频"出圈"，文化自信逐步增强

文化的发展离不开创新，同样也离不开传播和弘扬。河南自古以来就具备丰厚的文化资源，如何活化这些传统文化资源，如何将资源优势转化为产业优势，河南卫视在舆论场的频频出圈或许就蕴含着答案。2021年河南卫视中国系列节目似乎掌握了流量密码，每逢佳节倍受舆论关注。从春节的《唐宫夜宴》到《元宵奇妙夜》《端午奇妙游》《七夕奇妙游》和《中秋奇妙游》多个节目，频频引爆各大社交媒体网络，魅力河南的文化名片也在舆论传播中逐渐塑造。中国节日系列节目的成功，一方面是传统文化加现代科技的展现方式创新，河南卫视中国节日系列节目运用现代的舞台表现技术，创新展现出传统文化之美，为如今传统文化需求的受众酿了一坛好酒；另外一方面是文创产品加社交媒体传播方式的创新，值得注意的一点是河南卫视中国系列节目的火爆是经由互联网社交平台的发酵而来。以《唐宫夜宴》为例，在卫视首播的时候，唐宫夜宴的收视率并没有取得较好成绩，反而经过几天的病毒式、扩散式传播，在社交媒体上收获好评之后，暴增数倍收视率。最为关键的是中国节日系列节目的主创人员也坚信人们现在接收信息的主要途径早已由"大屏幕"转向"小屏幕"，由传统的电视媒体传向移动手机媒体，所以节目制作伊始就注重在微博、抖音、微信等多个平台进

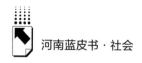

行宣传传播，而不是简单地采取传统的电视节目的传播方式。碎片化的、短视频式的信息传递给受众，就驱使越来越多的观众真正一睹节目的风采。可以说，河南卫视中国节日系列节目的频频出圈，不仅仅是数字技术下的传统文化再展现，也是河南打造的一个全新的文化品牌，为之后文化形象的塑造，文旅的深度融合奠定一定基础。

（四）公众诉求诉诸网络，政府企业更引关注

舆情，本身就是人们对于某一事件和现象的情绪、态度、观点的表达集合。通常舆论会就某一现实事件展开讨论，表明各自立场下看问题的视角，针对某一件舆情事件进行评判的同时，自我表达就已经开始了。2021年河南网络两个实名举报的事件，更是获得了舆论的持久关注。一个是"济源市委书记张战伟被实名举报"事件，由被掌掴的济源市政府秘书长的妻子实名举报市委书记的不当行为。一个是"隆庆祥公司总裁网上实名举报"事件，河南隆庆祥服饰公司负责人姜某实名举报郑州一官员的受贿行为。政府官员、品牌企业家、名人明星等历来是舆论关注的焦点，这两起事件虽然主客体身份不完全相同，现象表现也不尽相同，事件本质却较为相似，都是公众利用互联网表达自己的诉求。加之互联网平台的开放性和透明性，发展成为舆情事件更加敦促社会事件的进一步公开透明地解决。2021年河南网络舆论关注的热点事件还有"错换人生28年"事件和多地引黄河水建造人工湖事件。在不同的舆情事件中，不同群体借由事件表达自己的立场和观点，思想的碰撞和汇集就使得舆情事件进一步发酵，会有越来越多的人付出关注卷入讨论，网络舆情风暴也就此形成。不过，这并不意味着网络上不能出现负面的舆情信息，不意味着阻断表达和一味求同是舆情治理的理想状态，舆情不仅产生于现实，在另一层面也倒逼现实朝更好方向发展。

二 网络舆情的风险点研判

随着互联网信息技术深刻地改变着人们的生产生活，传统的舆论格局也

已发生了深刻的转变。2021年的河南网络舆情热点话题丰富，舆情热度持续保持高位，网络舆情总体平稳向好发展，但是也逐渐呈现出新的问题、新的风险点，新的挑战。传统传播格局深刻改变，新媒体环境下网络舆情的传播方式更加趋向于短视频化、直播化，同时，网上网下舆情界限已然逐步消解，新形势下的网络舆情治理风险和挑战并存，对公共舆情治理部门提出了更高要求。

（一）舆论传播方式深刻变革，网络舆情疏导挑战增多

基于大数据算法推荐的全媒体时代，网络舆情的源起、发酵、演化的语境和生态已经发生了深刻的变革。网络舆情传播媒介已经转变为移动化新媒体。移动端传播媒介的变革也在深刻地影响着网络舆情，新媒体赋能下的移动端传播平台不仅提供了全民化的表达窗口，而且更进一步加深了网络舆情的社会化程度。移动媒体的主要代表"两微一端一抖"已经深刻改变传统的"弱社交"为社交媒体下的"强联系"。传统信息生产和传播链条持续塌陷，传统舆论传播的格局被打破，网络舆情的传播与发展愈加扁平化。移动互联网技术给普通用户以自我赋权，实现了舆论主体的多元化发展，众声嘈杂的网络舆论场就此形成。同时，喧哗的舆论生态下也酝酿着群体注意力的失焦。网络媒体在一方面以其开放性和参与性，满足公众对于舆情事件的探知权利和表达欲望，而在另一方面又以其隐蔽性和群体性，以个体的遭遇境地引起广泛的群体情感共鸣，将公众对于舆情事件真相的理性求解转化为集体情绪的感性宣泄，从而导致群体非理性的舆情失焦，产生以偏概全或者是弱者有理的错误判断。

（二）舆情风险增加，对公共舆情危机处置提出更高要求

现实社会已经进入风险社会，网络空间也随时会爆发汹涌而至的舆论浪潮，而网络舆情风暴的溢出效应又反之对社会和谐稳定构成一定威胁。河南对舆情疏导已算得上高度重视并采取了成效可观的舆情处置行为，不过，在实际工作中仍存在着治理效果欠佳的困境。"7·20"河南暴雨舆情处置就可以视为一次突发舆情处置检验，显然，此次舆情处置检验暴露出不少问

题。"7·20"河南暴雨舆情事件给舆情管理部门最大的启发就是要尽快建立快速应急舆情反应机制和各部门协同合作的长效联动机制。突发重大公共事件的产生，往往涉及多个职能部门，涉及专业性或者技术性的问题，社会关注度高，动态性强，极易演化为公共舆情危机事件。公共舆情危机事件的产生对于政府公信力和社会凝聚力的提升和巩固都是一个严峻的挑战。解决潜在问题、化解舆情风险，是当下舆情治理工作的一项重点内容。这就需要公共管理部门不仅要注重线上舆情风险的防控，同时也要关注线下的社会风险防控，以免线下事件网络发酵演化为公共舆情危机。在实际工作中树立风险意识和底线思维，关注社会特殊群体的诉求，提升应急管理能力，打造和谐稳定的平安河南。

（三）网上网下舆情界限消解，提升实践能力更为重要

网络舆情是社会实体现象的客观反映，是社会舆情在网络空间的扩大。假如没有社会事件的客观发生，大多数网络舆情都将不复存在，每一次的网络舆论风暴，其中心眼大多也都是社会大众对于现实问题不同观念、态度、情绪的合集。而在当今社会，互联网越来越深度融入人们的生活，网上网下舆情的界限也在这个过程中逐渐消解，甚至可以说现今社会舆情很大一部分都是由网络舆情构成。网络舆情的处置将直接影响现实社会中实际问题的处置，另一方面，网下社会实践中问题的走向也会时刻牵动着互联网舆论神经。面对突发的网络舆情，不仅需要对公众进行有效的舆论引导，更需要针对事件本身给予公众合理合法的解决方法，这就增强了公众自觉处于良法善治的社会环境之中，进一步推进社会的和谐稳定。但是，假如采取不作为、行动迟缓抑或是处置不当的情况发生，就会在网络空间中掀起更高浪潮的舆情风暴，致使舆情引导与治理工作陷入被动局面，甚至产生舆论绑架现实的现象。同时，纵观2021年河南网络舆情，可以发现，小舆情事件在网络舆情中如同浪花一样，短暂地吸引人们的关注，大舆情事件就如同浪潮，获得公众强烈而又持续的关注，尤其是对于社会治理过程中存在问题的环节，公众对于事件舆情的探讨已经不仅仅局限于一时的情感宣泄、立场表达，也关

注事件解决情况和今后的应对情况。网上网下的舆情界限逐渐消解，舆论工作就更需要以正能量为总要求，管得住为硬道理，用得好为真本事，形成良好的舆论氛围，构建好网上网下同心圆。

三　网络舆情的处置应对策略

习近平总书记在全媒体时代和媒体融合发展集中学习的重要讲话中强调，必须深刻认识全媒体时代的挑战和机遇，全面把握媒体融合发展的趋势和规律，推动媒体融合向纵深发展。这些重要讲话为网络舆情治理提供基本遵循。必须着力提升网络舆情处置能力和水平，构建公共舆情治理体系，消弭负面舆情产生的空间，推动网络空间更加清朗，社会环境更加和谐。

（一）提升网络舆情处置能力和水平

网络意见表达背后的社会思潮，纷纭激荡。网络舆情的监管与引导同样也具备思想政治工作的凝人心、聚共识的功能。这就需要舆情治理工作的开展首要就是提升网络传播能力和舆情引导能力。首先，牢牢把握网络空间的思想政治导向，唱响主旋律、守好主阵地、抢占主战场。持续传播习近平新时代中国特色社会主义思想和学习贯彻习近平考察河南时的重要讲话精神，最大限度地凝聚社会共识。其次，遵循互联网传播规律，掌握舆情应对和处置的原则手段。在网络舆情治理的过程中，相关责任主体务必坚持第一时间原则，客观公正地将舆情事件的基本事实、处置态度和即将采取的处置方法尽快告知公众，主流媒体不仅要积极主动发声、科学权威发声，也要增加在舆情事件中发声的频率，让主流媒体的声音在舆论场不断激荡的过程中逐渐壮大，挤压负面舆论的传播和生存空间。网络舆情治理也遵循"先发制人，后发制于人"的规律，主流媒体要第一时间占据舆论引导的主动权。同时，网络舆情治理也要树立风险意识和底线思维。所谓树立风险意识，就是尽快构建突发重大舆情的应急反应机制，打好舆情治理的有准备之战。所谓底线

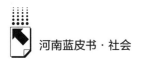

思维，就是尽快推进网络舆情治理的相关政策法规的完善，对于别有用心试图扰乱公众视听的行为绝不姑息。

（二）构建网络舆情的公共治理体系

网络舆情由现实社会的某一事件引发，经由网络这一中介传播发酵，不同的意见、情绪借此表达，网民、媒体、政府等多个行为主体共同构建了当下的网络舆情生态系统。现在，舆情监管部门都已经意识到单纯地禁止发声、息事宁人的"封堵"式舆情管理已经行不通，甚至在很多时候封堵式管理会产生更难以控制的负面效应，引发更高浪潮的舆论海啸。立足于当下舆论环境，网络舆情治理部门真正提升网络舆情治理能力与治理水平要由封堵改为疏导，由管理改为治理，一方面积极回应舆论关切，疏导舆论情绪，第一时间公布舆情事件的客观信息；另一方面，构建网民广泛参与的、学者科学研判的、主流媒体关键引导的网络舆情公共治理体系。开放的公共治理元素、广泛的社会大众参与和日新月异的媒体传播技术手段构成网络舆情公共治理的关键元素。相关舆情治理部门的角色也转变为网络舆论生态的引导者、公众诉求的回应者、公共治理体系的牵头人和网络舆情规则的设计者。

（三）消弭负面舆情产生的社会根源

舆情风暴的息止，并不是舆情治理工作的终点。真正形成闭环网络舆情治理模式的是现实事件发生、网络舆情发酵、舆情处置与问题解决、后事之师以避免类似现实事件再发生。社交媒体环境下，现实社会中的一个小事件，或许都能成为网络舆论的爆点，在舆论场中掀起巨大声浪。而且，舆论浪潮的起点往往是部分群众的迫切诉求无法通过现实途径得到应有的回应只能诉诸网络，反映的恰恰是社会工作实践中的不足之处。面对挑战，急需提高治理能力的不仅仅是舆情治理部门，更是全社会的公共治理体系。所以，网络舆情治理的目标不仅仅是清朗网络空间的构建，更重要的是以舆情反映的问题解决敦促社会机器运转方式的不断完善，以舆情治理的不断进步助推治理能力和治理体系现代化的实现。以"7·20"河南特大暴雨所引发的舆论风暴为例，这次舆情危机反映的不仅仅是相关舆情治理部门对于突发舆情的应对处置能力有待提升，更反映出涉事部门对突发重大灾害的应急管理能力不足。这就需要公共管理部门强化风险意识，提升工作能力和本领，协同部门构建应急防范机制，消弭负面舆情于萌芽之际。

B.4
河南省网络舆论生态分析报告[*]

殷　铭[**]

摘　要： 网络舆论生态是网络舆论生成的环境，是舆论主体、舆论内容、舆论载体、社会背景总合而成的系统性状态，它是社会心态最直观的反映，也是社会治理水平的体现。近年来，网络舆论生态发生了重大变化，其中有积极的一面，也存在一些问题。网络舆论生态具备系统性、社会性，其存在的问题也并非单向的管制所能解决。改善网络舆论生态是治理共同体的共同责任，只有人人各尽其分、各适其宜，网络舆论生态才能进入良性的轨道。

关键词： 网络舆论　舆论生态　社会共治

生态原本是指生物与环境相互作用、相互制约的动态稳定状态，引申到舆论，便有了舆论生态的概念。网络舆论生态，是对网络时代舆论环境的概括。在网络时代，不但舆论的载体发生了变化，舆论主体、舆论形式也与传统媒介时代不同。在网络社会来临的同时，社会大环境发生重大变迁，社会心理、情绪随之改变，舆论的形成及演变不但受到新载体的影响，还与社会大环境息息相关。舆论主体、舆论内容（事件或议题）、网络媒介、社会背景相互作用、相互影响，构成了网络舆论生态。网络舆论生态是社会心态最直观的反映，也是社会治理水平的直接体现，关注网络舆论生态的变化与发

＊ 基金项目：河南省哲学社会科学规划项目（2020BZZ003）。

＊＊ 殷铬，河南省社会科学院研究员，博士，主要研究方向为网络社会、文化及社会问题。

展，分析其最新特点、变化和存在的问题，才能找到网络舆论生态治理的正确方法。

一 河南网络舆论生态的变化及特点

（一）舆论主体和内容呈现多元化态势，互联网成为民众表达诉求、参与公共事务的重要途径

在传统媒介时代，信息传播是单向的，传播者与受众的主客体关系非常明显。网络技术构建的公共话语空间突破了时空限制，打破了地理空间的封闭性和界限，消解了现实社会中地位、身份、职业的门槛，任何人只要掌握基本的设备和技能，就能进入这个空间发布信息、言论，信息生产与传播不再是专业人士的"特权"。网络媒介的出现为普通民众提供了发布和传播的权利，信息传导的主客体结构发生了根本的改变，普通民众不再是被动地接受信息的受众，而是主动的传播者，可以发布信息、表达观点。同时，技术构建的立体式的互动平台激发了民众表达诉求、参与公共事务的积极性，民众的主体意识得到了信息技术的支持，单向传播中蕴含的主导权不再存在，传播者与受众的界限越来越模糊，主体间关系在技术上得以确认。截至2020年底，河南互联网用户已经达到1.18亿，网民总数达到8836.5万人，互联网普及率达到91.7%。舆论资讯传播主体已经不是单一的专业媒体，网络媒体、博主、普通网民都成为网络话语空间的主体，多元化已经成为不可逆转的现实。舆论传播形式也发生了重大变化，信息发布不再单一，可以是文字、图片、视频、音频各种形式的结合。同时，网络话语空间也呈现多样化态势，除论坛、微博之外，微信、今日头条、腾讯视频、抖音成为网民发布信息、表达诉求、了解新闻动向的重要途径。在2021年河南网络事件中，济源市委书记掌掴秘书长、郑州中院院长于东辉涉嫌索贿、焦作中学职称事件等都是由网民在网络话语空间发布而引爆的。"济源市尚娟"在微博上实名公开举报河南济源市委书记打人，一经发布就立即引发舆论风暴；河

南隆庆祥服饰总裁在微博上实名举报中院院长，采取视频与书面材料结合的形式，引发了巨大的舆论反响。除此之外，抖音等短视频平台也成为舆论传播、发酵的阵地，"焦作职称事件"就是在抖音上发布并引爆的。姚老师在抖音上对焦作某中学职称评定表达不满，不想得到了大量网民的关注转发，由此演变为持续性很长的公共事件。

（二）网络社会与风险社会重合，舆论的生成及演变环境发生深刻变化

网络社会与风险社会的重合，是现今时代的一大特点。两者虽然不存在因果上的联系，但在时间上却具有同步性。一方面是矛盾叠加、风险隐患增多，另一方面是去时空性、平等性的网络公共空间的形成，在这种情况下，社会风险的传播及展现方式必然会发生变化，对舆论的生成和演变产生深刻的影响。现实中的风险、矛盾必然会在网络媒介中显现出来，但由于新媒介的特殊属性，这种显现不是直观的，突发事件在网络媒体时代会以特殊的方式聚焦、扩散，有可能在特定的时段内产生放大、极化、衍生等问题。对于河南来说，2021年有外部性的突发事件，比如暴雨、疫情；也有内生的突发事件，比如市委书记掌掴秘书长、男子持棍行凶等。无论是外部事件还是内生事件，都必然体现在网络话语空间之中，演变为网络公共事件，舆情中往往会附着与风险社会相关的情绪、立场，在一定的时间段内，出现情绪情感大于事实真相的现象。

（三）暴雨、疫情并没有重创社会信心，网络社会心态大致平稳

2021年对于河南是极其特殊的一年，在经历了大暴雨之后，又受到疫情的夹击，对河南的经济社会发展产生不利的影响。然而，灾害并没有损害河南的整体形象，也并没有打击河南民众对未来发展的信心。在暴雨发生时，河南普通民众展现了人性的良善；在抗疫中，普通民众遵守秩序、积极抗疫，体现了大局意识。暴雨、疫情的双重夹击，并没有对河南民众的整体形象造成损害，相反却在一定程度上改变了将人类别化的地域歧

视。暴雨、疫情之后，河南积极开展灾后重建工作，普通民众的生活也逐渐走入正轨，对未来的信心并没有消失。在 2020 年疫情中，社会心态出现过大的波动，民众焦虑转变为恐慌，曾经出现过抢购粮食与其他生活必需品的行为，但 2021 年河南暴雨、疫情双重灾害中，并没有出现抢购现象，这一方面是因为政府的积极作为，另一方面也说明普通民众的心态平稳。在网络话语空间，暴雨、疫情虽然在一段时间内成为舆论焦点，但过激言论并不多，相反，民众维护河南整体形象的意识却非常浓厚，"怒斥外国记者"事件就是典型的例证。在疫情重灾区，民众的正常生活受到影响，但并没有出现恐慌情绪。总之，网络社会心态并没有因为暴雨、疫情而发生重大变化。

（四）民众对政府的信任度有所提升，涉官、涉政事件的冲击性与以往相比明显减弱

2021 年河南发生了几例重大涉官事件，即"市委书记掌掴秘书长"事件、"女总裁举报郑州市中院原院长索贿"事件、"政法委书记被查"事件，这些事件直接指涉具体官员，爆发力极强，引来无数网民关注，但没有像往常那样被"深挖细究"。"市委书记掌掴秘书长"事件从发酵到上级部门表态，前后经历了五天，在此期间，网络舆论虽然高度聚焦，但既没有出现围观、声援、人肉搜索等现象，也没有衍生出其他事件，在河南省委发布免去张战伟职务之后，舆情逐渐退潮。"女总裁举报郑州市中院原院长索贿"事件出现后，立即引爆网络，在河南省纪委宣布介入调查、河南省高院回应之后，舆论迅速回落，没有出现持续性的追踪和围观。"政法委书记被查"事件虽然也引起各路媒介争相报道转发，但却瞬间即逝。"耕地上面'长'别墅"、"水利工程成摆设"，这些事件指涉基层政府部门，在被媒体报道后，在网络上也掀起了波浪，但在上级部门表态后，舆情迅速消退。在以往，涉官、涉政事件往往会被网络放大，并且会出现议题流变、指向扩散、舆论极化现象，但在近几年，这些现象越来越少，事件的冲击也明显减弱。这说明，民众对政府信任程度提升，相信上级政府会公正处理此类事件。

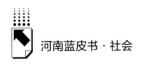

（五）网络公共事件不减，但爆发力、持续性出现分化

近年来，随着国家治理能力的提升、社会环境的改善，社会心理、心态正在向好的方向发展，但在风险社会与网络社会重合的时期，网络公共事件不会减少。在 2021 年，网络公共事件依旧较多，包括涉官涉政、公共安全、伦理性事件、教育卫生等方面，但爆发力、持续性强的事件并不多。除了暴雨、疫情，影响最大的事件包括"市委书记掌掴秘书长"事件、"焦作教师职称"事件、"女总裁举报郑州市中院原院长索贿"事件、"熟鸡蛋孵出小鸡"事件，这些事件爆发力极强，引发媒体和自媒体持续关注。其他事件如"耕地上面'长'别墅"事件、南阳退休男子报复社会案、柘城县武术馆特大火灾案、幼儿园发生塌陷案、"55 岁男子娶未成年智障女孩"事件、"河南政法委书记被查"事件等，虽然在出现时引起舆论关注，但缺乏持续性，在几天之内就退出公众的视野。公共事件的分化现象折射出以下问题：其一，网民对公共话题的参与热情减弱。由于网络事件频发，形成了见怪不怪的疲劳感，只有少数有震撼性、被媒介跟踪的事件才会被持续关注。其二，网民并不关心事件的处理结果，大都是抱着围观的心态去追逐社会热点。热点一旦消退，网民也就不再关注事件的后续结果。

二 网络舆论生态中存在的问题

（一）资讯泛滥与算法推送的结合，造成另一种类型的信息闭塞

在传统媒介时代，信息传播受到传播手段（报纸、广播等）的制约，传播内容受到"把关人"的取舍，信息容量有限，容易控制。但在新媒介时代，建立在数字化、超文本、超链接之上的传播方式将传统的制约因素彻底打破，版面、时空等因素不再能够限制传播容量，"把关人"也不复存在，信息传播容量无限扩展，这种即时性、超容量的传播改变了传统的话语权结构，但同时也会造成资讯的泛滥。资讯泛滥造成过度的信息冲击，形成

新的信息堵塞、信息封闭，即大量的有益信息淹没在有害信息、垃圾信息之中，民众的合理诉求也被信息海洋所掩盖。人们无法正确分辨信息、有效利用信息，只能以先入立场、刻板之见、私意、标签等取舍信息，算法推送又强化了这一点，造成新的信息封闭。算法推送的特点是，利用算法对用户的行为喜好、人际关系进行分析，从中挖掘出用户的需求和偏好，以信息过滤、聚合的方式自动生成用户所需要的信息，从而实现所谓定制化、个性化的信息推送。算法推送号称抛弃了人工选择，但却不是价值中立，所谓个性化推动本身就是一种价值。在网络时代，算法推动被视为是应对信息超载的"最佳"选择，但是，它不但没有解决信息超载带来的闭塞和封闭，反而会固化人们的既有立场和观点，不利于公共性的形成。

（二）舆论表达碎片化，网民正义感中掺杂着非正常的情绪性因素

正义感是伸张正义的道德情感，虽然是一种情感，但却建立在正义的基础之上，是基于辞让之心、恻隐之心、是非之心、羞恶之心的"常情"。无情的"正义"不是正义，而情绪化的"正义"也会偏离常道，不但会被外部力量利用，也可能在群体环境中走向极端。网络舆论的出发点大都是追求正义和真相，但却存在一个问题，即被情绪化的"正义"所支配。一般来说，情绪化的"正义"大都出于简单或线性思维，并且对人不对己。在网络话语空间中，一旦某个事件或话题被纳入"强弱"、"贫富"、"善恶"、"内外"的框架中，就会形成强烈的舆论风暴，在追求"正义"的过程中，真相、是非往往会被情绪所掩盖，并且舆论讨伐会演变为舆论暴力。《失孤》被拐原型郭新振在林州市被找到后，网络舆论一开始表现为对郭新振亲生父母的同情以及对人贩子的痛恨，但在记者采访郭新振之后，网络舆论风向发生了一些变化。郭新振表示，养父母年纪大，需要人照顾，并且其工作在河南，打算留在林州，并经常探望亲生父母，这种在郭新振看来很正常的选择却招致了网络暴力，网民在没有弄清事实（郭新振养父母是否知道郭新振被拐等）的情况下，指责郭新振见利忘义、认贼作父，是现代版的杨康，这种借"正义"而发泄情绪的现象在网络上并不是个案。河南水灾

发生后，鸿星尔克率先捐款 5000 万元，引发网络热议，一些网民除了高喊"野性消费"、买空鸿星尔克的口号之外，还跑到其他同行企业的直播间"逼捐"，鸿星尔克的慈善行为为一些人提供了"道德绑架"的机会，这说明，情绪化的"正义"、"爱国"在网络中还有一定的市场，打着"正能量"旗号的"低级红"对网络生态造成较大的负面影响。

（三）网络公共事件发酵演变过程中存在"后真相"现象

"后真相"被用来描述这样一种舆论状态：情感和信念的力量大于事实，立场、口辩、偏见占据上风，真相被有意无意地漠视，即便谣言和不实之词被揭穿，也不会遭受太多的舆论谴责。"后真相"这一名词在特朗普当选之后开始流行，用来表述"情感大于真相"、"雄辩胜于事实"的怪相。"后真相"现象的出现与网络媒介有关，后者虽然具有空前的传播力，但并不能凭空制造问题，若没有特定的社会背景，单靠网络的传播并不能产生"后真相"现象。在贫富分化、利益多元化的时期，所谓情绪、立场都具有社会性含义，社会分化越严重，社会成员的偏见也就越深，按立场站队的现象也就越明显，这是"后真相"现象产生的原因。在当下中国，并不存在西方社会中的政治怪相，但"后真相"现象却时常出现，在网络公共事件的发酵演变过程中，真相被置后的问题并不少见。在公共事件发生后，虽然涉事各方都打着追求真相的旗号，但背后却是力量的比拼，这种比拼造成的结果往往是真相难以显现，"安阳特斯拉维权"事件就是例证。特斯拉公司将维权车主视为职业车闹，而车主采取极端的手段维权，双方都不走正常的渠道，而想方设法争取舆论支持，正常的维权事件被纳入"强弱"、"中外"的框架内，立场与先入之见在先，真相被放在一边，事件被放大后，真相反而变得越来越复杂。

（四）一些自媒体为博取流量而捏造、传播虚假信息，侵蚀网络空间的公共性

在移动网络时代，人人都是麦克风，舆论主体的多元化是网络空间公共

性的一种表现形式，但是，自媒体同样也会被商业利益支配而发生变异，侵蚀网络空间的公共性。除了渲染民粹情绪、搞"低级红"吸引眼球，一些自媒体利用民众的焦虑情绪捏造、传播虚假信息博取流量，这是网络空间面临的新问题。因为认知的局限性或"判断的负担"而传播不准确信息，这在任何时期都不是问题，但为了私利而捏造、传播虚假信息，造成社会恐慌，这就超出了言论自由的范畴。在流量能够兑现金钱的时期，虚假信息的传播往往不是茶余饭后的闲言碎语，一般都有商业利益在其中作怪。2021年河南暴雨发生后，网络中出现了不少虚假信息和谣言，其中一部分就是自媒体博取流量而故意捏造出来的。在 7 月 20 日晚间，某自媒体账号发布"郑州海洋馆的鲨鱼跑出来了"的视频，说"荥阳海洋馆被冲破，海洋馆鲨鱼逃出来"，但经过查实，视频来自 2020 年底的国外社交媒体，其鲨鱼翻腾的场面是人工合成的。在"鲨鱼逃出来"之后，又出现了"郑州海洋馆爆炸、鳄鱼跑出来吃人"恶作剧视频，其视频内容同样也是来自国外，纯粹是为了吸引眼球而制造出来的，与郑州暴雨毫无关系。除此之外，网络上还出现"常庄水库决堤"、"郑州进入特大自然灾害一级战备状态"等谣言。在网络时代，民众对外部世界的认知大都依赖于网络媒介，但媒介的公共性也会受到商业利益的侵蚀，这是需要解决的问题。

三　网络舆论生态的治理路径与对策

网络舆论是网络空间内多元舆论主体围绕公共事项所形成的情绪、态度和意见，网络舆论生态可以看成是网络舆论生成的环境或背景，但环境或背景却不是外在于人的客体，而与舆论主体的状况息息相关。同时，网络舆论生态并不孤立于社会大环境，而是社会环境在网络空间的体现。网络舆论生态具备系统性、社会性，其存在的问题也绝非单向的灌输和管控所能解决，需要树立主体间共治的理念。在网络时代，舆论的生成是主体之间围绕公共事项相互作用的结果，舆论生态的改善同样离不开多元主体的共治，如果将舆论主体分割成管理和被管理两部分，网络舆论生态的改善就无法真正落实。

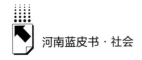

（一）相信人的良知和理性，建设网络舆论生态治理共同体

治理与管理的本质差异在于是否相信人的良知和理性。如果不相信人的良知和理性，不但社会共治无法成立，治理共同体也失去了其根基。在一些基层工作者中存在着这样的论调，即普通民众缺乏理性，需要管理者对其思维倾向和行为进行矫正。在网络空间却存在与此相反的倾向，即基层政府官员缺乏良知，民众只有通过抗争才能维护其权利。这种将治理主体一分为二的思维定式实际上否定了治理共同体的存在，同时也否定了非强制性秩序存在的可能性。古人曰："孔子之作《春秋》，公赏罚以复人性而已。"[1] 治理不是驾驭术，不是"为物作则"，其本质是顺理、顺道而治，是与开启民智、复人性联系在一起的，相信人的良知和理性正是治理的前提。只有"先觉觉后觉"的问题，而没有一部分人为另一部分人强立准则的问题。[2] 因此，去除管控思维，确立共治理念，网络舆论生态才能得到治理。改善网络舆论生态是治理共同体的共同责任，只有人人各尽其分、各适其宜，网络舆论生态才能进入良性的轨道。

（二）彰显公共事件的是非曲直，形成讲理的网络氛围

在网络时代，网络空间是聚合大众的媒介，但真正将大众联结起来的却是公共事件。在社交圈子、议题式空间层出不穷的今天，公共事件起到了它们串联在一起的作用，没有公共事件，就没有超越小圈子的公共空间。从某种意义上说，公共舆论就是围绕公共事件而形成的。因此，无论是网络舆情还是网络生态的治理，都需要从公共事件入手。在网络空间，各种维权事件越来越多，维权者所描述的"事实"并不一定是真相，但一旦被纳入"强弱"、"贫富"、"官民"的框架之内形成公共事件，真相的显现就会成为一个问题，舆情与实情的脱节，必然会破坏网络生态环境。网民在网络上维权

---

① 邓广铭点校：《陈亮集（增订本）》，中华书局，1987，第 42 页。

② 殷辂：《善治：社会治理创新的内在逻辑和现实路径》，《中共郑州市委党校学报》2019 年第 3 期，第 43 ~ 47 页。

或表达诉求，这是其权利，但其事一旦进入公共空间，就不是个体私事，必须对公众有一个交代，不能以隐私为由让公众看不清楚。若事件在造成巨大影响后不了了之，其带来的损害就不仅仅是个体，而是社会整体。若公共事件的真相与公道不显，网络空间的公共性建设就无从谈起，就会逐步沦为角斗场。因此，彰显公共事件的是非曲直，是治理的宗旨和目标，如果每个事件都能够得到公正的处理和对待，讲理的网络氛围就能够形成。

（三）改善舆论引导方式，构建"治理式"引导机制

网络舆论是多元舆论主体围绕公共事件（议题）相互作用的结果，它有可能出现偏离实情的问题，所以需要引导。舆论引导不是引导特定的群体，其本质是引导舆论，是多元主体共同治理，其目的是彰显公道，将舆论引导到正确的轨道之上。舆论的变异和失真，这是非治理状态下的"自然"状态，而治理的状态与真相、公道是联系在一起的，"治理式"引导的本质就是发挥舆论主体的作用，共同引导、共同治理。"治理式"引导与"灌输式"、"管控式"、"垂直性"引导相对，是引导理念的革新，也是网络时代提升舆论传播力、引导力、影响力、公信力的重要方式。舆论的形成及其影响是社会性的，舆论引导方式也应该是社会性的。没有民众的参与，舆论引导不可能真正走向理性。只有发挥舆论主体的作用，舆论引导才能真正发挥作用，网络舆论才不会发生变异。舆论引导并非操纵人们的意识，而是疏通壅塞、彰显公道，构建良好的沟通环境，去除附着在事件（议题）上的先入之见、私利、私意、情绪，舆论就能回到正确的轨道之上。

（四）维护网络媒体的公共性，遏制网络话语空间商业化倾向

网络媒体为普通民众提供了发布信息、表达诉求、参与社会生活的机会，它一旦被普通民众所利用，就有可能形成一种集体力量，这相当于网络技术对普通民众的赋权，但权利和义务是对等的，在公共话语空间活动，就应该扮演社会公器的角色，具有公共性。然而，在现实中网络媒体也会被外部力量侵蚀而发生变异，商业化倾向就是其中之一。在现实中，媒体账号、

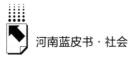
公关公司、网络平台联结在了一起，形成了一个利益链条，流量和点击率都可以兑现为钞票。一些自媒体为追求流量，强蹭热点、制造话题、编造虚假信息。为"迎合"民众口味传播低俗内容，打着"正能量"的旗号刺激民粹情绪，同时，骂战、人肉、应援等怪相愈演愈烈，造成网络空间公共性的衰微。网络话语空间被商业利益支配而市场化，其直接的结果就是网络舆论环境的庸俗化、民粹化，造成美丑、是非不分。保障媒体公众号的公共性，斩断盈利的链条，维护网络媒体的公共性，遏制网络话语空间的商业化倾向，成为网络空间治理的重要任务。

专 题 篇
Special Reports

B.5

河南郑州"7·20"特大暴雨
灾害机理分析及对策建议[*]

牟 笛　陈 安[**]

摘　要： 河南郑州"7·20"特大暴雨造成了严重的人员伤亡和经济财产损失。本研究对该突发事件的机理进行分析，总结此次暴雨洪涝灾害在应急管理方面的经验教训，并提出对策建议。河南郑州"7·20"特大暴雨的应急管理存在灾害预警与应急处突不相适应、形势研判与指挥决策不够果断、全面应对与重点强化存在脱节、常态准备与战时应急不相匹配等问题，建议从规划城市环境布局、建设海绵城市、保障联防联动等方面予以优

---

* 基金项目：1. 中国慈善联合会"敦和·竹林计划"青年学者研究课题"突发事件中慈善组织公信力风险管理研究"（2020ZLJH－23）；2. 中国科学院科技战略咨询研究院院长青年基金项目"DIIS综合研判多维模型构建及其在科技安全研究中的应用"（Y9X1831Q01）；3. 国家社会科学基金重点项目"当代科技重大风险治理研究"（19AZD019）。
** 牟笛，中国科学院科技战略咨询研究院、中国科学院大学助理研究员，主要研究方向为风险与应急管理、智库理论与方法；陈安，中国科学院科技战略咨询研究院、中国科学院大学研究员、博士生导师，主要研究方向为风险与应急管理、智库理论与方法。

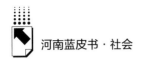
化和提升。

关键词： 特大暴雨 城市内涝 机理分析 应急管理

一 引言

2021年7月20日前后，河南省郑州市连续发生暴雨洪涝灾害。据8月2日统计数据，此次灾害造成郑州市遇难292人，失踪47人。[①] 城市发展因素和自然生态因素共同造成了当今城市暴雨洪灾问题严重的现象。城市暴雨洪涝灾害被认为是由温室效应和热岛效应造成的。温室效应是由二氧化碳等温室气体的排放所导致的，会造成地表温度升高、极端天气频发等现象。[②] 2000年以来，我国城市发展速度加快，城市规模急剧扩张，人口和资源不断向城市聚集，大大削弱了城市抵御暴雨洪涝的应灾能力。在全球变暖所造成的频繁极端天气情况下，城市热岛效应更是为其推波助澜，增大了城市暴雨洪灾发生的风险。[③]

城市规划建设不善主要体现为排水系统脆弱和地面硬化率过高。我国管网建设缺乏科学规划和系统布局，城市排水系统不能与城市各方面发展规划配套，导致排水能力滞后于城市化进程。[④] 许多城市排水管道不成系统，部分管线管径设计不合理，雨水管径普遍偏小，过水能力不足。排水管网的管护不到位，很多城市对污水排放管理不严，管渠淤积严重，过水能力得不到充分利用。此外，管网老化、排水管道被占压问题也比较普遍。在土地建设

---

① 《河南极端降雨已致302人遇难，其中郑州市292人遇难》，网易新闻，https://www.163.com/news/article/GGDLBBVE0001899O.html，2021-08-02。

② Hus, M. H., Cheney, S. H., Chang, Y. J., 2000. Inundation simulation for urban drainage basin with storm sewer system［J］. Journal of Hydrology, 234（2）, 21-37.

③ 叶斌、盛代林、门小瑜：《城市内涝的成因及其对策》，《水利经济》2010年第4期，第62~65页。

④ 王林、秦其明、李吉芝、李喆、金川、李杰：《基于GIS的城市内涝灾害分析模型研究》，《测绘科学》2004年第3期，第48~51页。

方面，我国城市绿地一再受到压缩，硬化地面越来越多，使城市环境变得恶劣，能吸纳雨水的地面越来越小。另外，硬化地面的铺装多采用不透水材料，雨水无法渗透进地面，以超渗产流形式产出，洪峰值加强并加快产生，只能依靠排水系统排出，加重了排水设施的负担。[1]

湖泊、湿地有着天然的防洪功能。凡是与河流相连通的湖泊、湿地一般都可以起到不同程度调蓄洪水的作用，包括蓄积洪水、减缓流速、削减洪峰、延长水流时间等，从而减轻洪水带来的危害和风险。[2] 随着城市快速发展，城市中原有的河湖水面经过大规模改造，所剩无几。[3] 现存的河湖水面规模也大幅度缩减，洪水调蓄能力急剧降低，基本失去了雨水调蓄作用。新的建设中又疏于建设相应的雨水调节设施，一旦降雨量超过排水设施的能力，多余的水排不出去，无处蓄存，只能漫上街道，最终演变为内涝。[4] 本研究对河南郑州"7·20"特大暴雨灾害的突发事件机理进行分析，探讨此次暴雨洪涝灾害应急管理的问题，并提出对策建议。

二　暴雨事件机理分析

应急管理贯穿了突发事件孕育、发生、演化、衰退、终结的全过程。突发事件在每个阶段都具有其原则性、原理性、流程性、操作性机理。孕育期、爆发期、演化期、衰退期、终结期等五个阶段和原则层、原理层、流程层、操作层等四个层次共同构成了突发事件"4L-5S"机理分析框架（见图1）。[5]

① 陈鹏、张继权、严登华、蒋新宇、包玉龙：《基于 GIS 技术的城市暴雨积涝数值模拟与可视化》，《灾害学》2011 年第 3 期，第 69~72 页。
② Li, D. M. , Zhang, H. P. , Li, B. F. , 2004. Basic theory and mathematical modeling of urban rainstorm water logging [J]. Journal of Hydramechanics, 16 (1), 17–27.
③ 解以扬、李大鸣、李培彦、沈树勤、殷剑敏、韩素芹、曾明剑、辜晓青：《城市暴雨内涝数学模型的研究与应用》，《水科学进展》2005 年第 3 期，第 384~390 页。
④ Maaskant, B. , Jonkman, S. N. , Bouwer, L. M. , 2009. Future risk of flooding [J]. Environmental Science & Policy, 12, 157–169.
⑤ 陈安：《跨域突发公共卫生事件机理分析与应对机制设计》，《四川大学学报（哲学社会科学版）》2020 年第 4 期，第 5~15 页。

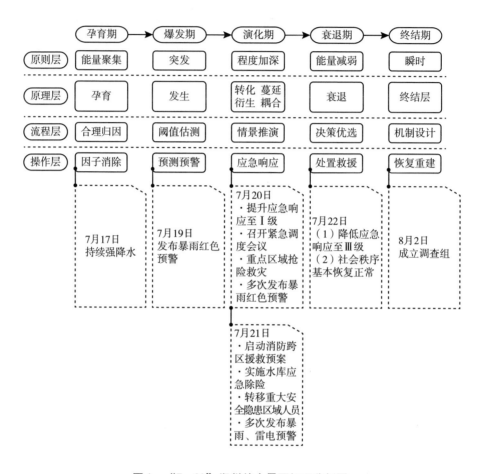

图1　"7·20"郑州特大暴雨机理分析图

在河南郑州"7·20"特大暴雨灾害的孕育阶段，暴雨灾害能量不断聚集。7月17日起，河南省出现持续性强降雨，全省大部分地区受到暴雨、大暴雨、特大暴雨侵袭。此次降水主要是自然气候造成的，但持续时间长、累积雨量大、强降水范围广、强降水时段集中，具有极端性。①

----

① 《河南强降水天气为何持续这么久，权威解读来了》，新华社，https://baijiahao.baidu.com/s? id=1705826357409103330&wfr=spider&for=pc，2021-07-21。

河南郑州"7·20"特大暴雨灾害属于突发型自然灾害，随着降水量逐渐突破常规阈值，暴雨形势越来越严峻。7月19日，郑州市气象局已发布暴雨红色预警信号，提醒市民防范极端暴雨天气。① 在此后的几天中，又多次发布了暴雨、雷电预警。

在演化阶段，7月20日，郑州市防汛抗旱指挥部提升防汛应急响应至 I 级。② 郑州市委召开抢险救灾紧急视频调度会议。③ 相关部门前往重点区域、关键部位现场指挥调度抢险救灾工作。7月21日，应急管理部启动消防救援队伍跨区域增援预案，调派多省消防救援水上救援专业队伍驰援河南防汛抢险救灾。④ 对于水库重点区域，组织专家和抢险人员，增设水文站，加强监测预警。⑤ 通知、协助重点区域内的居民转移。⑥

7月22日，暴雨进入衰退期，雨势渐缓，应急响应下调至 III 级，社会秩序基本恢复正常。⑦ 进入终结期后，国务院于8月2日决定成立调查组对河南郑州"7·20"特大暴雨灾害进行调查，总结经验教训，提出改进措施，对失职渎职的行为依法依规问责追责。⑧

———————————

① 《郑州气象局连发预警建议，市民当天为何未见"停课、停业"？》，第一财经，https：//baijiahao. baidu. com/s？ id =1706253081425342963&wfr = spider&for = pc. 2021 – 07 – 25。
② 《河南暴雨成灾 各方紧急救援 国家防总启动防汛 III 级应急响应 郑州应急响应提升至 I 级》，经济日报，https：//baijiahao. baidu. com/s？ id = 1705850997716469679&wfr = spider&for = pc，2021 – 07 – 21。
③ 《迅速响应，全面动员！郑州全力以赴应对罕见特大暴雨汛情》，中原网，https：//baijiahao. baidu. com/s？ id =1705851699681976862，2021 – 07 – 21。
④ 《应急管理部调派 7 个省 1800 名指战员紧急驰援河南》，界面新闻，https：//www. jiemian. com/article/6382058. html，2021 – 07 – 21。
⑤ 《国家防总工作组现场指导郭家咀水库和常庄水库险情处置》，中共中央纪律检查委员会官网，https：//www. ccdi. gov. cn/yaowen/202107/t20210722_ 246554. html，2021 – 07 – 22。
⑥ 《郑州紧急通知：这些范围人员立即转移！》，中国经济网，https：//baijiahao. baidu. com/s？ id =1705857200892438826&wfr = spider&for = pc，2021 – 07 – 21。
⑦ 《郑州市防汛应急响应从 I 级降至 III 级》，新京报，https：//m. bjnews. com. cn/detail/162694327714891. html，2021 – 07 – 22。
⑧ 《国务院成立河南郑州"7·20"特大暴雨灾害调查组》，央视新闻，https：//baijiahao. baidu. com/s？ id =1706974650837974732&wfr = spider&for = pc，2021 – 08 – 02。

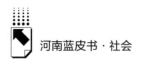
三 应急管理经验教训

（一）灾害预警与应急处突不相适应

河南郑州"7·20"特大暴雨灾害造成了较为严重的人员伤亡和经济财产损失。灾害预警方面的主要问题体现在预警与应急衔接不紧、部门联动欠缺、信息传播不畅。目前各地气象灾害预警基本建立了"绿色通道"，但应急响应仍然停留在"层层审批"阶段，无法通过预警调动相关部门对防灾避险措施做出及时反应，主要表现在重点场所关停反应迟钝、重点人群转移反应迟钝、水域除险加固反应迟钝以及城市交通管制反应迟钝等方面。部门联动问题突出表现为职能部门偏重于业务工作的单向执行，缺乏各行业指挥部门与统筹协调部门的多向联动，致使相关应急建议无法落实为应急行动。在职能部门联动方面，灾害预警信息发布主要依托气象部门和水利部门，相关专业意见停留在咨询与建议层面，缺乏对应急决策与行政的有效参与。同时，缺乏江河洪水、山洪灾害等与暴雨密切相关的衍生灾害的分类研判、渐进预警与工作部署。近期汛情反映出农村地区的应急响应滞后于灾情发展，在预警信息下达和灾情信息上传两方面均滞后于城市，灾情预警信息仍然存在"最后一公里"问题。在农村地区，有线广播、高音喇叭、鸣锣吹哨等传统通信方式主要应用于救灾阶段的转移疏散，监测预警信息仍然依靠现代通信渠道传播，在区域覆盖与人群覆盖方面均存在预警盲区。

（二）形势研判与指挥决策不够果断

应急指挥方面，对衍生风险判断不准确，对风险叠加研判不到位。7月13日起河南省防汛抗旱指挥部曾多次召开省内防汛会商调度会，并未将郑州判断为重点防汛地区，且缺乏对流域洪水、城市内涝、地质灾害等衍生风险蔓延的复杂情况预判。在汛情与疫情的风险叠加方面，缺乏对二者互动关系与风险情景的预想预判，在定点医院、重点人群和防疫物资等方面缺乏相应的风险防控方案，同时缺乏针对洪涝灾害期间疫情防控的专项工作部署。

（三）全面应对与重点强化存在脱节

缺乏重点场所与重点人群的极端情景专项预案。当前区域层面的整体应对方案和单位层面的常规应对措施缺乏针对数据机房、文保单位等"灾损不可逆"场所的响应方案，物资、设备、人员、机制层面均缺少极限压力测试和定向解决方案。"粗放式"的、"全面性"的救援机制和受灾人群管理模式无法精准识别和专项救援对灾害抵抗力弱的重点人群。

（四）常态准备与战时应急不相匹配

应急措施的实战性不足、应急主体的协同性不足、应急物资的针对性不足。一些基层地方应急预案"上下一般粗"，缺少针对性的专业的建议措施，尤其是缺少针对极端突发灾害应急的具体的行动方案。部分地区的城市防汛应急预案中只规定了各成员单位在防汛抗战中的本部门职责，成员单位之间缺乏有效的衔接机制，各成员单位基本上是"单兵作战"。其次，民间救援力量集中涌向受灾地区，出现管理混乱、效率低下，社会力量阻碍消防、部队救援队伍工作秩序的情况。应急处置方案中缺乏对各类别极端灾害情景应急物资的分类研判与明确规定，基层地区出现物资供给与灾情实际不吻合的问题，物资缺乏与过度饱和并存。以新乡市为例，此次救援物资中水、食物、钱财已高度饱和，但是泄洪区的灾民所必需的保暖、防雨物品则成为急需。

四　对策建议

（一）以水面面积保有量为指标，规划城市环境布局

随着城市快速发展，我国大城市中原有的河湖水面经过大规模改造，所

剩无几。现存的河湖水面规模也大幅度缩减,洪水调蓄能力急剧降低,基本失去了雨水调蓄作用。新的建设中又疏于建设相应的雨水调节设施,一旦降雨量超过排水设施的能力,多余的水排不出去,无处蓄存,只能漫上街道,演变为城市洪灾。城市局地环境和水域调蓄能力相互作用,加之城市基础管道设施排水能力不足、地面硬化率过高等问题,使得水面变化对城市内涝的影响长期存在,难以改善。

应从践行水土保持方案和营造水域景观两个方面着手保证大城市水面面积。第一,我国各省区市有相当一部分水土保持方案在批复下达后被束之高阁,方案设计中针对施工过程中的各项水土保持防治措施难以到位,水土流失较为严重。因此,须加强水土保持监督执法力度,健全开发建设项目水土保持方案实施全过程监督管理实时系统,对个别重点、特大项目,水土保持监测应设置全程电子监测系统。保证水土保持方案的各项措施落到实处,从源头上控制和减少人为水土流失,保护生态环境,降低城市洪涝灾害频次和程度。第二,湖泊、湿地有着天然的防洪功能,在城市街道、广场、公园、建筑物等多种公共区域建设城市水域景观,能够改善局地气候,增强排水能力,创造美好自然环境,提升城市舒适度和愉悦感。建设城市水域景观与增强城市排水能力、降低土地硬化率相结合,升级城市排涝标准,选择透水材料铺设城市地面,使城市地面呼吸水分。对各类地面采取非硬化铺设,避免城市在暴雨中大面积积水,帮助城市利用雨水来补充地下水资源。

(二)以极限压力测试为根本,建设海绵城市

我国海绵城市在极限设计、建设时长、稳定投入上存在困难。2015年4月以来,国家先后公布两批中央财政支持的海绵城市建设试点,重点是要解决城市建设中的水环境、水生态和内涝问题。据不完全统计,目前已纳入试点的30个城市中,共有19个城市发生内涝,占比为63%。我国海绵城市的问题主要体现在超出防洪系统处理能力极限和投入与回报不匹配两个方面。以郑州为例,海绵城市的主要设计包括人工湿地、绿色植被、花盘、树池等,主要解决中小雨、一定量地表水的渗透循环。郑州此次的暴雨超过了

海绵城市对于水处理的承受能力，已有防洪设施不能满足整体需要，造成了巨大损失。海绵城市建设是长期性、连续性的，需要 5 年、10 年甚至更长时间。其间建设投资将达到每平方公里 1 亿 ~1.5 亿元，所需资金巨大。而其回报难以直观计算，并且没有完善的模式来回报投资商。

应关注城市防洪的极限压力，有计划、有组织地开展海绵城市建设和监督。第一，在经济条件允许的前提下要提高关键基础设施的防灾设计标准，满足极限压力测试的要求。在顶层设计上，强调自然水文条件的保护、自然斑块的利用、紧凑式的开发等方略，将提升防洪处理极限考虑在内，避免水处理的承受能力过低。第二，细化专项建设，层层落实控制目标。顶层设计后，细化各个专项，再进一步分解开发控制目标及要求，提出各地块的开发控制指标，并纳入地块规划设计要点，统筹协调、系统设计和建设各类开发设施。将海绵城市建设工作纳入政府部门工作职责，建立责任追究和问责机制，形成内部工作激励机制。建立评测体系，利用中央财政资金奖优罚劣的方式，加快引导和推动各地海绵城市建设。对各大城市经验进行总结，在全国范围内推广，实现社会、环境、政府资金三方效益最大化。

（三）以全方位、一体化管理为核心，保障联防联动

我国应急联防联动能力无法满足大城市防洪复杂性需求。单纯的强降水并不能引发城市洪涝灾害，强降水和径流量等致灾因子、大城市这一承灾体和孕灾环境三个条件同时满足时，才会造成大城市洪涝灾害。大城市防洪的复杂性和系统性对联防联动的协调机制有较高的要求，以全方位、一体化管理为核心，保证联防联动的防洪机制是减少洪涝灾害影响，保障人民生命和财产安全的重要一环。我国大城市现有防洪协调机制并未理顺。大城市洪涝灾害应急预案不完善，现有防洪预案的规定过于笼统和抽象，各个部门之间的预案缺乏衔接和沟通，导致洪灾应急时各部门之间协调困难，降低了预案实施的可操作性和效果。大城市防洪信息化建设有待加强。在洪灾救援过程中，因为信息共享渠道和共享机制的不畅通，往往会出现部门之间或者部门和其他的救援组织之间协调、配合不力的情况。大城市防洪联合处置效果不

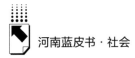

佳。大城市洪涝灾害关乎各地政绩，所以地方利益的实体和防洪联动处置机制的虚体之间存在矛盾，防洪联合处置机构的灾害处置效果大打折扣。防洪资源共享工作不到位。大城市洪灾的资源共享机制较为随意，部门与组织之间的资源共享困难，出现了"微博求物资"的现象，许多人民群众通过社交媒体来表达自己的物资需求，物资共享混乱，容易造成资源浪费和供需不匹配的现象。

应进一步建立以全方位、一体化管理为核心的联防联动防洪协调机制，提升大城市防洪管理效率与水平。第一，建立联动防洪预案编制机制。要设计具有可操作性和创新性的防洪预案，保证联动部门防洪预案一张皮，把预案设计落实到具体的实施方案、具体操作流程、相关部门的负责事项等等。预案出台以后，相应的救灾设施和人力、物力的配置要契合预案计划，充分发挥预案的指导作用。第二，加强防洪信息化建设及信息化共享机制。大城市洪灾应急管理涉及气象部门、交通部门、道路抢险部门、通信部门、土地规划部门、财政部门、住房建设部门、水利部门等相关行政部门，还涉及红十字会、基层自卫组织、志愿者协会等其他组织和其他积极救援的个人等等。信息化建设的软硬件设施都要跟上，对大城市综合化信息平台加大投入力度，发挥信息专业人员优势，收集、处理、生成有效数据并通过信息化平台实时报送。形成信息可靠、通信通畅、紧密联系的部门之间、部门与其他组织之间的信息共享机制。第三，建立洪涝灾害联合应急处置机制。大城市协同防洪需要在协作治理应急预案中以法律化、规范化的形式来保障才能发挥作用。明确各级人员责任，保障洪涝应急工作运转畅通有效、工作流程清晰，事事有章可依，建立高效有序的洪涝灾害联合应急处置机制。第四，建立洪灾资源共享机制。防洪资源的有效调配、共享将在危机发生时改变应急救援的局面，大力提升应急救援效能，最大限度地挽救人民生命和财产安全。只有从实际的区域间利益划分、共享、补偿的角度建立合理制度，将洪灾资源共享与行政绩效考核关联起来，才有可能形成真正的洪灾资源共享机制。

B.6

提升河南居民收入水平
实现共同富裕的路径研究

任晓莉[*]

摘　要： 习近平总书记在 2021 年 8 月主持召开的中央财经委员会第十次会议上强调，共同富裕是社会主义的本质要求，是中国式现代化的重要特征，要坚持以人民为中心的发展思想，在高质量发展中促进共同富裕。经过河南人民的共同努力和持续奋斗，河南与全国一道，历史性地解决了绝对贫困问题，在全面建成小康社会的基础上，河南把提升居民收入水平，促进人民共同富裕摆在更加重要的位置，取得了明显的实质性进展，人民的获得感、幸福感、安全感进一步提升。今后需要创新经济高质量发展路径，做强做大经济发展的蛋糕；千方百计保市场主体，提高就业稳定性和就业质量；想方设法提升初次分配的比重，促进形成橄榄型分配结构；多措并举提高收入分配质量，完善再分配调节机制，朝着共同富裕的目标迈进。

关键词： 河南　共同富裕　居民收入　居民生活质量

　　实现共同富裕，是社会主义的本质要求，是中国特色社会主义的根本原则，我们推动经济社会发展，归根结底是要实现全体人民共同富裕。经过全省人民的共同努力和持续奋斗，河南与全国一道，全面建成了小康社会，历

---

　　* 任晓莉，河南省社会科学院区域经济研究中心主任，研究员。

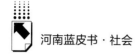
史性地解决了绝对贫困问题，在全面建成小康社会的基础上，河南把促进全
体人民共同富裕摆在更加重要的位置，取得更为明显的实质性进展。自
2013年党的十八大以来，得益于以习近平同志为核心的党中央着眼全面建
成小康社会的战略目标，高度重视民生，惠民政策力度不断加大，河南城乡
居民收入不断增长，收入水平不断提升，收入结构不断优化，人民生活质量
不断提高。尤其是近两年，经历了疫情和水灾双重考验的河南，采取有力措
施克服经济社会发展的不利因素，积极进行灾后重建，努力补齐民生短板，
改善民生，提高就业质量，人民的获得感、幸福感不断提升，为促进共同富
裕打下了良好的基础。

一 河南居民收入的不断增长为促进共同富裕创造了条件

近年来，河南省委省政府高度重视提高居民收入水平，把提高居民收入
水平摆在十分重要的位置，坚持系统观念，统筹做好各项工作，大力改善居
民生活品质，提高社会建设水平，努力让改革发展成果更多更公平惠及全体
居民，不断满足居民对美好生活的新期待，提升人民群众的获得感、幸福
感、安全感。同时，针对新冠肺炎疫情在全球持续扩散蔓延，世界经济出现
严重衰退，不稳定不确定因素显著增多，我国经济发展面临巨大挑战的严峻
态势，针对全省部分地区遭遇罕见水灾的巨大损失，审时度势，坚定响应党
中央号召，采取多种措施努力应对疫情和灾情的冲击，实施扩大内需战略，
努力保持经济长期持续健康发展，促进形成新发展格局，全省居民收入实现
了稳步增长，呈现出以下三个方面积极的态势。

（一）河南城乡居民收入持续较快增长

党的十八大以来，在河南省经济综合实力不断提升的同时，河南城乡居
民收入也保持了稳步增长的势头。2013年，党的十八大后的第一年，河南
全体居民人均收入为14204元，城镇居民家庭人均可支配收入为22398元，

农村居民人均可支配收入为 8475 元；到 2020 年，河南全体居民人均收入提高到 24810 元，城镇居民可支配收入提高至 34750 元，农村居民人均可支配收入提升至 16108 元，8 年间，河南居民收入增长了 74.67%，城镇居民人均可支配收入和农村居民人均可支配收入分别增长了 55.15% 和 90.06%。河南在岗职工平均工资由 2013 年的 38801 元提高到 2020 年的 71351 元，提高了 83.89%（参见图 1）。

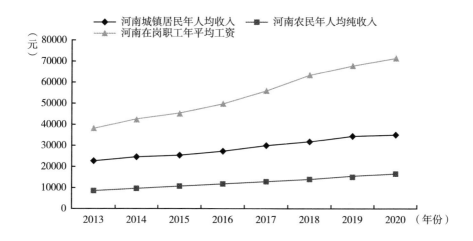

图 1　2013 年以来河南居民收入稳步增长

资料来源：据 2014～2020 年《河南统计年鉴》、《2020 年河南省国民经济和社会发展统计公报》绘制。

河南省居民收入的不断增长进一步改善了河南居民的生活条件，提升了城乡居民的生活质量，而在岗职工平均工资的增长则意味着劳动报酬在初次分配中的比重提升，意味着那些只能凭劳动力赚取收入的大多数职工，更多地分享到经济发展的果实，意味着低收入者在经济发展过程中的收入增长，有利于缩小收入差距，提高职工对工作的满意度，有利于让老百姓通过劳动报酬的增加，分享社会进步和改革开放的成果，有利于调整收入分配格局，从而真正实现社会的和谐发展，实现共同建设、共同享有、共同富裕的民生目标。

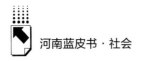

（二）河南城乡居民收入结构持续改善

居民收入来源主要由四大部分组成，分别是工资性收入、转移性收入、经营性收入和财产性收入。2013 年以来河南省居民收入结构不断改善，在居民可支配收入中，工资性收入持续保持 50% 左右的比重，转移性收入和财产性收入比重不断提高。2020 年河南居民人均工资性收入为 12440.00元，比 2014 年的 7962.96 元增长 56.22%，占可支配收入比重由 50.7% 略降为 50.1%；经营净收入为 5142.00 元，比 2014 年的 3854.09 元增长33.42%，占可支配收入比重由 24.6% 降为 20.7%；财产性收入为 1563.00元，比 2014 年的 863.22 元增长 81.07%，占可支配收入比重由 5.5% 提升到 6.3%；转移性收入为 5665.00 元，比 2014 年的 3014.91 元增长 87.90%，占可支配收入比重由 19.2% 提升到 22.8%。（见表 1）

表 1　2014～2020 年河南居民收入结构变化情况

年份	全省居民人均工资性收入		全省居民人均经营净收入		全省居民人均财产性收入 + 人均转移性收入	
	（元）	占可支配收入(%)	（元）	占可支配收入(%)	（元）	占可支配收入(%)
2014	7962.96	50.7	3854.09	24.6	3878.13	24.7
2015	8796.05	51.4	4069.12	23.8	4259.58	24.9
2016	9265.54	50.2	4257.29	23.1	4920.13	26.7
2017	10108.13	50.1	4574.46	22.7	5487.43	27.2
2018	11066.20	50.4	4673.98	21.3	6223.44	28.3
2019	11962.64	50.0	5139.02	21.5	6801.01	28.4
2020	12440.00	50.1	5142.00	20.7	7228.00	29.1

资料来源：据 2015～2020 年《河南统计年鉴》、《2020 年河南省国民经济和社会发展统计公报》绘制。

居民财产性收入的不断增长和比重的不断提升，对于和谐社会的建设有着特别重要的意义，意味着广大居民参与社会财富分配的其他方式不断扩大，意味着居民通过劳动所得的收入转化为资本并升值的部分不断扩大，更能促使居民获得幸福感和满足感。这是遏制收入差距扩大、让更多的人成为中等收入者，从而形成橄榄型分配结构的基础，也是拉动经济增长，扩大内需，提振消费进而促进经济社会高质量发展的重要途径。

（三）河南城乡居民收入差距进一步缩小

党的十八大以来，河南农民收入整体呈现持续向好的增长态势，继续保持自 2006 年以来收入增幅高于城镇居民收入增幅的态势，农民收入水平不断提高，增长速度不断加快，与城镇居民的收入差距不断缩小，城乡居民人均可支配收入比值缩小。按照城乡同口径人均可支配收入计算，2020 年河南城乡居民人均收入之比为 2.16∶1，比 2013 年的 2.64∶1 下降了 0.48 点。城乡间居民收入相对差距不断下降。2013 年以来，农村居民人均可支配收入年均增速为 11.25%，比同时期城镇居民收入增速的 6.9% 高出 4.35 个百分点。（参见表 2）

表 2　2013～2020 年河南城乡居民收入增长态势

年份	河南全体居民人均收入水平（元）	城镇居民人均可支配收入（元）	农村居民人均可支配收入（元）	城镇/农村居民收入比（倍）
2013	14204	22398.03	8475.34	2.643
2014	15695	24391.45	9416.10	2.590
2015	17125	25575.61	10852.86	2.357
2016	18443	27232.92	11696.74	2.328
2017	20170	29557.86	12719.18	2.323
2018	21964	31874.19	13830.74	2.305
2019	23903	34200.97	15163.75	2.255
2020	24810	34750.00	16108.00	2.157

资料来源：据 2014～2020 年《河南统计年鉴》、《2020 年河南省国民经济和社会发展统计公报》绘制。

农民收入的持续增长一方面得益于农民对于致富的积极性，另一方面也得益于国家政策的支持和河南省的积极主动作为。近年来，河南采取多种措施，多渠道促进农民持续增收，如通过发展壮大县域经济，推进农村劳动力转移就业基地建设，吸引更多农民就地就近转移就业，有序推进农民就业；积极落实涉企减税降费等支持政策，加大援企稳岗工作力度，放宽失业保险稳岗返还申领条件，提高农民工技能提升补贴标准；大力支持发展富民乡村产业，支持各地立足资源优势打造各具特色的农业全产业链，建立健全农民分享产业链增值收益机制；建立农村"双创"基地，大力支持农村产业融合发展示范园建设等。

二　河南居民收入存在的差距和问题

虽然近年来，河南居民收入水平不断提升，多种生产要素参与收入分配，居民收入来源发生显著变化，居民收入结构不断改善。同时，国民收入分配持续向居民倾斜，全省居民人均可支配收入年均实际增长快于人均GDP实际增速，劳动者报酬占初次分配总收入的比重稳定在50%左右。同时，全省脱贫攻坚成果显著，自2015年河南脱贫攻坚战全面打响后，全省上下坚持精准扶贫，合力攻坚，付出巨大努力，到2020年2月，全省53个贫困县全部脱贫、9536个贫困村全部退出，现行标准下绝对贫困人口全部清零，人民群众生产生活水平明显提高。但是，河南城乡居民收入仍存在较多的短板和问题，特别是与全国平均水平相比，存在收入水平过低、收入增长相对缓慢、收入差距较大等问题，在实现共同富裕的道路上任重而道远。

（一）河南居民收入与全国平均水平的差距有所扩大

早在2012年11月，国务院正式批复的《中原经济区规划（2012～2020年）》中，就提出，到2020年，河南主要经济指标年均增速高于全国平均水平，人均地区生产总值与全国平均水平的差距进一步缩小，人民生活水平明显提高，农村居民人均纯收入力争达到全国平均水平，城镇居民人均可支配收入达到38000元，与全国平均水平差距进一步缩小。时至今日，就收入水平指标而言，这个目标并没有完全实现。2020年，河南城镇居民人均可支配收入只有34750元，比规划目标差3250元，只完成规划的91.45%；与全国平均水平差距不仅没有缩小，而且有扩大的趋势（参见表3）。

自党的十八大以来，河南城乡居民收入虽然也有所增长，但增长的幅度与全国平均水平不相上下，全省居民收入水平维持在全国31个省份的第24位，虽然全省GDP总量多年来保持在全国第5位，但人均收入水平在全国位于下游。从全国来看，上海、北京、浙江、天津、江苏、广东等6省（市）多年来分别居全国人均收入水平前6位，山东多年来居全国第9位，居全国GDP前4位的省份广东、江苏、浙江、山东等省人均收入水平均位列全国前列；与中部六省相比，中部的湖北、湖南、安徽、江西和山西等5省，人均收入水平连年列全国第12、13、17、18和20位，均高于河南省。

从实际情况来看，GDP在很大程度上代表的是一个地区宏观层面的经济发展水平，人均可支配收入则体现一个地区微观经济发展水平。这两个重要指标如果从人均的角度来讲，河南均处于全国后位。河南虽然GDP总量仅次于粤苏鲁浙，是我国第五经济强省，优越的地理区位，加上庞大的人口规模，河南省的经济社会发展优势可以说是极其巨大，是我国未来最具发展潜力的省份之一。但是，无论是在人均经济层面上还是人均收入水平上，河南省都是很尴尬的。2020年河南省人均GDP为57051元，在全国排名第18位，与GDP排名相去甚远。而河南省的人均可支配收入更低，在全国的排名也更低，2020年河南省人均可支配收入为24810元，在31个省（区、市）中，这个排名仍为第24位，仅高于桂青新滇黔藏甘7个省（区）。自2013年以来，仅在2019年排名略上升一位，为第23位，其他年份均维持在第24位。而且就绝对量而言，与全国平均水平相比，河南居民的收入差距与全国平均水平相比有进一步扩大的迹象（参见表3）。就连全省居民平均收入水平最高的省会郑州市，2019年城镇居民人均可支配收入仅为42087元，与全国平均水平的42359元还相差272元。

表3 2013~2020年河南居民收入与全国平均水平的差距分析

年份	全国居民人均可支配收入		河南居民人均可支配收入(元)			全省居民收入与全国平均差距(元)
	金额(元)	增幅(%)	金额(元)	增幅(%)	在全国的位次	
2013	18311	10.9	14204	10.5	24	4107
2014	20167	10.1	15695	10.5	24	4472
2015	21966	8.9	17125	9.1	24	4841
2016	23821	8.4	18443	7.7	24	5378
2017	25974	9	20170	9.4	24	5804
2018	28228	8.7	21964	8.9	24	6264
2019	30733	8.9	23903	8.8	23	6830
2020	32189	4.7	24810	3.8	24	7379

资料来源：据2014~2020年《中国统计年鉴》《河南统计年鉴》、《2020年河南省国民经济和社会发展统计公报》计算整理。

从最新的数据来看，2021年上半年GDP排名中，河南省以28927.96亿元排名全国第五。但在2021年第二季度人均可支配收入排名中，河南省在全国31省（区、市）中，排名第22位，排名有所提升，在中部6省（山西、河南、湖北、湖南、江西、安徽）排名中，河南的人均可支配收入排第5位，超过山西，比山西多114元，这是一个好的开始。

习近平总书记在一系列重要讲话中强调共同富裕问题，这里的共同富裕是指"全体人民的共同富裕"，这个富裕，虽然不是平均主义的"同时、同步、同等富裕"，而是允许存在一定差距的共同富裕，但是作为一个区域来讲，如果与其他地区之间的收入差距过大问题持续存在，不仅会造成本地区资源、资本、技术、人才和信息等生产要素和市场要素的流失，影响本地区经济社会的持续健康发展，而且也会影响全社会高效、持续和协调发展，最终影响到全社会共同富裕目标的实现。河南居民收入与全国平均水平的差距问题需要引起高度重视，实现共同富裕，缩小全省居民收入与全国平均收入水平的差距是首先需要解决的问题。

（二）河南居民工资水平较低，行业差距较大

河南居民收入主要来源是工资性收入，多年来一直占全部收入的50%左右。在社会主义市场经济体制下，为提高低收入群体收入，提高劳动报酬在初次分配中的比重，河南从减轻企业负担、提供工资指导价、推动工资谈判机制等方面也采取了多种措施，促使社会形成合理的工资增长制度和机制，虽然随着经济社会的发展和进步，河南民生福祉不断增进，收入增长成效明显，但问题犹存，不仅行业之间收入差距持续扩大，而且与全国其他省份相比，居民工资排名靠后，影响了全体居民的获得感和幸福感，成为走向共同富裕的堵点和痛点。根据薪酬网统计，经过整理计算（参见表4），2021年，全国各省（区、市）月平均工资（税前月薪），北京排名第一，为9340元，上海为8603元排名第二，河南为5933元，排名第18位，在中部6省中排第4位，与经济大省排名相比远远落后，只有北京的63.52%。

表4　2021年河南与全国各地月平均工资比较

地区	金额(元)	排名	地区	金额(元)	排名	地区	金额(元)	排名
北京	9340	1	青海	6150	12	河北	5835	23
上海	8603	2	湖南	6108	13	山东	5773	24
西藏	7287	3	陕西	6092	14	海南	5740	25
浙江	7135	4	贵州	6055	15	云南	5665	26
广东	6949	5	山西	5990	16	广西	5658	27
四川	6355	6	天津	5934	17	宁夏	5484	28
新疆	6298	7	河南	5933	18	吉林	5269	29
江苏	6269	8	江西	5916	19	辽宁	5040	30
重庆	6256	9	安徽	5908	20	黑龙江	5006	31
福建	6227	10	甘肃	5885	21			
湖北	6158	11	内蒙古	5882	22			

资料来源：根据薪酬网统计整理，https://www.xinchou.com/AverageWage。

另外，从全省行业工资来看，不同部门就业的劳动力收入差距比较大。我们用2020年全省城镇非私营单位年平均工资来分析，年平均工资排名前三位的行业分别是：金融业，电力、热力、燃气及水生产和供应业，科学研究和技术服务业。从表5中可以看出，2020年15个主要行业中，平均工资最高的是金融业，为122314元，为全省年平均工资水平的1.74倍；第二名是电力、热力、燃气及水生产和供应业，年平均工资94755元，为全省年平均工资水平的1.35倍；第三名为科学研究和技术服务业，年平均工资86681元，为全省年平均工资水平的1.23倍。非私营单位年平均工资最低的行业是住宿和餐饮业，年平均工资只有43675元，为全省年平均工资水平的62.2%。

表5　2019～2020年河南省行业职工平均工资比较

行业	2019年平均工资		2020年平均工资		增速（%）
	金额（元）	位次	金额（元）	位次	
总计	67268		70239		
金融业	124240	1	122314	1	-1.6
科学研究和技术服务业	89322	2	86681	3	-3
电力、热力、燃气及水生产和供应业	88544	3	94755	2	7
卫生和社会工作	81520	4	82555	5	1.3
信息传输、软件和信息服务业	79992	5	83930	4	4.9
交通运输、仓储、邮政业	75865	6	78218	6	3.1
教育	73595	7	76442	7	3.9
采矿业	71822	8	76348	8	6.3
房地产业	60973	9	64168	9	5.2
制造业	56691	10	59982	10	4
批发和零售业	56584	11	59403	11	5
建筑业	54972	12	58683	12	6.8
农、林、牧、渔业	47272	13	50282	13	6.4
居民服务、修理和其他服务业	46858	14	49073	14	4.7
住宿和餐饮业	43111	15	43675	15	1.3

资料来源：据2019、2020年河南省国民经济和社会发展统计公报及相关资料汇总。

虽然从整体上来说，15 个行业中除了金融业，科学研究和技术服务业，工资水平都有所提升，但是提升的幅度差异比较大，卫生和社会工作，住宿和餐饮业提升幅度太小，对缩小行业间收入差距的贡献度不高。

（三）河南各地区间居民收入的不均衡现象仍比较突出

受资源状况、科技人才资源和经济基础不同等各种因素影响，河南各区域之间发展不平衡现象一直存在，各地区之间收入差距比较大，多年来没有明显的改善。具体到河南省 18 个地市，2020 年河南居民人均可支配收入为 24810 元，全省有 11 个地区超过全省平均值，其中，郑州 2020 年人均可支配收入为 36661 元，是河南省唯一人均可支配收入超过 3 万元的地级市，远超其余地级市，在全国范围内排名第 59 位，虽然并不理想，但超过了西安、哈尔滨、长春、石家庄、重庆等大城市。焦作 2020 年人均可支配收入为 28127 元，洛阳为 28096 元，焦作以微弱优势领先于洛阳。鹤壁人均可支配收入为 27110 元，许昌人均可支配收入为 26935 元，漯河、安阳、新乡、平顶山、三门峡五市的人均可支配收入介于 24000 ~ 26000 元，均超过河南省平均水平。信阳、商丘、驻马店、周口四市的人均可支配收入排名河南省后四位，其中周口 2020 年人均可支配收入仅为 19143 元，是河南省唯一人均可支配收入低于 2 万元的地级市，作为河南省的第三人口大市，周口的人均GDP 同样在河南省垫底。综合来看，河南省共有 11 个地市的人均可支配收入超过了全省平均水平，仍有 7 个地市的人均可支配收入低于全省平均水平。（参见表 6）

表 6　2020 年河南各区域居民人均可支配收入排名

排序	城市	人均可支配收入（元）
	全省平均	24810
1	郑州	36661
2	济源	30013
3	焦作	28127
4	洛阳	28096

排序	城市	人均可支配收入(元)
5	鹤壁	27110
6	许昌	26935
7	漯河	25585
8	安阳	25530
9	新乡	25497
10	平顶山	24929
11	三门峡	24864
12	南阳	23481
13	开封	22647
14	濮阳	22584
15	信阳	21861
16	商丘	21117
17	驻马店	20250
18	周口	19143

资料来源：据2020年河南省及各地区国民经济和社会发展统计公报绘制。

全省各地区间的收入不平衡，反映了全省经济社会发展的不平衡、不协调问题。虽然由于各个地区的经济发展基础不一样，区位优势也不一样，发展有先有后，但是也希望决策层能关注这个问题，增强区域发展的平衡性，促进共同发展，进而实现共同富裕。

三 提高河南居民收入水平促进 共同富裕的政策建议

收入是民生之源，提高居民收入水平是河南"十四五"规划中的重要任务，也是促进共同富裕的基础前提。随着经济社会的不断发展，河南人民对美好生活的向往更加强烈，提高全省居民的收入水平，不仅是加快培育完整内需体系，加快构建以国内大循环为主体、国内国际双循环相互促进的新发展格局的现实需要，也是弘扬中国特色社会主义制度和国家治理体系显著优势的内在要求。今天，我国已经历史性地消除了绝对贫困和区域性整体贫困，今后保持经济稳步发展、居民收入稳步提高并朝着共同富裕的目标不断迈进，是我们新的奋斗目标。根据我国提出的"十四五"时期提高人民收入水平的总体思路，即坚持按劳分配为主体、多种分配方式并存，通过健全完善三次分配机制、改善收入和财富分配格局，努力实现居民收入增长和经济增长同步、劳动报酬增长和劳动生产率提高同步，促进经济行稳致远和社会安定和谐，河南提高居民收入水平促进共同富裕的路径建议有以下四个主要方面。

（一）创新经济高质量发展路径，做大做强经济发展的"蛋糕"

长期以来，河南作为经济大省，在我国排名前 5，但是人均指标无论是生产总值还是居民收入均排在全国后几位，虽然这么多年来，河南为发展经济，提高居民生活水平付出了巨大的努力，但是成效不显著。由于河南不仅要努力缩小与全国领先地区的居民收入差距，而且还要注意缩小省内城乡间、行业间、区域间的居民收入差距，所以，在奔向共同富裕的目标下，河南面临着更艰巨、更复杂的任务和挑战。经济发展是收入水平的基础，经济强，则居民收入水平提升才有基础和希望。所以，提升居民收入水平的根本和前提还是要致力于做大做强做好经济发展的"蛋糕"。实践证明，离开了经济增长和劳动生产率提高这个基础，居民收入增长和劳动报酬的提高就不可持续。那么如何大幅度提升经济发展水平，从经济大省走向经济强省，需要思考和反思我们过去的发展路径和政策措施，对于过去证明是正确的方向和路径，我们要提高效率，努力实现"弯道超车"；而对于过去证明是低效甚至无效的方法和路径，我们要勇于扬弃，勇于创新，勇于探索新发展路径，实现"换道超车"，从而摆脱发展的困境，实现跨越式发展，实现对发达地区的追赶甚至超越。总之，高质量发展时代要切实把提质增效放到经济工作的首要位置，推动经济发展质量变革、效率变革、动力变革，提高全要素生产率，特别是在当前疫情、灾情叠加的时期，河南经济发展面临着巨大的挑战和风险，要坚定高质量发展方向不动摇，继续解放思想，积极挖掘市场需求潜力，做好应对各类风险挑战的准备，最大限度降低灾情疫情对居民收入增长的影响，危中求机、化危为机，开拓新空间、实现新发展。

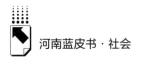
（二）千方百计保市场主体，提高就业稳定性和就业质量

就业是劳动者取得经济收入以维持个人、家庭的生存和发展，实现自身价值，为社会创造更多财富的核心途径。当前鉴于灾情和疫情的双重冲击，河南全省许多中小企业特别是个体经营者生产陷入困境，所以要千方百计保市场主体，千方百计稳定和扩大就业。市场主体不仅是经济发展的主要力量载体，而且是提高收入水平的重要基础和前提。因此，保市场主体就是保社会生产力，就是稳经济，就是为提高收入水平积蓄能量。所以，要以务实管用的办法，解决企业当前发展中遇到的实际问题，落实好纾困惠企系列政策，激发市场主体活力，为经济发展积蓄基本力量。2021年7月，河南省发展和改革委发布了《服务"万人助万企"活动若干措施》的通知，就深入贯彻落实河南省委、省政府"万人助万企"活动部署，切实为企业办实事、解难题，提振企业发展信心，激发企业内生动力和创新创造活力，推动全省经济发展提质提速制定了具体的全面推进措施，下一步要真正树立"服务企业就是服务全省工作大局"的意识，努力将各类政策措施落实到位，推进助企服务各项工作落地落实，为企业降低成本负担，全力优化创新创业环境，支持企业扩大投资，让企业真正享受到政策的实惠，使居民通过就业对自己的收入有稳定的预期。另外，要结合河南省实际，强化政府促进就业职能，创新就业促进政策，千方百计开拓就业门路，在做好稳企业保就业工作的同时，努力扩大优质就业岗位数量，提高就业的稳定性和就业质量，改善就业结构，促进充分就业，进而为稳定和提升全省居民收入水平打下扎实基础，以更加充分更高质量就业促进劳动者收入水平稳定提高和共同富裕的持续推进。

（三）想方设法提升初次分配的比重，促进形成橄榄型分配结构

劳动报酬是河南城乡居民收入的主要来源，多年来稳占全部居民收入的50%，提高劳动报酬在初次分配中的比重，是提高居民收入水平的重要基础，有利于促进收入分配更合理、更公平，有利于激发人们通过劳动创造美

好生活的热情。近年来，我国劳动报酬在初次分配中占比有所提高，但是河南省劳动报酬在初次分配中的占比却没有什么变化，所以河南提升居民劳动报酬有很大的空间。河南要形成中间大、两头小的橄榄型分配结构，促进社会公平正义，促进人的全面发展，实现共同富裕的目标，关键在于提高劳动报酬在初次分配中的比重，增加劳动者特别是一线劳动者劳动报酬，提升中低收入群体收入水平，扩大中等收入群体规模。2020 年 3 月通过的《中共中央国务院关于构建更加完善的要素市场化配置体制机制的意见》明确要求："健全最低工资标准调整、工资集体协商和企业薪酬调查制度。深化国有企业工资决定机制改革，完善事业单位岗位绩效工资制度。建立公务员和企业相当人员工资水平调查比较制度，落实并完善工资正常调整机制。""十四五"及更长一段时期，应切实关注并不断提高劳动报酬在初次分配中的比重，健全工资合理增长机制，保持居民收入与经济增长基本同步，着力提高低收入群体收入，扩大中等收入群体。为此，要完善政府、工会、企业共同参与的协商机制，积极推进工资集体协商，着重保护劳动所得，增加劳动者特别是一线劳动者报酬；完善企业薪酬调查和信息发布制度，健全最低工资标准调整机制，加强对农民工工资支付的保障；发展县域经济，推动农村一二三产业融合发展，丰富乡村经济业态，拓展农民增收空间，健全就业公共服务体系、终身职业技能培训制度，不断提高劳动者增加收入的能力；大力扶持中等收入群体后备军；提高基本公共服务均等化程度，减轻家庭在住房、教育、育幼、医疗、养老等方面的支出负担。

（四）多措并举提高收入分配质量，完善再分配调节机制

完善再分配调节机制，是提高居民收入水平的重要抓手。实践证明，搞好再分配调节，不仅有利于缩小收入差距、促进共同富裕，而且对增加低收入群体收入、进而整体提高居民收入水平都具有重要的作用。我国"十四五"规划强调要"完善再分配机制，加大税收、社保、转移支付等调节力度和精准性，合理调节过高收入，取缔非法收入。发挥第三次分配作用，发展慈善事业，改善收入和财富分配格局"，河南要在高质量发展中促进共同

富裕，有必要通过完善再分配制度，构建初次分配、再分配、三次分配协调配套的基础性制度安排，一方面加大税收、社保、转移支付等调节力度和精准性，合理调节过高收入和一定程度的财富集中，促进基本公共服务均等化，加大普惠性人力资本投入，完善养老和医疗保障体系和兜底救助体系，使发展成果更多更公平惠及全体居民，使全体居民朝着共同富裕的目标扎实迈进；另一方面，出台相关的政策法规规范、引导和监督第三次分配，发挥第三次分配的调节作用，创新社会公益慈善事业发展机制，注重培育和引导慈善文化，强化民间公益慈善意识，完善落实激励措施，加强对公益慈善资源的监管，充分发挥慈善资源在扶老、救孤、恤病、助残、扶弱、济困、托幼、救灾及社会公益方面的调剂、补充作用，改善收入和财富分配格局，促进全社会助力共同富裕目标的实现。

参考文献

习近平：《决胜全面建成小康社会　夺取新时代中国特色社会主义伟大胜利——在中国共产党第十九次全国代表大会上的报告》，中国政府网，http：//www. gov. cn/zhuanti/2017 - 10/27/content_ 5234876. htm. 2017 - 10 - 27。

中华人民共和国中央人民政府：《中共中央关于制定国民经济和社会发展第十四个五年规划和二〇三五年远景目标的建议》，中国政府网，http：//www. gov. cn/zhengce/2020 - 11/03/content_ 5556991. htm. 2020 - 11 - 03。

河南省统计局：《河南统计年鉴》（2013 ~ 2020）、河南各地市统计公报，http：//www. ha. stats. gov. cn/tjfw/tjcbw/tjnj。

国家统计局：《中国统计年鉴》（2013 ~ 2020）、全国年度统计公报，http：//www. stats. gov. cn/tjsj/tjgb/。

B.7

2021年河南省县级政府
权力清单质量评估报告*

河南大学权力清单研究课题组**

摘　要： 从形式完备性、数量适宜性和分类准确性三个维度构建起县级政府部门权责清单评估指标体系。以发展和改革委员会、教育体育局两个县级政府职能部门为代表，对河南省104个县级政府权力清单进行量化评估。结果显示，2021年，河南省104个县级政府权责清单质量指数的平均得分为69.49分，得分前五名的是洛宁、汝阳、新安、南召和巩义。从行政区划来看，郑州市下辖各县权责清单质量的平均分最高，周口市下辖各县权责清单质量的平均分最低。评估还发现，部分县级政府公布的权责清单，权力运行流程图、编码和监督机制缺失较多，其他权责事项占比明显偏高。

关键词： 权力清单　指标体系　县级政府

一　问题的提出

行政权力的监督与制约，是一个古老而又常新的话题。在西式三权分立

---

　*　基金项目：国家社科基金项目"基层政府推行权责清单制的限权功能生成机制研究"（16BSH079）。

　**　课题组成员：付光伟、张恩豪、苏航宇、付航鸣、尹德奥、易渝林、白伊涵。

制度模式暴露出弊端和危机之时，中国共产党提出了建设中国特色社会主义民主政治制度的战略主张。在推进国家治理体系和治理能力现代化的过程中，通过权力清单实现对行政权力的监督和制约，是中国特色行政权力制约的有益探索。2006年，在反思李友灿巨贪案的基础上，河北省邯郸市首晒"市长权力清单"，开启了国内行政权力清单化运行的实践探索。2009年，中纪委、中组部在江苏省睢宁县、河北省成安县和成都市的武侯区开展"县委权力公开透明运行"试点，要求试点地区的县级政府公布所属职能部门"权力清单"，为后来的权力清单制度全面推行提供了宝贵的试点经验和充足的准备工作。2013年，党的十八届三中全会通过的《中共中央关于全面深化改革若干重大问题的决定》提出：推行地方各级政府及其工作部门权力清单制度，依法公开权力运行流程。2014年，党的十八届四中全会上又两次提到权力清单。同年，国务院首"晒"各职能部门的行政审批权力清单，并要求各级地方政府加快建立权力清单、责任清单和负面清单，权力清单制开始在全国范围内广泛推行。

目前，关于权力清单制度的量化评估研究，以省级政府的研究成果居多。而且，从目前的情况来看，省级政府层面的权责清单普遍较为规范，在差异性和多样化性上不如县级政府。虽然中央在深化权力清单编制的过程中，强调了标准化和规范化建设，但是以县级政府为代表的基层政府所编制的权力清单，从形式和内容上仍然表现出极大的差异性，更值得去深入地研究，但是目前学术界对于县级政府权责清单的量化评估研究却较为少见。为此，我们以河南省104个县级政府在门户网站公布的权责清单为分析对象，通过构建标准化的评估指标体系，依据此次评估结果，各地政府部门可以看到自身公布的权责清单在全省的位置，达到找差距、补短板、后进赶先进的目的。

二 评估指标体系的构建

（一）形式完备性及其计算方法

如表1所示，评估指标体系主要有形式完备性、数量适宜性和分类准确性三个一级指标，这三个一级的指标的权重分别为 60%、20% 和 20%。在形式完备性一级指标中，根据国务院和河南省政府对于权力清单编制内容的相关规定，将权力清单应该包含的权力事项的最基本内容做出以下赋分设置：名称（1 分）、编码（1 分）、类型（1 分）、依据（1 分）、行使主体（2 分）、流程图（2 分）、监督方式（2 分）。这七项加总作为评估对象权责清单在形式完备性方面的得分，最低分为 0 分，最高分为 10 分，分数越高，说明权力清单的形式越完备。

表 1　河南省县级政府部门权责清单评估指标体系

维度及权重	指标	分值	操作说明
形式完备性（60%）	名称	1	有此项则赋 1 或 2 分，无此项则赋 0 分。
	编码	1	
	类型	1	
	依据	1	
	行使主体	2	
	流程图	2	
	监督方式	2	
数量适宜性（20%）	权责事项总数	具体数目	按所列条目数数
分类准确性（20%）	其他类型权责事项数量	具体数目	

为了和其他两个一级指标的得分保持可比性，需要对形式完备性各项指标的得分做无量纲化的处理。具体的计算公式是：

$$G_1 = \frac{X - X_{min}}{X_{max} - X_{min}}$$

在上述计算公式中，G_1 代表形式完备性指标的标准化指数值，由于是标准化后的得分，其取值范围在 0 到 1 之间。X 代表评估对象在形式完备性上的得分，也即前述七个项目的加总分。X_{min} 代表评估对象中形式完备性得分的最低值，由于本次评估中有两个县的权责清单没有在门户网站上找到，所以形式完备性得分的最低值为 0。X_{max} 代表评估对象中形式完备性得分的最高值。

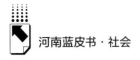

（二）数量适宜性及其计算方法

从权力清单制度所要实现的行政机构简政放权的制度目标来看，地方政府权力清单中的权责事项越少，代表着地方政府在简政放权改革实践中的力度越大。但是，对于基层县级政府而言，行政权力事项的多少主要是由国家法律、法规和上级政府的政策性规定决定的，基层政府自我赋权的合法性空间较小。从各地权责清单所列出的权责事项设定依据来看，主要来自中央政府。在国家法律、法规和政策规定既定的情况下，地方政府所列举的权力清单数量越多，其实反映的不是地方政府简政放权改革力度小，它从侧面反映的是地方政府机构权力事项梳理得越细致、越全面。但是，凡事都应该有个"度"，如果权力事项数量畸高，也说明编制权力清单的思路可能存在重大缺陷，质量也不可能很高。深圳市龙岗区政府在权力清单编制实践中提出了"最小颗粒度"的原则，也是为了避免在权力事项梳理中陷入"无限细分"困境，这也说明权力清单中权力事项的数量过少、过于笼统或者过多、过于琐碎都不利于制度目标的达成，权力事项的数量以适中为最佳。因此，本研究在评估指标体系的设计上提出了数量适宜性，权重占20%。

我们以被评估的河南省104个县级政府部门权责事项数量的中位数作为数量最适宜的比较标准，与中位数之差的绝对值越大，表明数量适宜性越差。具体的标准化处理公式如下：

$$G_2 = 1 - \frac{Y - Y_{min}}{Y_{max} - Y_{min}}$$

在上述计算公式中，G_2代表数量适宜性指标的标准化指数值，取值范围同样在0到1之间，数值越大表明权责清单中所列权责事项的数量越适当。Y代表评估对象部门权责事项数量与中位数之差的绝对值。Y_{min}代表评估对象中部门权责事项数量与中位数之差的绝对值的最小值。X_{max}代表评估对象中部门权责事项数量与中位数之差的绝对值的最大值。

（三）分类准确性及其计算方法

权力事项的分类也是基层政府在编制权责清单过程中遇到的一大难题之

一。一方面的原因是对行政许可、行政强制、行政征收等法律概念缺乏深入的理解，另一方面的原因是态度不够认真，不懂也不去向法律专家咨询，仅仅凭着个人的感觉进行分类。这种态度上的不认真，突出地表现在其他权责事项数量的畸高。由于分不清楚，最简便易行的做法就是把分类不清楚的权责事项都归到"其他事项"之中。结果是"其他事项"成了无所不包的"大框"，什么都往里装，有种明显的"喧宾夺主"的不对称感，也不符合权力清单编制的基本要求。基于此，如果其他权力事项数所占比重过高，说明其权力事项的分类不够准确。我们以部门权责事项总数作为分母，其他权责事项数量作为分子，计算其他权责事项在部门权责事项总数中所占的比重。比重越高，表示该部门的权力清单分类越不准确。该指标的标准化处理公式如下：

$$G_3 = 1 - \frac{Z - Z_{min}}{Z_{max} - Z_{min}}$$

在上述计算公式中，G_3 代表分类准确性指标的标准化指数值，取值范围同样在 0 到 1 之间，数值越大表明权责清单中所列权责事项的分类越准确。Z 代表评估对象其他权责事项占全部权责事项的比例。Z_{min} 代表评估对象中部门其他权责事项所占比例的最小值。Z_{max} 代表评估对象中部门其他权责事项所占比例的最大值。

（四）三个一级指标的整合

在上述指标体系中，内容方面的七个指标数据比较容易采集，因为一个县级政府各个部门所列权责事项的清单格式基本上是一致的，只要随机找到一个职能部门的权责清单，就可以进行评分，以此代表该地区政府权责清单的形式完备性。但是，各个职能部门所公布的权责事项总数及其他权责事项的数量则存在非常大的差异，如果要把县政府所有职能部门公布的权责清单中权则事项数目及其他事项数目加总，将是一件极为困难和耗费时间的事情。为了解决这个问题，我们以行政许可权力较集中的发展改革委和与民生最接近的教育体育局两个部门为代表，分别根据上述九个指标及其赋分情况对每个县的发展改革委和教育体育局两个部门公布的权责清单逐一进行评分①。最终的基层政府权责清单质量指数，是计算发展改革委和教育体育局两个部门质量指数的几何平均数。具体计算公式如下：

$$G = \sqrt{F \times J} \times 100$$

在上述计算公式中，G 代表县级政府权责清单质量指数，取值范围在 0 到 100 之间，由前述的三个维度：形式完备性、数量适宜性和分类准确性综合加以体现，取值越大说明权责清单的质量越高。F 代表县级政府发展改革委权责清单的质量指数，取值范围在 0 到 1 之间。J 代表县级政府教育体育局权责清单的质量指数，取值范围也在 0 到 1 之间。

三　评估结果分析

评估组成员依据上述指标体系对河南省 104 个县级政府门户网站上发展改革委和教育体育局两个部门公布的权责清单进行打分，评估时间在 2021 年 7 月 1 日至 7 月 25 日之间。在对评估数据进行全面清理、核对之后，依照前述计算方法计算出河南省 104 个县（市）权责清单质量指数。

（一）整体质量处于中等水平

经过统计分析发现，2021 年，河南省 104 个县（市）中，权责清单质量指数得分的平均值为 69.49 分。结果表明，从平均水平来看，全省县级政府权责清单的质量接近中等水平。从图 1 可以看出，全省县级政府权责清单质量指数的分布呈现出明显的负偏态形状。70 分以上的县（市）数量占55%，60 分以下的县（市）数量仅占 26%。结果说明就河南省而言，大多数县级政府权责清单的整体质量是很高的。

---

① 个别县（市）的机构设置为教育局，体育事项被纳入文广新体局，处理方式是：形式完备性的 7 个指标，统一依照教育局的权责事项格式进行评分，权责事项数量和其他权责事项数量，将文广新体局中与体育有关的权责事项数量和其他权责事项数量挑出来加到教育局的权责清单中来。

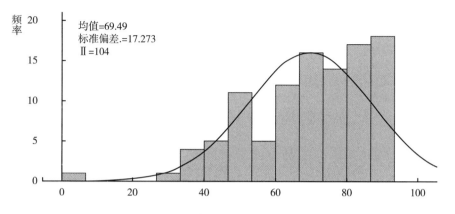

图1 河南省2021年县级政府权责清单质量指数直方图

（二）内部差异明显

虽然整体质量状况处于中等水平，得分高的县（市）占比偏高。但是，各县（市）之间的得分差异仍然很大。如表2所示，2021年，洛阳市下辖的洛宁县，权责清单质量指数得分为92.22分，排在全省第一的位置。鹿邑县的权责清单在其门户网站上始终找不到，所以各项得分都为0。如果除去鹿邑县不谈的话，位于全省倒数第二的太康县，其权责清单质量指数得分也

表2 排名前十位与后十位县（市）权责清单质量指数得分比较

县（市）	质量指数	排名	县（市）	质量指数	排名
洛宁	92.22	1	鹿邑	0	104
汝阳	92.15	2	太康	32.45	103
新安	92.06	3	郸城	36.37	102
南召	91.86	4	内黄	37.32	101
巩义市	91.82	5	南乐	38.89	100
濮阳	90.97	6	长葛市	39.53	99
伊川	89.62	7	西华	41.13	98
新密市	88.54	8	鄢陵	41.99	97
登封市	88.41	9	清丰	42.20	96
荥阳市	87.86	10	沈丘	43.07	95

仅有32.45分，与最高分洛宁县差了将近60分（具体排名见附录）。如果认为个体之间由于个案的特殊性而缺乏可比性的话，我们以前十位县（市）和后十位县（市）的平均分进行比较，全省排名前十位的县（市）的平均得分为90.55分，排名后十位县（市）的平均得分为35.30分，两者相差55.25分，差距仍然非常明显，说明存在明显的两极分化现象。

（三）各地市平均得分存在明显差异

在国务院和省政府对地方政府部门编制权责清单工作做出原则性规定之后，具体的执行方案一般是由地市级政府制定的。这就导致地级市政府对于下辖县级政府部门权责清单的编制质量产生直接影响。如表3所示，郑州市下辖的6个县（市），权责清单质量指数平均得分为88.48分，排在全省17个地级市的第一位。排在第二、第三位的分别是洛阳市和信阳市，平均得分分别是82.65分和82.24分。相应地，周口市下辖的8个县级政府权责清单质量指数平均分全省最低，只有43.43分，连郑州市平均分的一半还不到。排在全省倒数第二、第三位的是许昌和安阳，平均得分分别是49.91分和52.53分，都处在60分的及格线以下。

表3 各地市县级政府权责清单质量指数平均值比较

地市名称	质量指数平均得分	县（市）个数	质量指数标准差
郑州	88.48	6	1.77
洛阳	82.65	9	13.88
信阳	82.24	8	8.40
焦作	78.83	6	6.59
商丘	78.06	7	8.07
平顶山	73.50	6	12.04
南阳	72.73	11	10.88
漯河	72.06	2	0.86
驻马店	70.40	9	8.18
新乡	70.36	8	11.71
开封	69.27	4	12.10
鹤壁	61.60	2	19.91

地市名称	质量指数平均得分	县(市)个数	质量指数标准差
濮阳	54.02	5	21.22
三门峡	53.19	4	6.72
安阳	52.53	5	10.20
许昌	49.91	4	11.65
周口	43.43	8	23.87
总计	69.49	104	17.27

(四)两部门质量指数高度相关

如前所述,同级政府职能部门的权责清单编制工作,是在政府权责清单领导小组的统一部署之下展开的,由编制部门具体负责,在指导手册、内容布局、时间安排、审核程序上具有高度的一致性。这就导致在同一个县(市)的政府职能部门之间,权责清单质量具有高度的同质性特征。在被评估的 104 个县级政府中,发改委权责清单质量得分与教体局权责清单质量得分的 Pearson 相关系数达到了 0.767。从图 2 也可以明显地看出,教体局权责清单质量得分与发改委权责清单质量得分呈现出明显的正向相关关系。在此情况下,任选两个政府部门,能够很好地代表县级政府部门权责清单的基本情况。

(五)权力运行流程图、编码和监督机制缺失较多

在国务院和河南省政府对于权责清单编制的基本要求中,针对每个权责事项,至少要列出事项的名称、权责事项的编码、权力类型、权力事项设定的法律依据、具体到某个科室的行使主体、权力运行流程图和监督方式。这样的安排,从权力监督的角度看具有非常明显的合理性,名称、类型和编码有利于识别和检索,设定依据是该项权责事项存在的法律基础,没有这个法律基础,权责事项本身的存在理由就是个问题,因此也是至关重要的内容。行使主体、流程图和监督方式对于人民群众通过权责清单监督行政权力运行

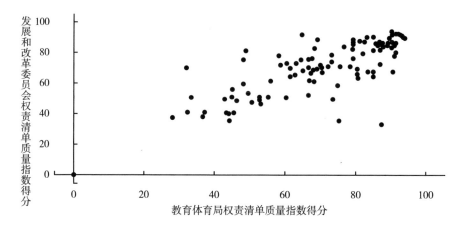

图2 教体局和发改委权责清单质量指数得分的散点图

具有重要意义。从表4可以看出，权责事项名称和权力类型的设置比例接近百分之百，设定依据和行使主体也有很高的设置比例。设置比例明显偏低的项目有三个：监督方式，有66.3%的县（市）政府部门权责清单中设置了该项内容，意味着还有三成多的县（市）的权责清单中没有显示监督方式。权责事项的编码，设置此项内容的比例为55.8%，意味着还有四成多的县（市）权责清单中缺失此项内容。权力运行流程图的设置比例更低，为53.8%。

表4 权责事项各项目的设置比例

权责事项内容设置	设置的百分比
名称	98.1
类型	98.1
依据	83.7
行使主体	81.7
监督方式	66.3
编码	55.8
流程图	53.8

（六）权责事项的数量差异极大

统计分析发现，在被评估的 104 个县级政府中，发展改革委的权责事项数量平均值为 32.52 项，教育体育局的权责事项平均数量为 25.73 项，前者明显高于后者，这与现实中发展改革委面向社会大众的行政职权较多的事实是相符合的。就发展改革委公布的部门权责清单而言，全省 104 个县级政府，最少的只列了 3 项，最多的则达到 139 项，呈现出明显的分散化特征。就教育体育局公布的权责清单而言，全省 104 个县（市），权责事项数量最少的只有 1 项，最多的达到 74 项目，离散趋势也非常明显（见图 3）。

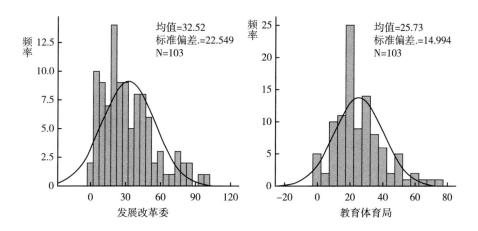

图3　发展改革委和教育体育局权责事项数量的直方图

如前所述，权责事项列得太少或者太多，都可能违背基本的事实。其中的原因可能很多，但根本原因还是出在管理上。如表 5 所示，如果将 104 个被评估的县（市）按照所属地级市分类，每个地级市所属县级政府发展改革委权责事项数量的平均值存在明显的差异，新乡市下辖 7县的发展改革委权责事项平均数量达到 71 项，而信阳市下辖 8 县发展改革委权责事项数量的平均值则只有 9.25 项。以地级市变量为自变量，以发展改革委权责事项数量为因变量，做单因素方差分析，结果也表明各地市发展改革委权责事项数量的平均值存在显著的差异性。这说明各地市政府在部署权责清单编制工作时，在对相关问题的理解上存在多样性，标准不统一，导致下辖县（市）按照不同地市政府制定的"标准"进行权责清单的编制，最终导致相同职能部门在权责事项数量上"不正常"的差异。

表5　各地市发展改革委权责事项数量平均值比较

序号	地级市	平均得分	县（市）数	标准差
1	新乡	71.00	7	19.19
2	平顶山	47.17	6	17.97
3	鹤壁	44.50	2	24.75
4	驻马店	43.33	9	16.64
5	安阳	38.80	5	7.73
6	南阳	37.09	11	31.16
7	郑州	32.67	6	3.44
8	洛阳	32.11	9	23.44
9	商丘	29.86	7	17.99
10	濮阳	27.00	5	9.62
11	许昌	27.00	4	24.26
12	三门峡	26.75	4	4.19
13	漯河	25.50	2	23.33
14	开封	24.50	4	25.85
15	焦作	17.67	6	6.22
16	周口	14.50	8	14.03
17	信阳	9.25	8	3.15
总计		32.52	103	22.55

（七）部分地区其他权责事项占比明显偏高

权责清单的编制需要将部门的权责事项进行分类，按照行政许可、行政处罚、行政强制等分类框架，实在无法归到规定的行政权力类别之中时，将其纳入"其他事项"之中。如果按照"9 + X"的分类标准，那就意味着至少有九种权力类型可供选择，应该涵盖了大多数权责事项。所以，其他事项是针对少数实在无法归类的权责事项而设立的。但是从评估数据的分析来看，部分县（市）的部门权责清单中，其他权责事项所占比例明显偏高，发展改革委权责清单中其他权责事项占比最高的达到80%，教育体育局权责清单中其他权责事项占比最高的也达到61%。如图4所示，在两个部门其他权责事项占比的直方图中，其他权责事项占比大于平均值20%的县（市）还是相当多的。

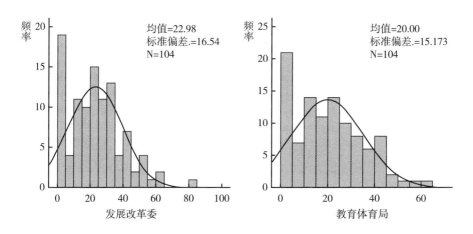

图4　发展改革委和教育体育局权责清单中其他权责事项占比的直方图

（八）县级政府权责清单质量的影响因素

如前所述，在被评估的104个县级政府中，部门权责清单的质量指数存在巨大差异。那么，影响县级政府权责清单质量的因素是什么？为此，我们提出两条研究假设。首先，自党的十八大以来，中央政府加大了对农村的支持力度，在脱贫攻坚和乡村振兴的实践中，财政资源、政策资源、社会力量等都向农村倾斜，在此过程中，加强对乡村基层政府权力运行的监管就显得尤为重要。而这种监管，除社会监督之外，重要的还是要依靠党和政府系统中自上而下的纵向监管。在此过程中，地级市政府对农村县级政府的影响有逐渐强化之势。2017年，河南省委决定实施了四年的10个省直管县，在组织人事、司法隶属、扶贫、环保、人大政协等领域重新回归原来所属的省辖市统一管理。这一政策调整背后的政治意义是多方面的，它至少说明了在新时代背景下，地级市政府在农村县级政府运行中的领导功能加强了。基于此，农村县级政府的权责清单编制质量，与地级市政府的领导存在直接的关系，如果地级市政府重视该项工作，而且管理得当，其管辖的县级政府权责清单编制质量就会普遍较高，反之，如果地级市政府不太重视权责清单编制工作，或者领导不当，下辖县级政府权责清单的质量就会普遍不佳。综合上述分析，我们提出影响县级政府权责清单质量的政治约束假设，即县级政府权责清单质量受地级市政府的显著影响。

从经济角度看，部门权责清单的编制需要经济基础的支持。从实地调研来看，作为涉及全县所有政府职能部门的一项全局性工作，县级政府在权责清单编制中，要成立专门机构、抽调专门人员、划拨专项经费。在公共财政实力较强的县（市），经费支持较多，负责人员有更高的工作积极性，这可能会更有利于权责清单编制工作的开展。而在财政较为紧张的县（市），由于经济激励缺失，权责清单编制人员的工作积极性就会受到很大影响，进而会影响权责清单的编制质量。基于此，我们提出影响县级政府权责清单质量的经济约束假设：人均GDP、人均公共财政收入越高的县（市），政府权责清单的质量也越高。

为检验上述研究假设，我们搜集了河南省2019年104个县（市）常住人口、人均GDP、一般公共预算收入、地级市等数据资料，利用多因素协方差分析方法，探讨经济变量（人均GDP、人均公共财政收入）和政治变量（地级市）对于因变量（县级政府部门权责清单质量指数）之间的影响关系。结果如表6所示，在四个自变量中，人均一般公共财政收入、人均GDP、常住人口三个自变量的F检验结果都不具有统计显著性，说明经济约束对县级政府权责清单质量的影响不显著。地级市自变量有17个取值，F检验对应的P值为0.025，在5%显著性水平下具有统计显著性，也即政治约束对于县级政府部门权责清单质量具有显著影响。

表6 因变量为权责清单质量指数的多因素协方差分析

来源	III 型平方和	df	均方	F	Sig.
校正模型	7337.604	19	386.190	1.387	.156
截距	14221.720	1	14221.720	51.064	.000
人均公共财政收入	204.732	1	204.732	.735	.394
常住人口（万人）	415.034	1	415.034	1.490	.226
人均 GDP	.099	1	.099	.000	.985
地级市	7006.727	16	437.920	1.572	.025
误差	23394.782	84	278.509		
总计	532883.100	104			
校正的总计	30732.387	103			

四 不足与改进建议

（一）不足之处

根据此次评估工作，河南省县级政府部门公布的权力清单，仍然存在诸多不足之处，主要表现如下。

1.缺乏标准化和规范化

通过此次评估发现，河南省各县级政府部门公布的权责清单，从形式和内容上都存在巨大的差异性。首先，权责事项的数量存在巨大的差异性。以各县发展改革委公布的部门权责清单为例，最少的只列出了3项权责事项，而最多的则列出了139项权责事项。其次，内容残缺不全。在国务院和河南省政府对于权责清单编制的基本要求中，针对每个权责事项，至少要列出事项的名称、权责事项的编码、权力类型、权力事项设定的法律依据、具体到某个科室的行使主体、权力运行流程图和监督方式。但是在评估中发现，部分县级政府部门公布的权责清单，在行使主体、权力运行流程图和监督方式上存在普遍的缺失问题。再次，权责清单的发布载体和格式存在明显差异，

103

多数县级政府在门户网站的首要设置了"权责清单"专栏的链接，方便了社会大众的查阅。但是，还有很多县级政府将权责清单放置在门户网站很隐蔽的位置，让人们在查阅的时候出现各种困难。多数县级政府以网页的形式将权责清单展现出来，同时给出了按权力类型和按部门两种查阅方式，一目了然。但是还有很多县级政府把所有职能部门的权责清单以一个 WORD 文档或者 EXCEL 文档的形式挂在门户网站上，人们在查阅的时候需要先下载下来，然后在冗长的文件里寻找，极为不方便。这些问题都是由权力清单的编制缺乏更高层次的标准化和规范化指引所导致的。

2. 权力清单的权力监督功能弱化

从整体来看，权力名称、权力类型、权力依据、权力主体等基本项目，在绝大多数县级政府公布的权责清单中都有所显示，但对于权力运行环节发挥监督功能的权力运行流程图、监督方式等缺失较多，说明大多数县级政府公布的权责清单只是静态地公布了权责事项的内容和数量，而对于权力运行环节信息的公布较少，这会直接影响其群众监督功能的范围。从实地调研中也可以发现，多数县级政府部门公布的权责清单沦为"摆设"，没有真正发挥权力监督和权力制约的制度功能。

3. 权力清单的信息更新不及时

权责清单是在中央政府实施简政放权的改革实践中实施的一项制度创新，它的制度目标在于将自上而下减少的行政权力通过人民群众的监督而真正地落实到位。随着中央政府进一步的简政放权改革，基层政府部门的权力数量还会进一步减少，这也要求地方政府部门发布的权责清单，要根据上级政府的改革方案而实时地给予调整。从全国来看，部分地区已经建立起制度化的权责清单动态调整机制，安徽等地以季度为基本单元，建立起部门权责清单动态调整制度。但是从评估中发现，河南省多数县级政府部门公布的权责清单，明显滞后，个别地区的权责清单，甚至是2019年行政机构改革之前的版本。权责清单更新不及时，会严重影响权责清单的法律约束力。

（二）改进建议

1. 加强权责清单编制的标准化和规范化建设

2018 年，针对探索阶段地方政府在权力清单推进工作中出现的标准不统一、内容差异大、权责事项不对等、动态调整机制不健全、清单实用性不强等问题，中央编办、国务院法制办印发《关于深入推进和完善地方各级政府工作部门权责清单制度的指导意见》（中央编办发〔2018〕23 号），提出要推进权责清单标准化规范化建设，实现同一行政职权事项在省市县三级的名称、类型、依据、编码等要素基本一致，同层级政府同一工作部门的行政职权数量基本相近，做到横向可比对、纵向可衔接。实现权力清单两单融合，解决权力清单和责任清单"两张皮"问题。河南省也需要制定全省统一的权力清单分类标准和实施方案，各县级政府应该以《国家政务服务平台标准》为依据，对部门权责事项进程重新规范，对权责清单的发布形式、发布载体进行统一规范。

2. 强化和扩展权力清单的制度功能

根据国务院和河南省政府有关权力清单标准的最新标准，完善各县级职能部门权责清单的内容和形式，将权力运行主体具体到科室和具体负责人，将权力运行的流程图以更简化、更易看懂、更易监督的方式进行优化和公示，将监督方式以更易获取的方式进行完善，充分发挥权责清单的权力监督功能。同时，将权责清单与一体化在线政务服务平台主动对接，实现权责清单权力监督功能与政府服务功能的融合与统一。如果说以前的权力清单是线上线下分离的话，那么，纳入政务服务平台之后的权力清单则实现了线上查阅和线上办理的统一。如果说以前的权力清单只凸显了权力的行使，那么，纳入政务服务平台之后的权力清单则实现了与服务的融合。因此，纳入政务服务之后的权力清单制度可以说是原来权力清单制度的升级版。

3. 建立制度化的权责清单动态调整机制

权责清单不是对现有行政权力予以固化，而是要根据改革的持续推进而实时地对部门权责清单给予调整，这既有利于行政部门的依法行政和依单行

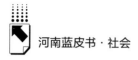

政工作，也有利于人民群众通过权责清单实施对行政权力的监督和制约。要借鉴国内先行地区的做法和经验，建立起权责清单动态调整的制度。同时，设置权责清单的在线建议功能，让人民群众对某项行政权力的真实性、合法性、合理性发表自己的见解，积极吸收社会大众的意见，对部门权责清单进行适当的调整。权力清单制度的推行宜实行双轨制，即原来由编制部门领导的权力清单制度还要继续推进，在借鉴在线政务服务平台权力清单编制实践的基础上，以突出权力清单限权功能为主，完善各部门已经发布的权力清单，并在强化权力清单与具体行政行为的结合上完善相关工作机制。一体化在线政务服务平台上的权力清单，也应该借鉴原清单的优点，在实现权力清单提升政务服务效能的基础上促进其限权功能的实现。

参考文献

程文浩：《国家治理过程的"可视化"如何实现——权力清单制度的内涵、意义和推进策略》，《人民论坛·学术前沿》2014 年第 9 期。

麻宝斌、贾茹：《权力清单制度的理论分析与现实检视》，《求索》2016 年第 3 期。

孙柏瑛、杨新沐：《地方政府权力清单制度：权力监督制约的新探索》，《行政科学论坛》2014 年第 6 期。

林孝文：《地方政府权力清单法律效力研究》，《政治与法律》2015 年第 7 期。

关保英：《权力清单的行政法价值研究》，《江汉论坛》2015 年第 1 期。

周庆智：《控制权力：一个功利主义视角———县政"权力清单"辨析》，《哈尔滨工业大学学报（社会科学版）》2014 年第 3 期。

唐亚林：《权力分工制度与权力清单制度：当代中国特色权力运行机制的建构》，《理论探讨》2015 年第 3 期。

附录 1：2021 年河南省 104 个县级政府权责清单质量指数及排名

2021 年河南省 104 个县级政府权责清单质量指数及排名

县(市)	质量指数	排名	县(市)	质量指数	排名
洛宁	92.22	1	修武	82.99	32
汝阳	92.15	2	桐柏	82.50	33
新安	92.06	3	项城市	80.63	34
南召	91.86	4	确山	80.56	35
巩义市	91.82	5	鲁山	79.95	36
濮阳	90.97	6	杜旗	79.25	37
伊川	89.62	7	唐河	78.19	38
新密市	88.54	8	邓州市	78.06	39
登封市	88.41	9	沁阳市	77.61	40
荥阳市	87.86	10	温县	76.93	41
栾川	87.71	11	上蔡	75.71	42
中牟	87.57	12	淇县	75.67	43
民权	87.57	13	遂平	75.35	44
固始	87.26	14	辉县市	75.19	45
商城	86.89	15	泌阳	74.62	46
罗山	86.89	16	宁陵	74.47	47
夏邑	86.88	17	睢县	74.21	48
新县	86.68	18	息县	73.76	49
新郑市	86.66	19	卫辉	73.31	50
宜阳	86.51	20	临颍	72.67	51
郏县	86.12	21	获嘉	71.71	52
潢川	85.95	22	西平	71.71	53
通许	85.93	23	舞阳	71.46	54
光山	85.81	24	柘城	71.05	55
嵩县	85.52	25	西峡	70.89	56
孟州市	84.78	26	杞县	70.52	57
虞城	84.41	27	宝丰	69.79	58
延津	84.30	28	内乡	69.41	59
叶县	84.26	29	新蔡	68.68	60
博爱	83.52	30	镇平	68.49	61
原阳	83.23	31	汝南	68.42	62

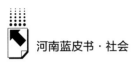

续表

县（市）	质量指数	排名	县（市）	质量指数	排名
永城市	67.81	63	正阳	52.02	84
新野	67.31	64	台前	51.89	85
武陟	67.12	65	义马市	51.53	86
平舆	66.56	66	淅川	51.21	87
扶沟	66.40	67	渑池	50.3	88
封丘	66.22	68	长垣市	49.85	89
舞钢市	65.56	69	汤阴	49.01	90
禹州市	64.93	70	灵宝市	47.91	91
淮滨	64.72	71	浚县	47.52	92
孟津	64.44	72	商水	47.40	93
林州市	64.07	73	范县	46.14	94
卢氏	63.02	74	沈丘	43.07	95
方城	62.89	75	清丰	42.20	96
尉氏	60.38	76	鄢陵	41.99	97
兰考	60.26	77	西华	41.13	98
新乡	59.07	78	长葛市	39.53	99
滑县	58.68	79	南乐	38.89	100
汝州市	55.30	80	内黄	37.32	101
偃师市	53.64	81	郸城	36.37	102
安阳	53.58	82	太康	32.45	103
襄县	53.19	83	鹿邑	0	104

B.8
河南省巩固脱贫成果同
乡村振兴有效衔接研究*

张亚亭 崔学华**

摘　要： 当前，河南省巩固拓展脱贫攻坚成果取得初步成效，为全面实施
乡村振兴战略打下了坚实基础。下一步，必须采取有力举措，突
破现实困境，实现产业发展、人才组织、生态环保等有效衔接，
保证财力、人力、科技等资源更加充足，充分调动广大群众的内
生动力，确保全省巩固脱贫攻坚成果同乡村振兴有效衔接。

关键词： 脱贫成果　乡村振兴　河南

2021年2月25日，习近平总书记宣告我国脱贫攻坚战已经取得全面胜
利，并指出要进一步做好巩固脱贫攻坚成果同乡村振兴有效衔接工作。这标
志着包括河南在内的31个省（自治区、直辖市）全面完成脱贫攻坚目标，
工作重点转为巩固脱贫攻坚成果同乡村振兴有效衔接，这对乡村振兴战略的
全面推进具有重要意义，是当前全省"三农"工作的重中之重。

一　河南省巩固拓展脱贫攻坚成果取得的成效

脱贫攻坚不是农村工作的终点，而是新任务、新生活的起点。河南省在

---

* 本文为河南省社会科学院2021年度创新工程重点项目"河南省巩固拓展脱贫成果同乡村振
兴有效衔接研究"（21A12）的阶段性成果。
** 张亚亭，郑州大学公共管理学院2020级研究生；崔学华，河南省社会科学院副研究员。

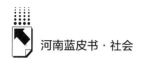

打赢脱贫攻坚战的基础上，严格落实党中央工作要求，利用一切可利用的资源，全面做好巩固拓展脱贫攻坚成果，以决不发生规模性返贫为底线、切实保障脱贫群众生活水平为中心，采取一系列措施巩固拓展脱贫成果，取得了显著的成效。

（一）建立健全防止返贫监测和帮扶机制，筑牢保障网

巩固拓展脱贫攻坚成果的首要任务，是建立健全防止返贫监测和帮扶机制，筑牢保障网。首先，全省各地层层压实责任，确保巩固脱贫工作顺利开展。上传下达，全面贯彻党中央关于开展防止返贫工作的指导意见；强化责任意识，充分发挥考核"指挥棒"作用，压实了工作人员责任；强化督导工作，严格抓落实抓成效，为返贫监测和后续帮扶工作的顺利开展奠定了基础。其次，打造了全方位、无死角的动态监测机制。在监测范围上，以户为单位，严格坚持五个必到，确保不漏一户；在监测内容上，积极动员医保、卫健、住房、教育等部门共同参与，全方位、无死角监测脱贫户生活状况；在监测过程中，及时将监测结果向上级部门汇报，以便迅速做好核实工作。最后，完善后续帮扶和定期回访工作，使脱贫群众生活有保障。有针对性地落实帮扶机制，做到一户一策略，同时用活产业就业帮扶政策，对重点人群进行定期回访，了解其家庭生活及收入状况，出现问题及时解决。

（二）加强易地扶贫搬迁后续帮扶工作，确保居民安居乐业

全省在扶贫搬迁的基础上，加强后续帮扶工作。将政策举措、项目安排和资金投入往搬迁群众和搬迁安置区倾斜，发展周边配套产业，促进搬迁群众就业创业，同时提升社区管理服务，促进搬迁群众社区融入，保证搬迁群众稳得住、能致富。开展易地扶贫搬迁后续帮扶工作以来，河南省取得的成效主要包括以下几个方面。一是拓宽了搬迁群众增收渠道。搬迁群众移至安置区之后，享受了安置区的有利资源，获得了新的发展机遇。通过发展特色产业，使搬迁群众有事做，有钱可赚，收入水平大幅提

高。二是社区服务全面提升。在安置区新增基层管理组织以满足搬迁群众基本需求，以社区为单位开展素质教育活动，培养群众良好的兴趣爱好及生活习惯，帮助群众解决邻里纠纷，促进搬迁群众社区融入。同时实施精细化、网格化管理，明确工作人员责任分工，使搬迁群众遇到困难时有人可找，提高搬迁群众的归属感。三是改善了搬迁群众的精神面貌。新环境、新社区促使搬迁群众产生新观念，安置区全面开展爱党爱国教育、人居环境整治和精神文明创建活动，倡导形成新家风，以家风促乡风，搬迁群众的精神面貌焕然一新。

（三）严格落实"四个不摘"政策要求，持续巩固脱贫成果

全省严格落实"四个不摘"要求，对已经脱贫的县、乡、村，保持原有的帮扶策略，做到"投入不减、项目不少、政策不变、帮扶不撤"。首先持续关注扶贫产业的发展，以确保产业发展促进脱贫群众持续增收。电商扶贫、养产扶贫等扶贫产业的发展并非一蹴而就，需要相关部门持续跟进，帮助从业人员及时发现、快速解决在发展过程中遇到的问题，积累相关经验，也需要对从业人员进行培训以提升业务水平。信阳市光山县先后举办 100 余期电商培训班，不断提升电商平台水准，帮助脱贫户通过电商产业稳定增收。其次设立过渡期，确保政策连续性。省委一号文件提出，在脱贫地区设立五年的过渡期，加强对坚持"四个不摘"政策、促进共同富裕政策和落实富民政策的监督检查。在过渡期严格落实"四个不摘"要求，调整优化现有的帮扶策略，确保政策的连续性。最后设立督导检查组，确保政策充分落地。为持续落实"四个不摘"要求，全省各级政府设立了督导检查组，通过查阅资料、交流访谈、入户调查等方式，重点监督检查相关单位是否做到"四个不摘"，脱贫攻坚责任组是否继续发挥作用，发现问题后及时整改，确保全省"四个不摘"政策有效落实。

（四）着力提高产业扶贫质量，促使脱贫地区经济健康发展

促进农村产业升级转型、提高产业扶贫质量，推动农民就业创业是帮助

脱贫群众持续巩固脱贫成果的根本措施。为了巩固脱贫攻坚成果，河南省将五成以上的专项扶贫资金投入产业帮扶中，以帮助脱贫人口解决就业创业难题，持续巩固脱贫攻坚成果。为实现脱贫群众持续增收，鹤壁市鹤山区做强做大光伏扶贫产业，每天调度、专班督导，经过不懈努力，历经两个月12个村共5.6MW的光伏发电项目全部建成，实现了并网发电。同时创新收益分配方式，实施困难户出义务工获得补贴机制，激发困难群众的积极性主动性，促使脱贫地区经济健康发展。

（五）基层治理能力进一步提升，大扶贫格局更加完善

脱贫攻坚阶段，全省统筹各类资源，切实发挥基层治理功能，基本形成了行业扶贫、社会扶贫和专项扶贫的大扶贫格局，为乡村振兴战略的顺利实施打下了坚实基础。巩固脱贫攻坚成果阶段，全省在开展相关培训，提高基层工作人员治理能力的基础上，继续坚持"三位一体"大扶贫格局，确保扶贫力度不减；在解决绝对贫困问题的基础上，把工作重点放在相对贫困问题上，全力提高边缘户、脱贫户生活质量。同时，以社区为单位开展扶志教育，利用新时代文明实践中心、农民夜校等资源，加强脱贫群众思想教育，提升脱贫群众思想境界，鼓励通过自身努力脱贫致富。从而打造政府帮扶、群众自扶的扶贫格局，进一步改善边缘户、脱贫户生活状况，解决相对贫困问题。

二　巩固拓展脱贫成果同乡村振兴有效衔接的现实困境

全省在巩固脱贫攻坚成果工作中取得了显著成效，切实保障了脱贫群众生活质量，这为推进乡村振兴战略奠定了基础。巩固脱贫攻坚成果同乡村振兴的有效衔接是一项浩大的工程，实施过程极其复杂，目前河南省在巩固脱贫攻坚成果同乡村振兴有效衔接工作上，主要存在以下几个方面的现实困境。

（一）产业扶贫的短期效应与产业振兴的长期目标难以兼容

脱贫攻坚阶段的产业扶贫具有区域性、短期性以及特惠性的特点，政府起主要作用，而乡村振兴阶段的产业振兴则具备整体性、长期性以及普惠性的特点，市场起主要作用，两个战略不同的产业特点使产业转型存在一定困难，降低了脱贫攻坚与乡村振兴的衔接效率。以政府主导的扶贫产业期望高效地改善贫困人口生活，更加注重短期效应，以养产业为主。但蔬菜类产业的发展面临着自然灾害和市场不稳定性的风险，2021年河南省特大暴雨事件就导致许多土地塌陷、包括蔬菜在内的农产品歉收，使得部分脱贫区域产生返贫风险，政府必须继续对相关产业进行帮扶。以市场主导的产业兴旺致力于乡村产业独立发展，逐渐削弱政府的帮扶作用，以便乡村产业能独自应对市场以及自然灾害带来的风险，形成相对成熟的产业体系。

（二）农户自我发展意识不强、就业创业内生动力不足

在河南省部分脱贫地区，农户自我发展意识不强的问题普遍存在，这对扶贫产业的发展以及乡村振兴战略带来了一定压力。首先，一些脱贫农户的懒汉思想严重，主动致富意识较弱，内生发展动力不足，依靠政府补贴的现象普遍存在。其次，农村积贫积弱的现象深入人心，许多年轻人选择外出打工，导致目前大部分农村劳动力由老年人以及妇女组成，他们思想相对保守，缺乏创新意识，对扶贫产业并不感兴趣，不会主动了解相关项目。再者，农村贫困户受知识、能力等方面的限制，接受新兴产业的能力较弱，这也抑制一些产业在农村的发展。同时，农民参与扶贫项目的深度不够，导致农民对一些项目了解不足，参与度不高，最终一部分扶贫车间倒闭关门，扶贫资金浪费比较严重。

（三）乡村生态环境协同治理制度层面的衔接困境

生态振兴是乡村振兴的"五个振兴"目标之一，也是推进巩固脱贫成

果和乡村振兴有效衔接的重要内容。目前，生态环境协同治理的正式制度相对完善，但非正式制度的缺失，使脱贫攻坚和乡村振兴在推进环境治理方面产生衔接困难。开展脱贫攻坚工作以来，省委省政府制定相关法律法规来约束农户和企业的生产和经营行为，通过相关制度引导企业和农户在扶贫区域进行环境治理。但其他社会主体和农户治理生态环境的内生动力不足，相关企业的环保理念、乡村保护环境的风俗习惯、绿色生产的意识形态与价值观念等严重缺失，这对生态环境正式与非正式制度协同治理的持续化造成了障碍，并阻碍脱贫攻坚与乡村振兴在生态环境方面的有效衔接。

（四）科技资源嵌合不够深入

缺乏科技资源是农村地区发展落后的主要原因，因此河南省在开展农村工作时非常重视科技要素投入。但在推进脱贫攻坚同乡村振兴衔接中，科技资源嵌合度低，阻碍两者有效耦合。主要体现在以下几个方面：一是脱贫攻坚时期制定的科技惠农政策贡献度低。资源主要用于发达地区，但河南省部分山区生态环境脆弱，政府对科技认知度低，导致农机装备覆盖面小，抑制农业现代化发展。二是生物育种科技项目偏少，致使现代农业科技无法同农作物和畜禽联合发展相嵌合，严重阻碍培育繁殖一体化。三是缺乏农业科技，在推进科技资源政策时，脱贫攻坚与乡村振兴的同步度、衔接度出现不同层次的断链。

（五）金融资源有待全面整合

乡村振兴需要金融资源的有效支持，整合和利用金融资源需要完善的配套机制，但在河南省脱贫攻坚与乡村振兴衔接阶段，金融资源会出现断链情况。首先，金融资源更多聚焦于特定贫困地区，相关金融机构的信贷规模较小，部分金融服务在村镇政策受限，资源配置不合理，在偏远地区贷款力度不足，更偏向于经济发展水平相对较高的地区，导致金融资源两极分化。其次，农业保险漏洞较大，风险分担机制不完善，保险公司承担风险的能力较差，部分保险保费资金不能准时发放，导致居民对乡镇金融服务的信任度不高。

三 实现巩固拓展脱贫成果同 乡村振兴有效衔接的建议

做好巩固脱贫攻坚成果同乡村振兴的有效衔接对乡村振兴战略的全面推进至关重要。要顺利完成这一历史性交接,必须明确重点任务,抓住关键环节,采取有力措施,实现产业发展、生态环境保护等有效衔接,保证科技、财力、人力等资源充沛,以确保巩固脱贫攻坚成果同乡村振兴顺利衔接。

(一)强化乡村振兴与脱贫攻坚实施主体的权益保障

首先,加强相关人员的福利待遇保障。农村工作人员的工资以及其他福利待遇与城市相比仍有较大差距,这在基层干部中尤为突出。一定的物质保障是激发个体积极性和能动性的常见手段,因此要加强农村基层工作人员,特别是村干部的福利待遇。可以专门针对村干部出台相应的激励机制,也可以由政府推出一项专门针对农村党员的综合福利计划。其次,稳步提高工作人员的综合能力。实现脱贫攻坚与乡村振兴的有效衔接,对河南省农村工作实施主体的综合业务能力提出了更高要求。针对未来农村工作的新境遇、新变化,政府应该创造有利条件,促进农村脱贫攻坚与乡村振兴实施主体综合业务能力的提升。一方面,完善农村基层干部交流机制,鼓励农村干部多参观学习其他先进地区的工作模式和方法,促使他们在工作实践中提升管理经验。另一方面,可以定期、分批组织一些符合条件的县乡村干部继续读书深造,提升他们的理论知识水平,以便在日后实践工作中更加得心应手。

(二)巩固"两不愁三保障"同生活富裕衔接

"两不愁三保障"是河南省开展脱贫攻坚工作的一项重要成果,在脱贫攻坚期间,政府积极落实各行业主管部门的工作,使农村贫困人口不愁吃、不愁穿,农村贫困人口义务教育、基本医疗和住房安全有保障。乡村振兴时期在实现这一目标的基础之上,更加注重如何让脱贫群众过上富裕的生活,生活富裕包含方方面面的内容，不仅要改善脱贫群众物质生活，实现农民长期稳定增收，而且要促进脱贫地区乡风文明建设，提高农民的身体素质、文化素质，使农民生活幸福。这就需要河南省开展巩固脱贫攻坚成果同乡村振兴有效衔接工作时，在做好防范因病返贫风险、健全控辍保学机制等工作的基础上，开展一系列文化活动从而弘扬优秀传统文化、丰富脱贫群众精神生活，用家风促民风，营造良好的文化氛围，从而调动脱贫群众积极性，营造积极向上的乡风，促使群众生活更加幸福。

（三）巩固拓展产业扶贫同产业兴旺衔接

产业扶贫在农村脱贫攻坚中发挥了重要作用，是贫困地区和贫困农户摆脱贫困的基本方法。从产业扶贫到产业兴旺，从脱贫攻坚到乡村振兴，产业发展也逐渐成为巩固脱贫攻坚成果同乡村振兴相衔接的最大着力点，是促进农村持续发展的重要力量。在脱贫攻坚阶段，农村落后地区的基础设施和产业配套实现了从无到有的转变，但要想做大做强，仍面临不少挑战，这也是河南省需要在巩固脱贫攻坚成果与乡村振兴衔接阶段重点关注的问题。在这一阶段，农村不仅要利用产业发展来完成脱贫致富的目标，更重要的是要在农村形成相对完整的产业体系，以实现农村经济可持续增长。因此，要进一步加强对农村产业的扶持力度，积极与当地居民合作以打造有地方特色的、可长期发展的产业。与此同时，也要重视产业的更新换代，创新产业模式，确保农村产业不因过时而被市场淘汰，从而实现为当地居民带来持续收入的长期目标。

（四）巩固拓展绿色减贫同生态宜居衔接

绿水青山就是金山银山，因此在开展农村工作、推进乡村振兴战略的过程中，不能只重视经济发展而忽略生态环境保护。在发展农村经济时要深入贯彻落实"两山"理论，以实现农村贫困地区经济发展与环境保护的双赢。脱贫攻坚阶段，贫困地区在发展经济增收的过程中始终秉持绿色减贫理念，在发展经济的同时保护了生态环境，但也存在制度层面的衔接困境。巩固脱贫攻坚成果与乡村振兴衔接阶段，在完善相关制度的同时，更应注重激发相关企业与农户的环保意识，实现生态环境正式与非正式制度协同治理。对于贫困地区目前拥有的生态环境优势，要适当增加相应的人力、财力投入，挖掘生态资源，打破发展瓶颈，根据地方特色，发展相应优势产业，在不破坏当地生态环境的基础上，把资源优势转换成经济优势。

（五）科技资源的横向嵌合

在实施乡村振兴战略时，应该适当融入科技创新因素，发挥科技创新因素的引导功能，以促进农村经济可持续发展。在脱贫攻坚阶段，技术人才通常跟随扶贫项目，驻扎农村贫困地区对当地工人进行技术指导，从而保证扶贫项目正常运转，以实现产业扶贫的目标。在巩固脱贫攻坚成果同乡村振兴衔接阶段，农村应进一步利用科技资源，将科技资源与农业资源相结合，为乡村振兴阶段打下坚实的科技基础。基于此，政府首先应采取措施促进农村科技资源的横向嵌合，进而加强虹吸效应，吸引周边城市的各种资源要素集合起来，从而提高自身发展水平；其次，政府应与企业合作，注重运用科技资源盘活农业资源，赋予农村更多的科技要素以开发更多农业产业，促进农产品深加工，增长农产品产业链，提升农村产业效率与质量。例如，河南省西北部多山区，适合部分中药材生长，当地基层政府可以向上提出申请，通过农业科技改造种植环境，提高生产效率，实现中药材深加工，村民运用网络直播进行销售，促进城乡融合。

（六）强化人才振兴政策供给

促进乡村发展，实现乡村振兴，人才建设尤为重要。在脱贫攻坚阶段，河南省政府积极推进人才引进政策，为贫困农村地区注入了新鲜血液，也为脱贫攻坚的全面胜利打下了坚实的基础。在巩固脱贫攻坚成果同乡村振兴衔接阶段，应持续推进此项政策，使得更多人才为乡村发展贡献自己的力量。为此政府应优化人才队伍结构，挖掘农村潜力，培养现存的内部人才，同时做好人才引进工作，有针对性地招聘相关专业的高层次人

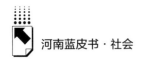
才，保证人才资源更加符合本区域发展要求。其次，政府应完善人才保障体系，注重对人才的物质以及精神奖励，对工作成绩突出的兴农人员给予适当的嘉奖，加大对受表彰人才的宣传力度，鼓励各类专业人才在乡村振兴中实现自身价值。

（七）提升农户内生发展动力

农民是脱贫攻坚与乡村振兴战略的主要受益者，也是重要参与者，调动脱贫群众积极性对乡村振兴战略的实施具有重要意义。各级政府应通过"智志"双扶、以工代赈、提高参与度、教育扶贫等措施，调动脱贫群众积极性，提高农户内生发展动力。搭建沟通桥梁，通过入户访谈、村民会议等措施提高沟通效率，从而提升群众思想觉悟，增强脱贫群众致富的信心和勇气；提高群众参与度，通过与群众一起攻坚克难，增强群众的主体意识，使群众全力以赴参与到乡村振兴战略中，调动群众的主动性、积极性、创造性，达到事半功倍的效果；以村为单位成立合作社，推行"企业、合作社、农户"三位一体发展模式，实施"一村一品"策略，党员带头引导群众致富；完善激励机制，建立一套完善的评比机制，对杰出者给予一定的物质以及精神奖励，激发其他群众争优争先意识，营造乡村振兴良好氛围，形成群众争先致富的乡风、村风；"长期、中期、短期"产业结合，弥补产业发展短板，防范发展风险，切实使群众得实惠，群众手上有活、袋里有钱、心里有谱，自然动力十足。

参考文献

孙聪利：《巩固拓展脱贫攻坚成果同乡村振兴有效衔接"秋季攻势"打响》，《平顶山日报》2021年9月3日。

王娜：《HY公司促进脱贫攻坚与乡村振兴创新发展模式研究》，中原工学院硕士学位论文，2021。

孟立慧：《从脱贫攻坚到乡村振兴的有效衔接问题研究》，《农业技术与装备》2021

年第 4 期，第 61～62、64 页。

王清欣：《河南人社脱贫攻坚工作现状、问题及建议——关于开封、濮阳等地脱贫攻坚工作情况的调研分析》，《人才资源开发》2020 年第 23 期，第 6～8 页。

谭勇、李运海、刘婵：《让中原更加出彩：脱贫攻坚的河南答卷》，《决策探索（上）》2021 年第 6 期，第 12～17 页。

B.9
河南省乡镇（街道）社会工作站建设现状及对策研究

高芙蓉　毛慧琼*

摘　要： 在进入新发展阶段、贯彻新发展理念、构建新发展格局、谋求高质量发展的宏观背景下，乡镇（街道）社工站建设对搭建基层公共服务平台、强化基层社会治理、提升基层民政服务能力具有重要作用。在各级党委、政府的高度重视下，河南省社会工作站建设进入快速推进阶段，具体表现为制度层面强化了顶层设计，将社工站建设融入民政事业高质量发展之中；功能定位层面将社工站建设纳入基层社会治理与社会公共服务的难题解决之中；在全省确立了示范站点，将社工站建设列入各级民政部门的工作部署之中。在社工站建设过程中，存在着社工人才无法满足社工站建设需求的人才困境，社工站相关制度政策缺失的制度困境，以及行政制约社工站专业功能的实践困境。为此，针对建设过程中存在的多重困境，可从强化党建引领，汇聚多方力量；完善制度建设，夯实服务根基；行政吸纳组织，建立积极互构；提升社工能力，培育在地人才；加强规范管理，提升服务成效等方面解决。

关键词： 乡镇（街道）社会工作站　社会公共服务　社工人才

---

* 高芙蓉，河南财政金融学院教授，博士，主要研究方向为社会工作、农村社会学；毛慧琼，河南财政金融学院讲师，主要研究方向为社会工作。

在进入新发展阶段、贯彻新发展理念、构建新发展格局、谋求高质量发展的宏观背景下，党和国家对社会工作的发展寄予了新的希望、提出了更高的要求。在党的一系列文件中，明确对社会工作者参与社会治理的途径做了诸多部署。党的十九大以来的中央全会中多次提出畅通社工参与社会治理渠道、大力发展社会工作。民政部将这一要求贯穿于"十四五"期间社工人才队伍建设的内容中，其中乡镇（街道）社工站建设是重要的抓手，要求"十四五"期间社工站建设实现全覆盖。同时，先试先行的广东和湖南不仅在社会工作服务实践中走在了全国前列，在乡镇（街道）社会工作站建设方面也进行了积极探索，积累了丰富经验，取得了显著成效。这也为全国各地推出乡镇（街道）社会工作站实施方案提供了良好的示范与先例。乡镇（街道）社会工作服务站建设影响深远、意义重大，是贯彻落实中央重要文件精神的务实举措，是加强民政基层基础工作的有效途径，是补齐社会工作发展短板的必然要求。乡镇（街道）社会工作服务站建设，有助于打通政策落实"最后一公里"、搭建基层公共服务平台、强化基层社会治理、提升基层民政服务能力；有利于推进民政工作与社会工作的融合，不断提升人民群众幸福感、获得感和满意度。从这一意义上来讲，建设乡镇（街道）社会工作站具有充分的"政治合理性和社会合理性"。

一　河南省乡镇（街道）社工站建设现状

在各级党委、政府的高度重视下，河南省社会工作站建设已进入快速推进阶段，截至2021年8月底已建成并运营198家社工站，配备驻站社工400余人，占全省2451个乡镇（街道）的8.1%。从全省情况来看，河南社工站建设的现状如下。

（一）强化了顶层设计：将社工站建设融入民政事业高质量发展之中

河南省"十四五"规划纲要明确提出"推进社会工作服务站乡镇（街

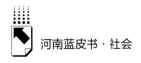

道）全覆盖"，并将其列为河南省"十四五"期间民政领域的重大规划和主要举措。为了推进社工站建设，河南省民政厅于2020年11月专门出台《河南省乡镇（街道）社会工作服务站项目实施方案（试行）》，该方案对社工站建设的指导思想、基本原则、目标任务、工作职责、服务内容、购买主体与承接主体、硬件设置、制度建设、人员配备、时间安排、资金保障与管理、绩效管理、队伍建设、工作机制、宣传交流等内容做了明确规定，要求按照"一年起步、两年铺开、三年建成、五年提升"的思路，有序推进社工站项目建设。

（二）明确了功能定位：将社工站建设纳入基层社会治理与社会公共服务的难题解决之中

明确功能定位，把乡镇（街道）社会工作站建设纳入基层社会治理与社会公共服务的难题解决中。河南省提出通过建立健全"五社一心"工作机制，推动基层社会治理创新，为特殊困难群体提供专业化服务，打通服务群众的"最后一公里"。所谓"五社一心"，即以社区为平台、社区社会组织为支撑、社会工作专业人才队伍为保障、社区志愿者为补充、社区公益慈善资源为支持、心理工作者积极参与的一种工作机制。这种工作机制的实施，有助于达成"四个一"目标的实现，即建成一批汇聚各种社会公共资源的基层民政服务平台，培育扶持一批扎根基层的公益类社会组织，建设一支专业化、本土化、社会化的社会工作人才队伍，解决一大批基层社会治理和社会公共服务难题。

（三）确立了示范站点：将社工站建设列入各级民政部门的工作部署之中

在河南省民政厅实施方案的指导下，各级民政部门积极行动起来，将社工站建设列入各级部门的重要议事日程。按照省民政厅建设社工站总体思路，各级民政部门制定了本地社工站建设方案，全省有17个省辖市和7个直管县（市）出台了政策文件。首批有512个乡镇（街道）列入试点，项目资金已落实 5500 万元，漯河市为整市推进，郑州市金水区、管城区、中原区、郑东新区以及汝州市、宁陵县、温县为整县（市、区）制推进，濮阳市聚焦"三个整合"分批分期推动乡镇社工站建设。通过实施一批社会工作服务项目，示范站点建设得到了蓬勃发展。目前，全省有 100 多家社工机构、5000 余名社会工作者，建立了 300 多个社会工作心理援助服务平台。如郑州市组织开展"护童行动"，分别为 205 名和 2346 名困境儿童，开展政策宣传、心理辅导、社会适应等服务。

二 河南省乡镇（街道）社工站建设中存在的困境

（一）人才困境：社工人才无法满足社工站建设需求

《河南省乡镇（街道）社会工作服务站项目实施方案（试行）》提出了规划目标，按照"一年起步、两年铺开、三年建成、五年提升"的思路，2023 年要实现全省县（市、区）乡镇（街道）社工站基本覆盖，实现"一县（区）一中心，一乡镇（街道）一站点，村（社区）都有社工服务"。社工站的全覆盖要求有相当数量的社工人才进入社工站点开展专业服务，这对社工人才的数量提出了较高的要求，对属地社工人才的需求也较为强烈。

以往的社会工作服务大多以协助党政系统联系群众、帮助群众解决各种问题为主，服务和工作的综合性较强。现在的乡镇（街道）社工站更多地面对民政工作领域的困难群体，社会工作的服务对象更加精准。同时，社工站建设作为搭建基层公共服务平台、提升基层民政服务能力的重要举措，河南省乡镇（街道）社工站项目近两年的主要工作内容是开展社工服务试点工作、总结试点工作成效、完善服务内容，为全面铺开奠定基础。这些服务需要驻站社工具有一定社工服务经验和一定社工项目运营能力，这对社工人才的专业能力提出了较高要求。

河南省社工人才较为紧缺，河南省共有社会工作专业人才 3 万多人，且其中有很大一部分是民政、基层相关部门的工作人员，距离满足全省人才需求尚有一定差距。同时，河南省社工人才质量不高，目前全省只有9954人取得全国社会工作者职业资格证书①，且真正在社会工作服务机构从事社会工作的一线社工占比不高。社工人才在全省还出现了分布不均衡的情况，省会郑州市的社工人才数量较多，持证社工人数也占了全省的绝大多数，而其他地市的社工人才数量相对较少，乡镇社工人才数量更是少之又少。

（二）制度困境：社工站相关制度政策缺失

2020年11月，河南省民政厅发布《河南省乡镇（街道）社会工作服务站项目实施方案（试行）》，标志着河南省社工站建设从省级制度层面正式予以规定和支持。2021年以来，河南省一些城市，如郑州市、洛阳市、南阳市等市民政局发布了市级的乡镇（街道）社会工作服务站项目实施方案，濮阳市更是以市政府的名义印发了乡镇（街道）社会工作服务站项目实施方案。但是，还有许多城市的政府相关部门并没有以正式的制度将社工站的发展实施方案确定下来。关于站点服务模式、站点运作规范、站点财务规范、督导培训设置、服务成效评价等社工站运营核心制度更是处于缺失的状态。同时全国各省市的社工站发展都处于探索期，并没有一整套完整的可复制的制度体系可以直接借鉴。

因此社工站运行过程中可能会遇到以下困难：一是服务模式不清晰，不能很好地厘清基层民政服务与省专业服务的关系；二是站点运作不规范，不能有效保证服务的专业性以及服务成效；三是有的地方在使用民政系统内部资金建站时，遇到开支渠道不顺、在一定程度上不符合现行财政制度的问题；四是由于实施方案不完善，加之上级主管领导对这项工作认识不足，建站工作动作迟缓；五是督导培训制度不完善，难以满足站点社工的实际需求。

---

① 河南省民政厅对省政协十二届三次会议第1231015号提案的答复，2021-01-04，http://mzt.henan.gov.cn/2021/01-04/2072141.html。

（三）实践困境：行政制约社工站专业功能

目前，河南省大部分社工站是以政府购买的形式在政府的体制中开展专业服务，社工站与政府组织外部为购买服务的契约关系，内部演化为与政府的行政关系，导致社工站对政府生存依附性强而自主发展性弱、服务的行政性强而专业性弱的现象。

社工站由县级民政部门具体负责社工站项目的组织实施，聚焦的是民政领域服务对象，且大多数社工站建在乡镇（街道），这就使其不可避免地与基层政府产生密切关系。社工站的运转必须依靠政府的资源支持，驻站社工不可避免地需要对政府工作进行配合。但部分乡镇（街道）把社工站当作政府的帮手和下级，用行政的方法处理与社工站的关系，把驻站社工当成民政工作人员来使用。这使得社会工作的专业功能无法完全发挥，也无法达成"不断扩大社会工作服务可及范围和受益人群，持续增强社会工作专业作用和服务成效，建成一批汇聚各种社会公共资源的基层民政服务平台，培育扶持一批扎根基层的公益类社会组织，建设一支专业化、本土化、社会化的社会工作人才队伍，解决一大批基层社会治理和社会公共服务难题"的建站目标。社会工作是专业的服务，乡镇（街道）社工站与当地政府不应该是上下级关系。现在乡镇（街道）社工站的任务是协助政府部门做那些政府没力量做、做不了、做不好的工作，所以社会工作必须协助政府，政府系统也要尊重社会工作队伍。

三 河南省乡镇（街道）社工站建设的对策建议

（一）强化党建引领，汇聚多方力量

党的建设和社工站开展的社会工作服务在理念、目标和行动策略三个方面具有高度的关联性和契合性。以人为本既是中国共产党的执政理念，也是社会工作服务的重要理念。党建和社会工作都以提升服务对象的幸福感为目

标追求，致力于满足人的美好生活需要，两者在工作目标上一致。党建和社会工作都需要践行群众路线，在行动策略上也具有相通性。

社工站应坚持以党建引领社会工作为主线，将社工站与社区党群资源进行有效整合，主动结合党建工作的要求开展服务。一方面，驻站社工自身树牢"四个意识"、坚定"四个自信"、做到"两个维护"，成为宣传党的主张、落实党的惠民政策方针、联系服务群众的重要力量。聚焦民政服务对象，以社会救助、困难帮扶、养老服务、困境儿童关爱为主要领域，着力打造群众"家门口"的民生服务站。另一方面，要最大限度发挥基层党组织战斗堡垒和党员先锋模范带头作用，把社工站开展专业服务与推进社区治理创新相结合。积极畅通渠道、打造舞台，带领村（居）民，推动各类社会组织、志愿者等社会力量参与社会治理。

社工站在服务模式上应该为"社工站 + N"，N 代表的是为党和国家履行各种服务职能的部门或是企业、社会组织等社会力量。社工站应该是一个多方代表、具有落实各项社会服务、撬动与资源各种链接、培养和凝聚各类人才与组织的平台，以多元形式促进多方参与，促进基层治理体系和治理能力现代化，推进本土社会工作专业化，并建成一批汇聚各种社会公共资源的基层民政服务平台。

（二）完善制度建设，夯实服务根基

纵观社工站发展较快的广州市和湖南省，都是在不断发展的过程中实现了制度的不断创新与完善。以湖南省为例，自 2018 年 4 月开始，湖南省出台《湖南省乡镇（街道）社会工作服务站项目实施方案（试行）》，在全省实施乡镇（街道）社会工作服务站"禾计划"项目。2018 年 9 月，湖南省民政厅印发《湖南省乡镇（街道）社工站项目服务内容参考（暂行）》，为各地乡镇（街道）社工站项目实际提供的服务提供了可参照的服务内容体系。2020 年 7 月，湖南省民政厅发布关于建立乡镇（街道）社会工作服务站项目专家联系点制度，确定一批基础配套好、服务能力强、工作成效明显的县市区作为专家联系点，打造具有地区特色的"民政 + 社会工作"服务

品牌项目。2021 年 8 月，湖南省民政厅印发《湖南省基层社会工作服务站项目三年行动方案（2021—2023 年）》。在社工站建设发展的三年多时间里，先后编制了多项制度规范。

河南省社工站一方面可以参照其他省市的发展经验，另一方面要鼓励各地根据本地乡镇（街道）民政工作需求和社会工作专业人才情况，因地制宜地制定适合本地基层民政领域特点的制度，建设符合本地需求的社工站，开展本土化、专业化的社会工作服务。各地政府相关部门可以就站点服务模式、站点运作规范、站点财务规范、督导培训设置、服务成效评价等社工站运营核心点，编制《项目服务内容参考》《视觉化设计指引》《财务管理指引》《项目评估指标体系》等制度规范。同时，承接社工站项目的社会工作机构也要建立项目运营制度保障站点的顺利实施。

（三）行政吸纳组织，建立积极互构

行政吸纳组织在社工站建设中表现为，政府通过制度创设和组织设计，整合行政资源和社会资源，建设"社会工作服务站"，并聘用专业社会工作者，利用政府的资源支持社会工作专业服务的开展，同时也利用社会工作配合基层政府社会治理和公共服务实践的需求。社会工作虽然是社区多元治理主体之一，但是由于我国政府在社区建设中起着主导作用，所以作为社会工作要发展就需要嵌入现有的政府管理体制，坚持本土化和在地化。

在行政吸纳组织的双向互构情形之下，社工站要想赢得发展和专业地位，首先需要坚守专业理念，其次需要发挥专业知识和特点，与基层政府部门加强合作、研讨与协商，探求在本土的发展空间和服务模式，发挥自身优势。同时也要注意保持独立的专业优势，防止在嵌入原有系统的过程中出现专业理念的偏失，注重应用专业的力量影响原有的系统，逐步达到深层嵌入，应用专业的力量站稳脚跟。

（四）提升社工能力，培育在地人才

专业性是社会工作发展的生命线，专业性也是社工站得以建设存续的核心能力。在社工站建设中，要不断提升驻点社工的业务能力和综合素养，提升社工队伍的执行力、创造力和凝聚力，建设一支专业化、本土化、社会化的社会工作人才队伍，为社工站建设提供坚强的队伍保障。

打造"政+专"培训模式。对于驻点社工专业能力不足的现状，要开展一线社工的职业培训，提升其服务的科学性和专业性。同时也要开展社工站所在乡镇（街道）基层干部的专业培训，增进其对社工站的了解和认知，提升基层政府对社工站的专业认可，促进形成协同工作的"政策共同体"。

培育本土社工人才。本土化的乡镇（街道）社会工作人才队伍的打造，一方面有利于社会工作者本地融入、资源链接，另一方面降低了政府购买服务成本。本土社工可以"先有再专"，先让一批本土社工上岗，继而通过培训和督导体系逐步培育在地社工人才。

构建双通道督导体系。社会工作督导是社会工作专业训练非常重要的方法，是通过定期和持续的监督、指导，传授专业服务的知识与技术，以增进社工的专业技巧确保服务质量的活动，这是保障社工站专业性的关键环节。一个督导通道是系统性持续性的常规督导，可由市级主管部门设置培训、督导和评估项目，通过政府购买督导服务的方式支持乡镇（街道）社工站的发展，在全省范围内遴选具有较高社会工作理论水平和丰富实践工作经验的社工担任社工站督导。另一个督导通道是高水平的不定时督导，通过国内高校的社会工作专家和社工站起步较早发展较好地区的行业专家开展专业督导，形成完整的理论和实务相结合的督导体系。

（五）加强规范管理，提升服务成效

完善社工站管理制度。各县（市、区）主管部门应及时印发《乡镇（街道）社工站实施方案》《乡镇（街道）社工站管理办法》《乡镇（街道）社工站绩效评价管理办法》等制度和配套工作方案，明确社工站服务内容和职责分工，对部分服务标准进行规范，确保社工站工作的开展有章可循、有据可依、有规可考。

建立社工站督查、督导机制。县（市、区）负责对乡镇（街道）社工站进行实地督查，全面了解工作情况，并给予社工专业支持和心理支持，保障社工专业性；建立"一期三会"制度，每月定期开展社工站负责人管理会、驻站社工工作会、行业交流分享会等，集中部署重点工作，及时沟通工作问题，高效解决难题。

参考文献

王思斌：《乡镇社工站建设与制度创新》，《中国社会工作》2021 年第 13 期，第 7 页。

王思斌：《乡镇社工站建设中的"政策共同体"》，《中国社会工作》2021 年第 16 期，第 7 页。

李炯标：《行政吸纳组织：社会工作组织模式的创新探索研究———基于对汕头市社工站的调查》，《汕头大学学报（人文社会科学版）》2018 年第 11 期，第 74～80 页。

卫利珍：《专业社会工作嵌入视角下的社工站运作研究》，《法治与社会》2021 年第 6 期（下），第 117～119 页。

B.10
河南省高校大学生"孝"观念
现状及教育引导[*]

栗志强　陈密琳　刘静怡[**]

摘　要： 通过对河南省两所高校大学生的问卷调查,从"尊敬父母"、"经济赡养"、"精神赡养"、"顺从父母"、"厚葬父母"、"留后"、"不远离父母"、"爱惜身体"、"是否赞同将父母送养老院"、"对亲子关系的期望"、"孝是自主行为还是社会规范"等几个方面分析了大学生的"孝"观念。研究发现:河南省高校大学生普遍赞同传统的孝文化,对于传统孝道中的"尊敬父母"、"经济赡养"、"精神赡养"等有益思想持普遍认同的态度,摒弃了传统"孝"观念中"为亲留后"、"顺从"、"人身依附"等落后思想,其"孝"观念趋向于"平等"、"独立","孝"更多是出于对父母的"爱"而不是"敬畏"。其次,大学生普遍更愿意将孝道看做是"自主性"行为而不是"社会规范",认为孝敬父母是自己的事情。再次,"落后"的"孝"观念、不和谐的亲子关系、与父母沟通不够等问题在少数大学生中仍有存在。本文对于河南省高校大学生"孝"教育引导提出了相应的对策建议。

关键词： 大学生　"孝"观念　教育引导

* 本文系 2018 年度国家社科基金项目"新时代农村孝道的代际变化及其传承发展研究"(18BSH091)的阶段性成果。

** 栗志强,郑州轻工业大学政法学院副院长、副教授;陈密琳,郑州轻工业大学政法学院 2020 级研究生;刘静怡,郑州轻工业大学政法学院 2020 级研究生。

一　引言

　　河南省是人口大省，数据显示，截至 2018 年底，全省 60 岁以上老年人口 1606 万，占常住人口的 16.7%；其中 65 岁以上老年人口 1019 万，占常住人口的 10.61%；预计到 2020 年，全省 60 岁以上老年人口数将达到 1760 万，占常住人口的 17.8%[①]。解决好 1700 多万老人的养老问题是河南省未来很长一段时间内面临的重要课题。传统中国社会的养老模式是家庭养老，"孝道"是保障家庭养老和老年人有尊严地生活的重要伦理规范。应该说孝道作为中华民族的传统美德，在今天仍然有着其时代价值。大学生作为青年人的重要代表，是孝道传承发展的重要承载者和践行者。河南高校大学生如何看待"孝道"，他们对于"孝"有着怎样的观念？高校应该如何发挥引导作用？为此本研究针对河南省两所高校的大学生进行了问卷调查。

二　研究工具与对象

　　本研究针对河南省在校大学生对于孝道的理解和亲子关系行为设计调查问卷，借鉴心理学有关孝道的研究，从"尊敬父母"、"经济赡养"、"精神赡养"、"顺从父母"、"厚葬父母"、"留后"、"不远离父母"、"爱惜身体"等方面调查河南省高校大学生的"孝"观念。同时还调查了大学生对于亲子关系的期望和行为、对于院舍养老的态度及对于"孝"约束力的观念。对于"孝"观念的测量使用了里克特量表法，量表中选项的赋值规则为："很不赞同"为 1 分，"不太赞同"为 2 分，"说不清"为 3 分，"比较赞同"为 4 分，"非常赞同"为 5 分。在统计分析中主要通过百分比和量表中的平均得分来描述样本的"孝"观念整体情况。

---

　　① 资料来源：《河南老龄人口总量居全国第三　丰富多彩的"敬老"活动迎接"老人节"》，https：//baijiahao. baidu. com/s？id = 1646013149193528843&wfr = spider&for = pc。

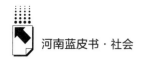

在抽样方法上，本研究主要采用了"滚雪球抽样"对郑州市高新区内的郑州大学和郑州轻工业大学的学生进行抽样，共发放问卷1000份，回收问卷965份，回收率为97%，其中有效问卷907份，有效率为94%。数据分析采用了SPSS统计分析软件。

本次调查样本构成如下：男生398人，占样本数的43.9%，女生509人，占样本数的56%；本科学生742人，占81.8%，研究生及以上学历学生165人，占18.2%。来自大中城市的有194人，占样本数的21.4%，来自县城的有235人，占样本数的25.9%，来自小城镇的138人，占样本数的15.2%，来自城乡接合部的29人，占样本数的3.2%，还有311名调查对象来自农村，占样本数的34.3%。

三 研究结果与分析

（一）当代大学生的"孝"观念

《论语》中对"孝"的概括是"生，事之以礼；死，葬之以礼，祭之以礼"，主要包括了对父母"在世"时与"过世"之后两方面的内容。具体来看，传统的"孝"大体上包括了"赡养父母"、"让父母精神愉悦"、"对父母敬畏"、"事事顺着父母"、"荣耀父母"、"小心伺候生病的父母"、"父母生病时要为父母的病情担忧"、"不让父母担忧"、"厚葬父母"、"严肃地祭祀父母"、"为父母留后"等复杂的内容。本研究对上述内容进行了概括，采用13个问题，从"尊敬父母"、"经济赡养"、"精神赡养"、"顺从父母"、"厚葬父母"、"留后"、"不远离父母"、"爱惜身体"等几个方面来调查大学生对于"孝"的观念。本研究调查结果显示，被调查者在"不孝有三，无后为大"这一观点上的平均分为2.75，这个得分相对偏低，这表明新时代的大学生有相当一部分并不认同"无后"即为"不孝"这一传统"孝"观念。被调查者在"子女要事事顺着自己的父母（包括结婚、恋爱等），不违背他们的意愿"这一观点上的平均分为2.31，这一观点的得分最低，显然被调查者并不认为"孝"就要任何事情都听父母的，他们认为自己的意愿同样很重要，这说明大学生不再认同传统的"愚孝"观念，不再盲目地听从父母的意见，而是坚持自己在家庭中平等独立的地位。

其次，被调查者在"子女要（赡）养自己的（年老的）父母，提供经济支持"这一观点上的平均分为 4.33，在"除了经济赡养，子女要让自己的父母高兴、精神愉快或感到荣耀"上的平均分为 4.30，在"父母去世之后一定要'厚葬'父母，并用严肃的态度来祭祀他们"上的平均分为 3.43，在"身体发肤，受之父母，不可毁伤"上的平均分为 3.14，在"未来定居地不远离父母"上的平均分为 3.43。这表明被调查者普遍赞同对父母的经济赡养、精神赡养，并且还有相当部分的被调查者赞同"厚葬"。

再次，在有关自己的"孝"观念问题上，有 89.2%（809 人）的被调查者认同"比起以前，我更能体谅父母，与父母的关系更融洽"这个观点；有 86.8%（787 人）的被调查者认同"子女的孝是出于对父母的爱，不是因为怕父母、舆论压力、报恩等原因"这个观点；有 79.7%（722 人）的被调查者认同"子女在外地，经常通过微信电话等与父母联系也算行孝"这个观点；有 86.8%（787 人）的被调查者认同"子女成年后要经济和精神相对独立，不过分依赖父母"这个观点；有 79.6%（722 人）的被调查者认同"热爱祖国，为祖国做贡献，为人民服务也属于孝"这个观点；有 78.8%（715 人）的被调查者认同"和父母说话不可以大呼小叫，不能直呼父母名讳"这个观点；值得注意的是，被调查者在"学习孝文化，遵循传统孝道很有必要"这一观点上的平均分为 4.26 分，这表明被调查者对该观点的赞同率比较高，大家普遍赞同"学习孝文化"，不排斥对传统孝文化的学习。可见，大学生对于父母的"孝"主要是因为对父母的"爱"而不是出于对父母的"敬畏"或者"服从"，也不是出于对舆论压力的恐惧。从调查结果看，大学生在亲子关系中更追求精神上的"独立"，更具平等意识，同时也并不缺乏对于父母的尊敬。从这个调查结果来看，大学生不但普遍支持学习孝文化，而且也普遍尊敬、爱自己的父母，似乎并不支持所谓"孝道衰落"的观点。

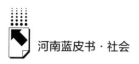

表1 大学生"孝"观念状况统计表

观点	很不赞同	不太赞同	说不清	比较赞同	非常赞同	平均值
1. 不孝有三, 无后为大。	209 (23.0%)	250 (27.6%)	161 (17.8%)	140 (15.4%)	145 (16.0%)	2.75
2. 子女要事事顺着自己的父母(包括结婚、恋爱等), 不违背他们的意愿。	272 (30.0%)	352 (38.8%)	100 (11.0%)	94 (10.4%)	88 (9.7%)	2.31
3. 子女要(赡)养自己的(年老的)父母, 提供经济支持。	23 (2.5%)	25 (2.8%)	50 (5.5%)	341 (37.6%)	467 (51.5%)	4.33
4. 除了经济赡养, 子女要让自己的父母高兴、精神愉快或感到荣耀。	22 (2.4%)	26 (2.9%)	65 (7.2%)	337 (37.2%)	456 (50.3%)	4.30
5. 父母去世之后一定要"厚葬"父母, 并用严肃的态度来祭祀他们。	57 (6.3%)	156 (17.2%)	240 (26.5%)	243 (26.8%)	210 (23.2%)	3.43
6. 身体发肤, 受之父母, 不可毁伤。	111 (12.2%)	210 (23.2%)	201 (22.2%)	211 (23.3%)	173 (19.1%)	3.14
7. 未来定居地不远离父母。	41 (4.5%)	164 (18.1%)	264 (29.1%)	239 (26.4%)	198 (21.8%)	3.43
8. 比起以前, 我更能体谅父母, 与父母的关系更融洽。	19 (2.1%)	18 (2.0%)	60 (6.6%)	357 (39.4%)	452 (49.8%)	4.33
9. 子女的孝是出于对父母的爱, 不是因为怕父母、舆论压力、报恩等原因。	24 (2.6%)	39 (4.3%)	54 (6.0%)	244 (26.9%)	543 (59.9%)	4.37
10. 子女在外地, 经常通过微信电话等与父母联系也算行孝。	36 (4.0%)	51 (5.6%)	96 (10.6%)	415 (45.8%)	307 (33.9%)	4.06
11. 子女成年后要经济和精神相对独立, 不过分依赖父母。	23 (2.5%)	25 (2.8%)	71 (7.8%)	342 (37.7%)	445 (49.1%)	4.28

观点	很不赞同	不太赞同	说不清	比较赞同	非常赞同	平均值
12. 热爱祖国,为祖国做贡献,为人民服务也属于孝。	29 (3.2%)	48 (5.3%)	107 (11.8%)	355 (39.1%)	367 (40.5%)	4.09
13. 和父母说话不可以大呼小叫,不能直呼父母名讳。	32 (3.5%)	67 (7.4%)	92 (10.1%)	315 (34.7%)	400 (44.1%)	4.09

(二)当代大学生对院舍养老方式的态度

俗话说"养儿防老",在传统社会,养老主要依靠家庭,养老义务的主要承担者是儿女。所以,孝道作为一种家庭伦理,是传统社会养老的重要伦理支撑。随着社会的发展和妇女走入职场,家庭已经越来越难以承受"养老"这一责任,将"养老"功能推向社会化已是大势所趋。但是,对于中国人来说,院舍养老的接受需要一个过程。大学生作为新一代青年人,是否可以接受"院舍养老"?在他们的观念中,"院舍养老"与"孝道"是否冲突?从表2可以看出,对于将父母送到养老院这个问题,持"不赞成"态度的被调查者有32.5%(295人),而持"赞同"态度的调查对象有39.3%(356人),剩下有部分人认为"说不清楚"的占23.7%(215人)。而在持"不赞同"态度的调查对象中,有124名被调查者认为将父母送到养老院是不孝的行为,他们认为父母年老时,应由子女照顾父母。有171名同学不赞成是因为他们认为养老院的条件不好,他们更倾向于在家为老人雇用看护照料老人的生活起居。而在赞成将父母送到养老院的调查对象中,有262名被调查者认为如果子女工作太忙没时间照顾可以将父母送到养老院,而这一部分被调查者占了这个问题的调查对象中的最大一个部分,占到了28.9%的比例。另外还有94名持赞成态度的被调查者认为老人在家很孤独,去养老院老人更能获得快乐。可见,当代大学生在是否将父母送养老院、送父母到养老院是否"孝"这一问题上的观念还较为复杂。虽然只有很少比例的大学生认为将父母送养老院是不孝行为，但是赞成将父母送到养老院进行照顾的仍然不多。当然，这一结果至少说明，大学生在"孝"观念上与传统孝道不同，多数人不再认为孝敬父母就一定要亲自照顾陪伴父母。

表2　大学生对于院舍养老的态度统计

如何看待子女将父母送到养老院		
	频率	百分比（%）
不赞成，不孝，子女应该自己照顾父母	124	13.7
不赞成，养老院条件不好，在家为老人雇用看护照料	171	18.9
如果子女工作太忙没时间照顾可以接受	262	28.9
赞成，老人在家很孤独，去养老院老人能获得快乐	94	10.4
说不清楚	215	23.7
其他	41	4.5
总计	907	100.0

（三）大学生对家庭亲子关系的期望、行为

本研究虽然主要调查大学生的"孝"观念，但是大学生的"孝行为"是"孝"观念的体现，也是检验"孝"观念的试金石。本研究在关注大学生对于亲子关系的期望的同时，也考察了大学生与父母的亲子关系。调查表明，被调查者在对"你与父母关系如何"这一问题的回答上，选择"很和谐"的有70.7%（641人）；选择"一般"的有24.3%（220人）；选择"不和谐"的有2.1%（19人）；选择"其他"的有3.0%（27人）；而在另一个问题"希望自己和父母是怎样的家庭关系"的回答上，选择"敬畏与服从的上下级关系"的有1.9%（17人）；选择"养儿防老的合作关系"的有13.8%（125人）；选择"平等友爱的朋友关系"的有74.3%（674人）；选择"其他"的有10.0%（91人）。

从调查结果可以看出，希望自己和父母的相处更像"平等友爱"的朋友关系的调查对象占比最高。由此可见，当代大学生更希望与父母建立一种平等友爱的亲子关系。从尽孝的方式来看，大学生远在外地上学时，主要通过

打电话问候父母的身体状况、与父母倾诉聊天、询问家中的事宜、在网上邮寄东西给父母等方式表达对父母的孝敬。对父母关心的表达方式的分析中,有15%（138人）的被调查者会选择直接口头表达,19%（172人）的被调查者会选择用自己的行动对父母表达关心,42%（385人）的被调查者选择了口头和行动都会表达自己对父母的感情,但是还有一小部分被调查者选择了默默放在心里不表达。有45.2%（410人）的被调查者表示"经常与父母聊天、沟通",有48.4%（439人）的被调查者表示"只是偶尔与父母聊天、沟通"。除此外,在问及与父母意见不一致时的解决办法时,38.1%（346人）的被调查者表示,他们会选择去耐心说服父母,但不盲从父母的观点,如果父母有错误时,他们会冷静下来试图劝说父母,改变父母不合理的观点。可见,当代大学生普遍希望与父母建立一种平等的关系,希望在家庭关系中保持独立的人格。这说明当代大学生的"孝"观念已经不再认同传统"孝"观念中子女对于父母权威的无条件服从。同时,大多数大学生与父母之间保持着良好的亲子关系,但是有不少大学生很少与父母聊天和沟通。

表3　大学生对亲子关系的期望统计

	频率	百分比（%）
敬畏与服从的上下级关系	17	1.9
养儿防老的合作关系	125	13.8
平等友爱的朋友关系	674	74.3
其他	91	10.0
总计	907	100.0

（四）当代大学生对于孝道应该"靠自主"还是"靠外在约束"的认识

在传统社会,孝道是一种带有法律性质的伦理规范,不孝敬父母的人会受到严厉的惩罚,孝道已经不仅仅是道德的范畴。在当今社会,孝道作为一种文化已经发生了很大的变迁。在大学生心目中,孝道是否还具有外在的

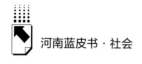

"约束力"?

调查分析显示，41.6%（377人）的被调查者认为子女孝敬父母"应该受到干涉"，在这部分被调查者中，认为孝敬父母"应该受到法律的干涉"的人数最多，占这部分样本数的41.4%（156人）。他们认为孝敬父母是做人的本分，孝道不但是中华民族的传统美德，更是法律规定的每一位子女应尽的义务，应该出台一系列法律刚性规定子女孝敬父母。还有一些学生认为孝敬父母应该受到来自亲戚、邻里、社区、政府及相关社会组织各个方面不同程度的干涉。但是有48.8%（443人）的被调查者不认同此观点，他们认为"孝敬父母是自己的私事，与别人无关"，更不应该受到来自他人的干涉；有8.5%（77人）的被调查者认为此观点不好说，他们自己也不清楚孝敬父母是否应该受到别人的干涉。上述分析表明，半数以上的大学生认为"孝"是私人的事情，仅仅是个人的道德范畴，不需要别人来干涉。但是也有近半数的大学生认为"孝"需要受到别人或法律的约束。可见，在多数当代大学生心目中，孝道不是一种需要强制力约束的社会规范，而是一种需要依靠自觉去践行的道德义务。

表4　大学生对于"孝敬父母是否应该受到干涉"观念统计

	频率	百分比（%）
不应该	443	48.8
应该	377	41.6
不清楚	77	8.5
其他	10	1.1
总计	907	100.0

四　结论与建议

（一）结论

研究表明，绝大多数当代大学生对孝文化持赞同态度，认为孝道是中华民族的传统美德。通过分析本文得出关于当代大学生"孝"观念的以下结论,主要包括"大学生"孝"观念的趋向"、"大学生对孝道的传承"、孝道"靠自主"还是"靠外在约束"几个方面。

1. 当代大学生的"孝"观念趋向于"平等"、"独立",对父母的"孝"出于"情感"而不是"敬畏"

不同于传统的"孝道",当代大学生并不认为自己对父母绝对地服从就是"孝"。随着社会的发展,人们的观念也在不断更新。在养老方式上,当代大学生也并不认为在家亲自照顾老人才是养老的唯一方式,有相当一部分大学生认同养老院养老等新型养老模式。这也反映了当代大学生在"孝"上的新观念,他们认为当代人工作忙,将父母送进养老院去接受院舍照顾也是一种"孝道"。上述研究还表明,当代大学生普遍期望与父母建立一种平等、独立的亲子关系,也就是说,当代大学生的"孝"观念更趋向于"平等"、"独立",大学生对父母的"孝"更多是出于"情感"而非"敬畏"。这也说明了当代大学生"独立"、"平等"意识的提升和家庭中父母权威的下降。但是,家庭中父母权威的下降并不意味着大学生不爱自己的父母,也不意味着家庭亲子关系的淡漠,而是说明传统"孝"观念在当今已经发生了性质上的变迁。从大学生对"你与父母关系如何"、"自己和父母是怎样的家庭关系"这两个问题的回答结果来看,当代大学生和父母的关系整体上较为融洽,父母和子女的地位相对平等。但是,从行为调查结果来看,当代大学生普遍较少与父母聊天、沟通。

2. 大学生继承发展了传统"孝"观念中的有益成分

上述研究表明,随着社会的发展,传统孝道已经发生了巨大的变迁。大学生的"孝"观念已经从"敬畏父母权威"逐渐演变为"爱父母",亲子之间的地位日趋平等化。但是,也应该看到,大学生对于传统孝道中的"尊敬父母"、"赡养父母"、"让父母高兴"、"工作尽量不远离父母"、"不随便毁伤自己身体"等积极有益的成分仍然持赞同的态度。这说明,大学生的"孝"观念不但不是对传统孝道的彻底抛弃,反而更表明了他们对传统孝道的积极传承和创新。在新时代,大学生较好地传承了传统孝道中积极有益的成分，摒弃了传统孝道中"对父母权威的盲从"、"对父母的无条件服从和人身依附"等落后观念，在平等、独立、理性的基础上发展了适应时代需要的新型的"孝"观念。当然，研究也发现，有少部分被调查者还抱有传统"孝"观念中的一些落后思想。

3. 大学生更愿意将孝道看作是"自主性"行为而不是"社会规范"

在本研究中，许多被调查者就"孝敬父母是否应该受到干涉"进行了选择。从调查数据来看，认为孝敬父母"不应该受到干涉"的被调查者人数超过了认为"孝敬父母应该受到干涉"的人数。可见，在大学生看来，孝道主要还是属于道德范畴，是自己个人的事情，他们认为个人应该主动地去善待自己的父母，而不需要运用刚性的法律、制度进行强制规范。从现实来看，虽然赡养父母是基本的法律义务，当代大学生则更愿意将孝敬父母看作是一种个人的情感、道德选择，不愿意将其和法律的强制力联系起来。显然，在当代大学生心目中，对于父母的"孝"更像是一种"爱"，它应该是子女对父母主动的表达和发自内心的流露。

（二）建议

孝道是中华民族的传统美德，也是需要传承发展提升的中国传统文化，它的传承发展仍然具有重要的时代价值。大学生是当代青年的重要代表，大学生的"孝"观念对于整个社会的"孝"观念的传承和发展起着重要的示范作用。但是，本调查结果显示，对"是否参加过校内的孝文化相关讲座或课程"这一问题，34%（309人）的被调查者表示从未参加过相关讲座，30.7%（278人）的被调查者表示学校从未举办过类似讲座或是自己在校期间没有听说过，而对于"是否在媒体上看到过宣扬孝文化的有关事例时"，半数以上的大学生选择了"看到过，但不会点开看"这一选项。可见，河南省高校普遍缺乏孝文化教育方面的课程或讲座，大学生也很少主动上网观看孝文化类的讲座，大学生对于孝文化的观念主要是在社会生活中自发形成的结果。大学生已经步入成年，其人生观、价值观逐步趋向于成熟，但是不可否认的是大学生仍然处在社会化的过程当中，包括"孝"观念在内的伦理道德观念仍然需要加强教育和引导。上述研究表明，大学生普遍认同传统孝道，选择性地继承了传统孝道中的有益成分并摒弃了传统孝道中的落后消极成分，发展了适应时代要求的新型"孝"观念，这是值得欣慰的一面。但是同时应该看到仍然有部分大学生仍在固守传统孝道中"消极"、"落后"的观念，例如仍有少数被调查者选择了赞成"不孝有三、无后为大"思想，有半数以上的被调查者赞同"厚葬"等落后观念。也有部分大学生与父母的关系还不够"和谐"。有部分被调查者还认为子女与父母的关系应该是"养儿防老的合作关系"，存在亲子关系功利化的倾向。相当一部分大学生平时很少和父母聊天，没有照顾到父母的情感需求，在孝行为上做得还不够。少数被调查者还不赞同"儿女成年后要保持独立，不过分依赖父母"，可能存在着"啃老"的思想倾向。所以，高校在人才培养中仍然需要重视对于大学生"孝"观念教育，通过开设选修课、通识课、讲座或论坛等方式对大学生进行孝文化传承发展方面的教育和引导，采用灵活多样的方式在大学生中开展孝文化传承发展的讨论和宣传，不断增强大学生传承优秀传统文化的自觉性和主动性，帮助大学生树立正确的、适应时代发展的"孝"观念，纠正大学生在孝道和亲子关系上的错误认知，培育和谐的家庭亲子关系和良好家风。

B.11
城乡融合发展视角下河南基础设施
建设与乡村治理体系创新路径研究

赵　奇*

摘　要： 城乡融合发展即是推进城乡一体化与新型城镇化建设，实现乡村振兴。中共河南省委全面深化改革委员会在2021年发布的工作要点中指出，河南将从体制机制上深化改革，加快农村现代化进程，推进城乡协同发展。城乡融合发展成为国家的整体战略和全局部署，在社会主要矛盾发生变化、巩固脱贫攻坚伟大成果的新时代，推进河南基础设施建设与乡村治理体系创新具有重要意义。基础设施建设有利于打破出行障碍促进人员流动、刺激经济发展扩大乡村就业、完善公共服务提升农民获得感、改善生态环境推进文明建设，在完善乡村治理过程中起到重要作用。城乡融合发展与乡村治理体系建设相互依存、相互促进，城乡融合为乡村治理提供可持续发展视角、为乡村治理提供经济基础，乡村治理开拓了城乡融合新途径，为城乡融合提供环境保障。在城乡融合视角下，河南应当立足省情，根据区域经济社会发展情况，稳步推进基础设施与乡村治理体系建设，实现乡村基础设施的数字化、智能化、规范化、产业化，以及乡村治理理念、机制、应用和主体的创新，构建河南特色乡村治理体系，开创河南城乡融合新局面。

关键词： 城乡融合　基础设施建设　乡村振兴　乡村治理

---

* 赵奇，河南省社会科学院办公室研究实习员，国际注册会计师，主要研究方向为基层财政治理。

一 城乡融合发展的时代内涵

（一）城乡融合发展理念的提出

城乡融合即是将城市和农村发展有机结合，打破城乡二元制的发展生态，实现城市和农村在政治、经济、文化、社会、生态等多个方面的协调发展。城乡融合发展的主要目标是实现城乡一体化，打破城乡之间的要素流动壁垒，进一步体现市场对要素流动的决定性作用，使要素在城乡间实现统一流动，推动城乡间各个领域融合发展。中国共产党高度重视农村发展与乡村治理工作，2008年党的十七届三中全会审议通过了《中共中央关于推进农村改革发展若干重大问题的决定》，提出城乡一体化的理念，实现了农村改革发展的新突破。2013年，习近平总书记在中央城镇化工作会议上指出，要坚持科学发展，走新型城镇化道路，以人为本推进农村发展。2017年，党的十九大报告指出，要实施乡村振兴战略，坚持农业农村优先发展，进一步化解农村社会矛盾，提高乡村治理水平，对优化乡村治理体系、改善乡村治理能力提出了战略部署和远景规划。2019年，党中央、国务院发布《关于建立健全城乡融合发展体制机制和政策体系的意见》，为我国实现城乡融合发展制定了路线规划，将城乡融合发展与乡村振兴战略紧密衔接，要求进一步促进各类要素向农村流动，补齐农村发展短板，到2022年应当初步建立城乡融合发展机制。

（二）城乡融合发展理念在河南的实践

河南是农业大省，粮食总产量占全国的1/10，小麦产量占全国的1/4，对全国粮食发展战略与粮食经济安全起到举足轻重的作用。但由于地理位置、历史沿革、社会传统等因素影响，河南"三农"问题仍然突出，农村发展存在薄弱环节，乡村基础设施建设有待加强，存在重建设、轻维护等思想，难以适应城乡融合发展与乡村振兴的需求，为乡村治理带来挑战。2006年，河南省政府发布指导意见，要求在产业发展、基础设施、社会事业、基层治理、体制创新等方面协调推进，通过试点的方式探索统筹城乡发展、推进城乡一体化的科学模式。2013年，中共河南省委九届六次全会审议通过河南新型城镇化指导意见，指出城镇化是城乡协调发展的过程，河南将有步骤有规划地推进新型城镇化健康发展。2018年，中共河南省委在十届六次全会暨省委工作会议中强调，河南应当坚持农业农村优先发展，解决乡村发展过程中的基础设施、生态环境、人才培育等短板，为实现乡村振兴奠定基础。2019年，习近平总书记在参加十三届全国人大二次会议河南省代表团审议时，对河南城乡融合发展提出了期望和要求，河南应当补齐基础设施短板，夯实乡村治理根基，科学规划、统筹推进，激发农村活力。河南省委、省政府谋划全局、着眼长远，部署成立城乡融合发展协调机构，2020年，河南省城镇化工作暨城乡融合发展工作领导小组对重点任务进行规划，努力实现综合性可持续发展。2021年，中共河南省委全面深化改革委员会在其发布的工作要点中指出，河南将从体制机制上深化改革，加快农村现代化进程，推进城乡协同发展。

（三）城乡融合发展理念的时代创新

从党中央、国务院以及河南省委省政府的文件精神、会议公报以及指导思想中可以看出，农业是国民经济的基础，各级党委、政府对"三农"问题持续重视，一直将"三农"问题放在经济社会发展的首位。但随着经济社会的发展与城乡结构的变化，各级党委、政府对农业农村发展的着力点由城乡一体化向新型城镇化再向城乡融合、乡村振兴转变，由发展乡村经济与产业振兴向推进农村基础设施建设与优化乡村治理体系转变，由重点规划扶持乡村向城乡协同发展转变。在习近平新时代中国特色社会主义思想指导下，马克思主义中国化得到进一步发展和延伸，在缩小贫富差距和两极分化，为实现共同富裕目标奋斗的过程中，城乡融合发展理念得到进一步丰富和完善。城乡融合发展在推进基础设施与乡村治理体系建设中体现出越来越重要的地位，拓展了产业基础和社会关系的内涵，使基础设施与乡村治理体系建设更加科学、更加规范。

二 基础设施建设在河南乡村治理中的作用

（一）有利于打破出行障碍、促进人员流动

建设全方位、现代化的农村公共基础设施是实现乡村振兴的基础，推动农村基础设施向村覆盖、向户延伸成为落实精准扶贫、缩小贫富差距、实现城乡融合的重要手段。长期以来，河南省委省政府高度重视农村道路和交通附属设施建设，农村公路"百县通村入组"成为民生重点实事之一，2020年全省在1.69万个自然村新增农村硬化道路，全省通硬化路率已经达到近90％。农村交通基础设施建设有利于打破出行障碍，促进人员流动，一方面方便农民出行，减轻农民远距离出行和农业机械近距离流转作业负担，同时能够打通农产品运输通道，减小农产品市场的时滞性，增加农民收入；另一方面创造更多城乡要素流动的机会，拓展城乡交流渠道，同时能够使农村"进得来、出得去、行得通"，提升农村特色产业和乡村经济对城市居民的吸引力，推进城市反哺农村进程。农业能够优质高效发展、农村能够宜居宜业、农民能够拥有稳定收入、脱贫攻坚成果得到有效巩固，乡村矛盾因素便会逐渐缓解，乡村治理便能在根源上得到优化。

（二）有利于刺激经济发展、扩大乡村就业

基础设施建设涉及各个行业，在财政支出向基层倾斜、向农村倾斜的背景下，河南省委、省政府加强农村基础设施建设，通过财政杠杆引导资源向基层流动，有利于刺激农村经济发展，增加农民就业。推进基础设施建设刺激经济发展表现在多个方面，一是基础设施建设能够畅通农村要素流动渠道，能够打通农产品运输的大动脉，提高农产品流动保障水平，推进农业产业化进程；二是基础设施建设尤其是信息类基础设施建设能够给农村带来先进的生产观念和生活习惯，有效改善农村生活，缩小城乡差距，有利于广大农民发挥生产者优势，提高农产品附加值，从而化解农村耕地短缺、农民收

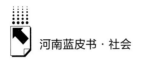

入较低带来的社会矛盾；三是基础设施建设属劳动密集型、资金密集型工程，投资规模较大、建设周期较长，农村基础设施建设工程及其附属服务活动的开展能够为区域经济培育新动能，吸收附近农民就业，同时也能够给附近农民带来新的务工理念，在转变农民思维方式中发挥重要作用。

（三）有利于完善公共服务、提升农民获得感

随着科学技术的飞速发展，我国科技化、信息化、智能化水平得到大幅提升，现代科技设备广泛应用于基础设施建设之中。近年来河南持续推进乡村振兴，财政资金对基层基础设施建设的支持力度越来越大，对完善农村公共服务、改善基层社会治理的现代化基础设施投入进一步倾斜。通过数字基础设施建设能够改善农村网络覆盖状况，利用位于本村的综合村务服务站，使许多农民在村里便能办理各项行政服务事项；生产性基础设施在现代科技手段的加持下，能够更便捷地解决农业生产过程中出现的各种问题。河南农民人数较多，通过传统方式开展公共服务难以做到全面覆盖，而在现代科技基础设施的基础上，对农民加强培训与引导，能够更好地贴近群众，让科技拉近政府与农民之间的距离，让全体人民群众感受到党和政府的温暖，提升群众的获得感和满足感。

（四）有利于改善生态环境、推进文明建设

习近平总书记多次强调，绿水青山就是金山银山，推进基础设施建设的过程同时也是改善生态环境、重塑绿水青山的过程。只有加强生态保护和环境治理，提升村容村貌，为农民生产生活创造良好的环境，才能真正使人民群众得到实惠，从而进一步化解社会矛盾，提升乡村治理水平。河南积极推动转变农村垃圾处理方式，加快农村垃圾无害化、集中化处理进程，兴建垃圾处理站、冲水式厕所、村居绿化美化等设施，有利于改善基层生态环境，带动农民转变传统的生活方式，推动现代生活方式在农村的普及，加快城乡融合发展。河南地处中原地区，拥有深厚的文化底蕴，受到历史因素的影响，传统思想相对浓厚，在改善河南乡村治理过程中，不能一味强迫农村的

社会结构和思想观念向城市靠拢，通过推进宜居生态基础设施建设来推进农村精神文明和生态文明建设，通过潜移默化的方式使农民的生活方式、行为习惯以及思想观念向现代化转变，成为提升乡村治理水平的必由之路。

三　河南城乡融合发展与乡村治理的内在逻辑

（一）城乡融合为乡村治理提供可持续发展视角

我国的乡村治理体系在漫长的历史进程中经过了多个阶段的变化和演进，作为组成社会的基层结构，我国历朝历代都非常重视乡村治理，通过构建完善的乡村治理体系来稳定社会关系、维护国家统治。在封建社会，政府依靠宗族体系和乡绅精英来实现对基层乡村的控制和管理，依靠风俗习惯、道德礼仪维护基层乡村的传统秩序。新中国成立以来，在中国共产党的领导下，基层乡村的政权建设和党组织建设日趋完善，明确了基层群众自治组织的法律地位，乡村治理秩序得到重构，传统的依靠宗族亲情和血缘关系维系的非正式乡村治理体系进一步削弱。党的十八大以来，党中央、国务院高瞻远瞩，部署推进国家治理体系和治理能力现代化，坚持和完善共建共治共享的社会治理制度，把保障和改善民生作为加强和改进乡村治理的根本目的。城乡融合发展能够提高农民收入水平、改善农村面貌，推动农业产业化，从根源上维护了农村的和谐稳定，实现了乡村治理的可持续发展。

（二）城乡融合为乡村治理提供经济基础

经济基础决定上层建筑，创新乡村治理体系必须解决乡村的经济基础问题。河南地处中原腹地，小麦、红薯、花生、食用菌等多种农产品颇具特色，城乡融合发展使大批企业到农村投资生产、大批农民提高了农业生产效率、大批城市居民依靠农产品创业，进一步打造农业生产经营特色优势，使农业生产经营主体更加丰富。在城乡融合发展背景下，河南乡村治理的经济基础更加牢固，在乡镇龙头企业的带领下实现了产业振兴，政府对基层公共服务与基础设施建设的投入逐渐增加，农村公共服务与基础设施框架初步形成。传统农村的封闭性被打破，乡村治理已经不再单纯依靠宗族血缘或行政命令来开展，而是形成了多样化的协同治理体系。乡村经济的发展能够兼顾不同的利益诉求，从经济上协调各种利益关系，缓和社会矛盾，为乡村治理制度的形成与落实奠定了基础。

（三）乡村治理开拓了城乡融合新途径

我国社会的主要矛盾已经发生改变，农民对美好生活的需求和向往对物质和精神生活提出了更高的需求。推进城乡融合、实现乡村振兴，不仅要在经济上增加农民收入、环境上改善农民居住条件、文化上丰富农民精神生活，而且要在政治上推进基层民主，社会关系上完善规章制度，生活风气上坚持移风易俗。当前河南在推进城乡融合发展过程中仍然存在重经济、轻社会，重建设、轻维护的现象，创新和完善乡村治理体系开拓了城乡融合发展的新途径，使广大农村地区在政治、社会关系以及生活风气等方面与城市实现融合。通过创新和完善乡村治理体系，开拓了农民参与公共事务的渠道，使农民能够理解相关法律法规，打破依靠法律法规维护自身合法权益的隐性门槛，有效避免了城乡融合发展过程中农民精神生活与物质资源失衡导致的道德滑坡与精神空虚现象，实现城乡价值观和精神状态的进一步融合。

（四）乡村治理为城乡融合提供环境保障

推进城乡融合，巩固脱贫攻坚伟大成果，加快实现农业现代化仍然是当前以及今后一个时期内河南农业发展的主要任务。尽管政府不断加大对基层乡村的财政投入，但单纯依靠政府力量改善村容村貌、实现乡村振兴相对困难，推进乡村振兴、实现城乡融合发展不但需要依靠政府引导和投入，而且需要城市力量与广大农民的积极参与。农村产业扶持政策与基础设施建设需要落地实施，更需要保持和维护。在中国共产党的带领下，河南虽然打赢了脱贫攻坚战，消除了绝对贫困和区域性整体贫困，但由于环境、资源、交通以及气候等因素的影响，河南农业发展的基础并不牢固，农民因资金、政策、知识储备以及经营策略等原因返贫的风险仍然存在，基层基础设施的后期维护运营仍需部署保障。乡村治理体系的优化从制度上在社会层面为城乡融合发展提供了环境保障，在科学融洽的乡村治理体系下，农民自觉根据经济社会变化调整生产经营方案，自觉维护农村基础设施，保障城乡有效衔接与协同发展。

四　基于乡村治理的河南基础设施建设框架

（一）推进基础设施数字化、智能化建设

现代科学技术的发展和普及，为数字化、智能化基础设施在基层的应用铺平了道路。基于互联网和移动信息终端的现代基础设施的成本大幅降低，在当前基础设施建设预算下，能够实现向基层乡村的普及和推广计划；手机等智能设备在乡村的应用越来越广泛，越来越多的农民开始掌握智能设备使用技巧，能够逐渐了解智能基础设施的功能和作用，使基础设施的数字化、智能化建设真正起到应用作用。河南人口相对密集，农村人口基数较大，利用现代化基础设施带来的现代科技手段开展乡村治理工作，能够有效提高乡村治理水平，健全乡村治理体系。推进乡村信息基础设施建设，推动建设数字乡村成为乡村振兴和城乡融合的重要战略方向之一，河南应当通过智能设备终端组建"新基建"网络，实现农作物生长与畜牧业养殖数据的实时采集与记录，垃圾处理、社保办理、水电缴费等公共服务事项能够与相关部门互联互通，使农民可以在本村便捷地享受到社会公共服务。数字化、智能化基础设施建设打破了物理距离造成的信息传输壁垒，打通了农村与城市的连接通道，使乡村治理更加科学高效。

（二）建立基础设施长效综合维护机制

农村基础设施具有一定的公共物品特征，不同的基础设施的外部性和排他性特征存在差异。河南应当建立基础设施长效综合维护机制，不但要推进

基础设施建设，而且要制定科学的管理制度，做好基础设施的管理维护工作，避免重建轻管现象的产生，实现公共服务的可持续供给，通过改进民生服务质量推动乡村治理的优化和改善。对于农村公路等纯公共物品，由于具有非竞争性和非排他性，可以由政府相关部门负责养护，或由政府相关部门委托附近村集体负责养护并承担相应费用补贴。而对于村集体建筑、供水设施、公共厕所、垃圾中转站、变电站以及村务电子系统等基础设施，由于具有非竞争性和排他性，受益辐射范围有限，只有附近村民才能享受到这些基础设施带来的便利条件，可以由政府协助培训部分附近村民承担维护工作，或指导当地村集体聘用专业机构定期维护，形成以村集体为主体，政府协助、指导、监督的维护模式。

（三）统筹制定基础设施建设制度规范

当前我国的主要矛盾是人民日益增长的美好生活需要和不平衡不充分的发展之间的矛盾，广大农村地区是发展不平衡不充分的最大短板，只有推进城乡融合发展，改善村容村貌、提高农民收入，才能真正激发区域经济活力，为城乡经济可持续发展提供动力。尽管当前河南省委省政府已出台多个文件，对乡村基础设施建设进行框架规划并提出目标要求，但各县（区）经济社会发展实际存在差异，地方政府仍需根据当地特点在省委省政府制定的框架下对基础设施建设进行统筹协调。只有推进基础设施规范化建设，实现有秩序、有规划、有目标、有成效的建设，才能真正提高农村生活水平，向农业现代化目标不断前进。河南存在农村地域分散、农业生产过程中传统思想浓厚、农民整体素质有待提高等特点，实现乡村高质量发展尚需进一步努力。同沿海发达省份相比，河南农村人口比例整体偏高，农村社会形势更加复杂，需要通过基础设施建设的制度化、规范化打破利益纠葛、化解社会矛盾，依靠规章制度实现治理约束。

（四）提高基础设施建设产业化水平

单纯依靠政府资金进行基础设施建设难以实现可持续发展，相对于农村巨大的基础设施需求，政府的支农投入只能解决小部分困难，河南应当积极推动实现基础设施建设产业化，提高基础设施建设产业化水平，利用优惠政策、低息贷款、PPP 等方式吸收和引导社会资金向农村投入，变"输血"为"造血"，实现农村基础设施的高效利用。受到新冠肺炎疫情和强降水灾害影响，河南各地财政收支趋紧，协调社会资金，统筹推进基础设施产业化的要求更加紧迫。第一，基础设施建设的产业化能够吸收社会资金，减小政府财政压力，同时不影响基层治理的改善；第二，推进基础设施产业化有利于优化资源配置，利用规模效益提高资金利用效率，减小建设成本，使惠农支农政策真正落到农民身上；第三，在社会主义市场经济条件下，农村基础设施作为公共物品或者准公共物品仍然需要面向市场组织建设，推进基础设施产业化能够发挥建设过程中的经济辐射效应，刺激基层经济发展。

五　河南乡村治理体系创新路径探索

（一）乡村治理理念创新：加强党的领导

在党中央、国务院以及河南省委、省政府有关推进乡村振兴战略的指导意见中，都将加强党的领导、全面贯彻党的十九大精神作为指导思想和总体要求，习近平总书记曾经指出，党政军民学，东西南北中，党是领导一切的。在河南建设和完善乡村治理体系过程中，必须加强党的领导，同时要在具体工作方法上实现创新，统筹推进全面从严治党，有效推动乡村社会治理从政治上、组织上、思想上稳步改善。首先地方政府应当指导农村党组织建设，为发挥党的核心作用与党支部（总支）的堡垒作用创造必要条件；其次，需要建全领导体系与组织机制，提升党组织的凝聚力，充分发挥党员的先锋模范作用，带动广大群众形成合力，共同为乡村振兴贡献力量；最后，将党的领导与乡村治理有机结合，将党组织建立在田间地头、企业车间、扶贫项目中，带头服从大局、化解矛盾，促进先进理念的传播与基层风气的改变。

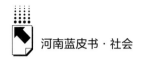

（二）乡村治理机制创新：优化制度建设

党中央和习近平总书记在新时期对乡村治理建设提出新要求，要推动乡村治理机制创新，优化制度建设，将党的领导和我国社会主义制度的优越性转化为社会治理效能。河南应当积极贯彻落实党中央要求和习近平总书记指示精神，创新乡村治理机制，建立健全基层管理制度，落实依法治国基本方略。一是要坚持系统思维和全局眼光，运用发展的观点看待乡村治理遇到的困难和问题，通盘考虑、统筹谋划，深入研究乡村治理的关系内涵；二是要避免形式主义，以解决问题为根本出发点，优化和改善村规民约体系，利用制度弘扬传统文化、加强公共基础建设、推进移风易俗；三是要将政府各项涉农工作、基层工作纳入法治轨道，强化规章制度在维护权益、市场运行、农业生产、环境治理、化解矛盾等方面的权威地位；四是要增强基层干部尤其是党员干部的法治观念，开展农民普法活动，引导农民尊重规章制度、依靠规章制度，通过制度约束解决基层矛盾和问题。

（三）乡村治理主体创新：提升群众参与度

坚持党的群众路线，强化人民群众参与理念，提升群众参与度是开创新时代乡村治理新局面的制胜秘诀。新时代河南应当创新乡村治理主体，坚持以人民为中心，引导广大农民参与乡村治理体系建设，以提升人民群众幸福感和获得感为乡村治理的目标，让人民评价乡村治理成果。共建共治共享的乡村治理理念集中体现了坚持群众路线、密切联系群众、提升群众参与度的总要求，共建即是突出农民在乡村治理中的主体地位，调动各方参与乡村治理的积极性；共治要求团结带领广大群众，充分发挥新时代乡村治理的体制机制优势，开创生产发展、生活富裕、乡风文明、村容整洁、管理民主的新局面；共享要求全体人民享受改革发展成果，农民能够感受到乡村治理带来的改变，合法权益得到保障，对美好生活的需要得到满足。各地方政府应当因地制宜制定有关政策，充分发动农民群众，保持与基层农民的血肉联系，使依靠群众、发动群众成为思想自觉和行动自觉。

（四）乡村治理工具创新：建立智能平台

大数据技术和移动互联网平台极大地提升了乡村治理效率，在数据统计、数据分析以及信息传输等方面发挥了重要作用。政府应当立足河南省情和地方实际，探索建立智能乡村治理平台，利用大数据思维指导乡村治理体系建设，通过新媒体和智能终端，找准互联网、物联网技术与服务群众工作的结合点，探索创新并不断拓展应用场景。在村务公开方面，建设互联网站点平台，使村民可以随时随地通过互联网和移动互联网查询村务公开信息，提升村务公开透明度，提高村务监督水平。在公共服务方面，将计生、社保、户籍、自然资源、党务等线上管理平台接入乡村，推进乡村公共服务线上化，免去村民线下办理公共行政服务事项的奔波之苦。在基层管理方面，将乡村基础设施建设与智能平台有机结合，实现天眼监控、农田划分、应急事件上报等与相关部门系统的融合，为基层管理搭建数字化引擎。

参考文献

江晨颖：《构建乡村基层自治与乡村振兴战略相结合的社会治理新格局》，《农家参谋》2021 年第 16 期，第 13～14 页。

于翠杰：《社会治理有效视阈下乡村振兴困境及策略探究》，《乡村论丛》2021 年第4 期，第 70～76 页。

李芳、李影：《乡村振兴视角下的乡镇社会治理：回顾、困境与前瞻》，《社会治理》2021 年第 8 期，第 38～45 页。

李婧：《论乡村振兴战略与我国乡村社会治理网络结构重组》，《现代农业》2021 年第 3 期，第 8～11 页。

谭明方、郑雨晨：《"城乡融合发展"视角的县域社会治理研究》，《南开学报》（哲学社会科学版）2021 年第 2 期，第 62～72 页。

周裕宇、林友谅、赖纪伟、周靖芳：《乡村振兴战略下湖南农村地区财务监督机制的完善》，《财务管理研究》2019 年第 3 期，第 53～56 页。

邓研华：《农村基础设施建设的现实问题与治理对策》，《当代农村财经》2021 年第3 期，第 27～30 页。

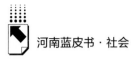
张婉、李包庚：《马克思恩格斯城乡融合视域下新型工农城乡关系研究》，《中共宁波市委党校学报》2021年第4期，第68～77页。

惠科翔：《城乡融合发展背景下基层社会治理的问题与对策研究》，西北农林科技大学硕士学位论文，2020。

赵苏宁：《基础建设类项目常用经济评价方法分析》，《财务管理研究》2021年第6期，第75～80页。

B.12
乡村振兴战略背景下河南省加强农村
基层党建工作探索与路径研究

郭嘉儒*

摘　要： 乡村振兴战略的实施对农村基层党组织的治理能力和治理水平提出了更高要求。近年来河南省积极探索农村基层党组织建设的方法与路径，建立全方位的农村基层党建工作格局，强化农村基层党组织建设，选配优秀的农村基层党组织书记，夯实农村党员队伍建设，取得了诸多成效并积累了一定经验。乡村振兴战略背景下河南省进一步加强农村基层党建工作，要持续优化村党支部书记队伍，积极做好农村党员吸纳和培养工作，努力提升党的组织覆盖和工作覆盖水平，着力增强农村基层党组织发展集体经济的能力和基础。

关键词： 河南　乡村振兴　农村基层党建

民族要复兴，乡村必振兴。乡村振兴是实现中华民族伟大复兴中国梦的必然选择，是解决关系国计民生的"三农"问题的总抓手，是推动农民实现共同富裕目标的必由之路，必须毫不动摇地坚持好、落实好。农村基层党组织是党在农村全部战斗力的基础，是乡村振兴战略的主要领导者和推动者，必须不断加强农村基层党组织建设。河南省高度重视乡村振兴战略的实施和农村基层党建工作的开展，不断创新工作方法，积极提升农村基层党组

---

* 郭嘉儒，河南省社会科学院政治与党建研究所助理研究员，主要研究方向为基层党建。

织的组织力和凝聚力，充分激发农村党员干部干事创业的积极性和主动性，以农村基层党建工作的高质量发展引领乡村全面振兴，取得了脱贫攻坚全面胜利的伟大成就，推动乡村振兴进入新的阶段。新阶段乡村振兴要实现更高的目标，必须进一步加强党建工作。

一 乡村振兴战略背景下河南省加强农村基层党建工作的探索

河南省高度重视乡村振兴战略的实施和农村基层党建工作的开展，进行了党组织书记选派、党员队伍建设等多方面的积极探索，积累了丰富经验。

（一）建立全方位的农村基层党建工作格局

首先，各级党委切实承担起农村基层党建工作的责任。推进农村基层党建工作必须明确责任归属，才能取得良好效果。《中国共产党农村工作条例》要求，坚持"五级书记"共同抓乡村振兴，其中首要任务是抓农村基层党建工作。党的十八大以来，河南省高度重视推进全面从严治党，积极谋划部署农村基层党建工作，各级党委切实担负起各自在农村基层党建工作中的主体责任，农村基层党建工作取得了明显成效。同时根据党中央制定的《关于推进全面从严治党的若干意见》要求，河南省积极对全省农村基层党建工作情况进行调研，并制定了农村基层党建工作条例、实施方案等。通过各级党委的不懈努力，逐步形成了"一级抓一级，一级带一级"和五级党组织协调配合的农村基层党建工作体系。

其次，多方合力共同推进农村基层党建工作。机关、企事业单位和高等院校在党建工作中具备较强的优势，利用其优势定点帮扶农村党支部建设，据此实行农村基层党建联系点制度。2019年河南省制定了《关于加强和改进全省机关党的建设的若干意见》，规定党政机关要定点帮扶农村党支部建设，开展党支部建设"手拉手"活动。主要省直单位迅速响应联系27个县的多个农村党支部，并带动了市、县两级全方位落实党建联系点制度。① 通过有针对性的指导解决了农村基层党建工作中的诸多难题，使农村党组织充分发挥领导核心作用，农村党建工作取得了长足进步。同时，企事业单位和高等院校也充分发挥自身在资源和人才等方面的优势，积极帮助定点联系村解决党建工作中的短板和问题，推动党建工作责任制的落实，巩固农村党支部领导核心地位，充分发挥党支部作为推动乡村振兴的领导者作用。

最后，持续为农村选派大量优秀的驻村第一书记。驻村第一书记制度是推动脱贫攻坚和乡村振兴的重要举措。河南省作为最早一批实施驻村第一书记制度的省份，在派驻驻村第一书记工作上具备较为丰富的经验，也收获了较多成果。驻村第一书记都是从机关企事业单位中选派的理想信念坚定、党性观念强、勇于担当奉献、具备较强工作能力、善于做群众工作的先进党员，通过他们的认真工作，众多曾经的落后村、贫困村都发生了翻天覆地的变化，成为今天的模范村、富裕村，摘掉了贫困村的帽子，走向共同富裕的康庄大道。同时，河南省又从机关企事业单位中选派一批第一团支书，让他们也投入到推动乡村振兴的事业中，与驻村第一书记共同成为推动农村发展的强大力量，并构成单位包村、干部驻村、企业联村中的重要一环，为乡村振兴提供重要的干部人才保障。

（二）强化农村基层党组织建设

首先，农村党的组织覆盖和工作覆盖不断扩大。扩大党的组织覆盖和工作覆盖是农村基层党建工作的重要任务。河南省现有行政村 4.53 万个，目前已经全部建立党组织，实现了党组织全覆盖。随着农村新经济组织和新社会组织快速发展，"两新组织"中党的组织覆盖和工作覆盖成为需要重点攻克的难关。为此，《河南省乡村振兴战略（2018—2022）》强调要创新党组织的设置方式，注重在农业企业、农民合作社等组织中建立党组织，加强对

---

① 《中共河南省委关于加强和改进全省机关党的建设的若干意见》，《河南日报》2020 年 1 月 14 日。

这些党组织的领导和管理。① 在坚持有利于党员管理和党组织功能发挥等原则的前提下，"两新组织"不断创新党组织设置方式，党员较少的企业与邻近企业建立联合党支部或者挂靠组建党支部，流动党员较多、工作地点相对集中固定的成立临时党支部，同一区域内多个项目联建共建党支部，同一产业链上的企业建立统一的党支部等，因地制宜、不断创新，有力地提升了"两新组织"的组织覆盖和工作覆盖水平，朝着"哪里有党员，哪里就有党组织；哪里有群众需求，哪里就有党的工作"的目标不断迈进。

其次，农村党支部标准化、规范化建设水平不断提升。党支部标准化、规范化建设是加强党组织建设和提高党建工作质量的重要抓手。为提升农村基层党组织的标准化、规范化水平，2017年省委组织部在全省范围内开展"驻村观摩、整乡推进"活动，主要针对覆盖不全面和重点轻面的问题，市县乡党委统筹推进，采取评比带动和观摩加压的形式，不断激发农村党组织因地制宜、大胆创新，推动党建先进村发挥带动示范效应，党建提升村提高规范水平，党建后进村积极整改提升，通过活动农村党组织的党建工作质量大大提升。同时河南省着力推进农村党支部建设工程与农村党支部建设"百千万"创建行动，三年内集中建设农村党建示范点省级100个、市级1000个、县级10000个，通过创建优化农村基层党组织的设置，完善农村基层党组织的组织体系，进一步提升农村党支部的标准化、规范化水平。

最后，着力整顿软弱涣散党组织。河南省高度重视软弱涣散党组织的整顿，通过严格的督查和整顿，一年内为217个村配备了党支部书记，将3655个软弱涣散党组织整顿到位。② 通过推广兰考县首创的"六步工作法"，全面筛查全省农村基层党建方面的九个问题，着眼于形成一个好的"班长—班子—思路—机制"的目标，努力夯实农村基层党组织的政治和服务功能，坚持应整尽整，精准筛选出软弱涣散党组织，按照组建专门整治队

---

① 《中共河南省委河南省人民政府关于印发〈河南乡村振兴战略（2018—2022年）〉的通知》，大河网，2018年12月26日，https://4g.dahe.cn/news/20181225427728。
② 谢小杭：《河南在基层党组织中开展"逐村观摩、整乡推进"活动：阅兵场上见真章》，《中国组织人事报》2018年7月4日。

伍、摸透村情、制定整治方案、集中整顿和严格验收问责六个环节，进行严格整顿，并制定省市县乡多级检查验收办法，确保整顿到位。

（三）选配优秀的农村基层党组织书记

首先，严格选任。各级党委承担选优配强农村基层党组织书记的第一责任，建立联系点制度，在人选推举、把关和选举的全流程中充分体现领导责任。在农村因地制宜推行农村党组织书记"一肩挑"制度，在"一肩挑"的书记选任过程中，坚持正确的政治方向和用人导向，制定适宜的用人标准，对候选人的政治素养、治理能力和廉洁自律水平进行严格把关，努力选拔出政治素质高、治理水平高、带头致富能力强、清正廉洁的农村党组织书记，并着力打造工作能力强、团结协作、一心为民、群众满意的"两委"班子。

其次，加强培训。坚持实施村干部素质提升工程，实行省市两级示范培训和县级普遍培训的培训模式，持续加强对村"两委"干部的培训。省委组织部每年针对不同的主体和类别开展主题培训，各市县乡党委也采用多样化的方式和途径对村党组织书记加强培训，并取得良好效果。濮阳市因地制宜、解放思想，不断改进村党组织书记的培训方法，打造出一套独具特色的培训体系，并创办了河南省唯一一家专门的农村党组织书记教育基地，也开创了全国农村党支部书记学院的先河。省内多个地市还针对农村党支部书记开展多样化的技能培训，使党支部书记真正成为带领村民发展致富、实现乡村振兴的带头人。

（四）夯实农村党员队伍建设

首先，严格党员发展工作。对于发展农村党员工作，各级党委都给予了高度关注。针对农村人才现状制定适宜的发展方案，将发展重点放在积极向上的青年农民、受教育水平较高的青年和妇女中，全面实施"双推双评三全程"的标准，即积极分子从党员和群团组织推荐人选中确定，党员发展要首先经过党员和群众评议，党员发展的全过程公开透明、责任归属明确。党员

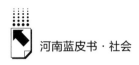
发展要严把政治关，严格按照发展程序要求，加强群众监督，注重优化结构，通过严格的筛选把优秀人才发展为党员，不断提升农村党组织的战斗力。

其次，强化党员教育培训。党员教育培训是党员素质不断提升的重要保障。各级党委开展了丰富多样的农村党员培训课程，包括农村党员政治素养提升课程和有针对性的知识和技能课程等，不断推动党员整体素质提升。新密市实施"万名党员进党校"工程，专门针对农村党员进行党史党章、党代会精神、理想信念、传统优秀文化、新密发展等方面培训，同时针对不同区域党员的特点有所侧重。新乡市充分发挥"互联网＋智慧党建"的融媒体平台的优势，开展解读中央政策和精神的"远程夜校"培训，充分利用党员的空闲时间为党员学习提供便利。

最后，创新党员管理办法。为提升党员管理效能，河南省创新推出党员日常表现纪实管理办法，通过积分考核、星级评定和分类量化为党员管理考核制定明确的标准。三门峡市实行积分制管理，为党员的表现和政治素养水平评定分值，用积分进行量化管理，使党员管理更加科学化。在积分评定的压力之下党员的党性意识和服务意识不断被激发，先进性得到充分彰显。对于流动党员的管理，实现"双联双促"办法，每半年党组织与流入地党组织至少沟通一次，充分了解流动党员的状况，促使党员严格要求自己，努力为流入地做贡献，每年至少为家乡发展提出一条合理化建议，加强党员对于家乡发展的责任感和使命感。

二　乡村振兴战略背景下河南省加强农村基层党建工作的经验启示

加强农村基层党建工作是一个系统工程，需要多方配合、发挥合力，共同筑起实现乡村振兴的坚强堡垒。

（一）党中央的集中统一领导是前提

实现乡村振兴，关键在党，前提是加强党中央的集中统一领导。乡村振兴依靠农村基层党组织的领导和推进，因此农村基层党组织必须不断加强自身建设。农村基层党组织作为党的组织体系的基础，各级党委在基层农村党组织建设中都有重要责任，需要在党中央的统一领导下多部门形成合力，形成广泛动员、统一指挥、上下联动、协调推进的工作体系，充分激发党的组织力和凝聚力，体现我们党的组织优势。同时，在党中央集中统一领导下，地方各级党委积极发挥主观能动性，因地制宜制定适合自身的农村党组织建设方案，在高标准、严监管、重质量的前提下充分激发各地方党委积极性，使农村基层党组织建设的效果充分迸发。

（二）完善的体制机制是保障

河南省在推进农村基层党建工作过程中，高度重视体制机制的完善，在严格遵循《中国共产党支部工作条例》与《中国共产党农村基层党组织工作条例》基础上，结合河南实际制定完善的农村基层党组织建设的体制机制，确保农村基层党建工作既有长远规划，又有近期安排；既有长期目标，又有阶段性任务；既有激励性措施，又有惩罚性手段；既有人才的选任培训管理，又有强有力的监督约束。完善的体制机制，能够确保农村基层党建工作有的放矢、张弛有度、有条不紊，推动农村基层党建工作高质量推进，确保党在农村的执政基础坚不可摧。

（三）选优配强农村党支部书记是关键

农村党支部书记肩负带领村民实现乡村振兴的艰巨任务，必须选派理想信念坚定、德才兼备、干事创业能力强、廉洁自律的优秀人才。河南省在选派农村党支部书记时严格遵守"三有三带"的原则。针对农村党支部书记的培训制定了规范的制度，严格执行省级示范与县级轮训培训制度。针对农村党支部书记的工作需求，制定科学的培训内容和课程体系，通过考核评价增强培训效果，提升农村党支部书记的工作能力，真正发挥乡村振兴带头人作用。在工作中加强对农村党支部书记的监督管理，激励他们严格按照党章标准要求自己，努力做到克己奉公、一心为民。通过长期努力，河南省农村

党支部书记岗位上涌现出了一大批优秀的代表，如史来贺、吴金印、张荣锁等，并形成了鼓舞人心的新乡先进群体精神，成为激励全省农村党支部书记在岗位上努力干事创业的强大精神力量。

（四）锤炼高素质党员队伍是基础

党员教育是农村基层党建工作的基础性工程。必须科学谋划、精准施策，建立形式多样、科学高效的农村党员教育培训制度，才能解决党员队伍中存在的党性意识不强、先进性不足等问题。要高度重视党员的党性意识培养，加强党员作风建设，坚定党员理想信念，使每名党员都能达到政治素质过硬，充分体现党的先进性。同时党员培训要加强生产知识和技能的传授，提升党员推进乡村建设的能力，使其成为乡村振兴的中坚力量。加强党员的管理考核是激励党员争先创优的有效措施，制定科学的党员表现积分管理办法，成为党内评议、评选优秀、群众监督、科学奖惩的有效指标，确保公平公正、公开透明，能够充分激发党员干事创业的内在动力，打造一支坚强有力的党员队伍。

三 乡村振兴战略背景下河南省加强农村基层党建工作的对策建议

乡村振兴背景下加强农村基层党组织建设意义重大、任务艰巨，要多措并举、综合施策，形成推动乡村振兴的强大合力。

（一）持续优化村党支部书记队伍

村党支部书记是农村党支部的核心，是广大群众的"主心骨"，是带领农村发展的"领头羊"，对于实现乡村振兴的意义重大。但是目前河南省村党支部书记总体上年龄较大且文化水平不高，成为村党支部书记发挥应有作用的一大制约因素。因此，迫切需要优化村党支部书记的年龄和知识水平状况。

首先，树立村党支部书记选拔年轻化导向。随着经济社会发展速度不断加快，网络化、信息化水平不断提高，新事物、新问题不断涌现，大多数年龄较大的村党支部书记的知识水平、思维模式和应变能力无法满足发展需要，也无法应对推进乡村振兴中层出不穷的新挑战，因此需要选拔年轻的村党支部书记，充分利用他们头脑灵活、精力充沛、开拓创新意识较强、文化水平较高、对新事物接受能力较强的优势，切实承担起推动农业现代化和乡村建设现代化的艰巨任务。

其次，开拓村党支部书记培训新思路、新方法。乡村振兴战略对村党支部书记带领农村发展的能力提出了更高要求，村党支部书记必须不断更新知识结构、提升治理水平，因此对村党支部书记的培训也提出了更高要求，培训方法必须与时俱进，采用高效的信息化手段，提升培训效率和便捷度。同时要密切跟踪村党支部书记在工作中需要掌握的知识、技能和理论，据此科学设置培训内容，使培训更有针对性，取得更好的效果。切实让培训成为村党支部书记个人能力提升的"加油站"和推进乡村振兴的"加速器"。

再次，加强对村党支部书记的关心爱护。"上面千条线，下面一根针""上面千把锤，下面一根钉"是基层工作的真实写照，村党支部书记工作需要谋划本村发展规划，需要承担多个上级党政部门的政策落实，需要解决好村民的各种诉求，需要应对各种应急突发事件，工作任务非常重、压力非常大，多名优秀的村党支部书记累倒甚至牺牲在工作岗位上。因此党组织要对村党支部书记加强关心爱护，在政治上提供评先评优的侧重资源和优先提拔的绿色通道，在待遇上提高工资和保障水平，在思想上多关心他们的所思所想，帮助他们解决难题，切实提升村党支部书记的组织荣誉感和归属感，让他们在村党支部书记的岗位上持续发光发热。

最后，不断优化驻村第一书记的派驻工作。驻村第一书记在助力农村脱贫攻坚过程中发挥了巨大作用，他们有力地帮助打牢农村基层基础，使党组织在推进农村集体经济发展和脱贫致富道路上充分发挥领导核心和战斗堡垒作用，充分体现了这一制度的正确性和价值。对于驻村第一书记在个人成长

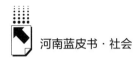

和职业晋升上应给予优待，以激发他们投身乡村振兴的积极性和主动性，为乡村振兴提供强大的人才支撑。

（二）积极做好农村党员吸纳和培养工作

党员是党的组织体系的基石，对于党的发展至关重要，因此要高度重视并做好党员的吸纳和培养工作，不断为党组织输入新鲜血液。

首先，要明确农村党员发展责任。农村党员发展是一项严肃的政治任务，要明确各级党委在发展农村党员中肩负的责任，村党组织书记是党员发展工作的直接责任人。党员发展既要严把入口关，又要严格遵循发展程序，确保纳入党的队伍的都是优秀人才。

其次，要积极吸纳各领域优秀人才。要不断开阔视野，在新的领域及时发现优秀人才并积极吸纳，如大学生村干部、回乡创业青年和"两新"组织中的优秀人才，主动关心他们的思想动态，向他们宣传党的先进性和优势，向他们伸出橄榄枝，吸引他们入党，积极为党组织输入新鲜血液和力量。

最后，激发党员发挥党员先锋模范作用。每名党员都要时刻铭记入党誓词，不忘初心、牢记使命，在各自岗位上以身作则，全心全意为人民服务，充分发挥党员的示范带头作用，积极影响和吸引身边优秀人才加入党组织，不断扩大党的影响力。

（三）努力提升党的组织覆盖和工作覆盖水平

农村作为"熟人社会"的社会形态，人们仍然主要依靠家庭和宗亲关系建立起各种连接，这种群体之间的缝隙在一定程度上影响着农村的稳定和党的集中统一领导。同时，农村"两新"组织不断发展，人口流动急剧加快，这些地方易成为党的领导的无覆盖区。因此扩大党在农村的组织覆盖和工作覆盖需要持续推进。

首先，做好打持久战的准备。扩大党在农村的组织覆盖和工作覆盖具有长期性，需要跟随经济社会的发展和"两新"组织的增加不断扩大，不是一蹴而就的，不能有松懈心理。要不断拓展党的"双覆盖"的空间和领域，不断扩大党的影响力，实现"有党员的地方，就有党的组织"的目标，实现"有群众的地方，就有党的工作"的承诺，不断巩固党的组织基础，增强实现乡村振兴的组织力量。

其次，不断扩展"双覆盖"的广度和深度。要紧盯农村经济社会发展的新形势和"两新"组织发展的新特点，积极更新工作方法，及时查找党的组织覆盖和工作覆盖上存在的问题，采取更加有效的方法推进"双覆盖"工作向更广的领域更深的方向发展，提升"双覆盖"工作质量，不仅做到"覆盖"，而且要规范党员管理、"三会一课"等制度执行，使党的工作和影响力深入人心。

最后，积极推进"两新"组织的发展。"两新"组织中的党组织，不仅要发挥团结新群体的作用，更要关心和帮助他们发展，为他们的发展提供政策支持和组织依靠，辅助他们由弱到强地成长，积极为他们排忧解难，使党组织真正成为"两新"组织发展的外部支持。在这一过程中党的群众基础得到增强，党与群众的血肉联系更加紧密，党的"双覆盖"工作也更加稳固。

（四）着力增强农村基层党组织发展集体经济的能力和基础

乡村要振兴，产业作支撑。发展农村集体经济是乡村振兴的基础，是农村基层党组织不断增强组织力的保障，是农民走上共同富裕道路的必然选择。因此农村基层党组织要不断提升发展集体经济的能力，同时党和政府也要不断加大政策支持力度。

首先，着力提升农村基层党组织发展集体经济的能力。作为农业大省，河南省农村仍然以农户分散耕种为主，农村集体经济较为落后，农村基层党组织领导班子带领村民发展集体经济的经验和能力也比较匮乏。因此一方面要选配有技术、懂经营、敢于担当作为的村党支部书记和班子成员，特别是吸纳乡镇企业家、乡贤、转业军人等能人到党组织中来，赋予他们发展村集体经济的条件和资源，发挥他们的智慧和才华，助力农村集体经济的发展。

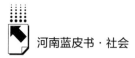

另一方面，要加强对村党组织领导班子成员发展乡村经济能力的教育培训，针对各村发展经营需要的知识和技术进行有针对性的系统讲授，提高班子成员的理论和技术水平，更好地指导实践。同时派专业技术人员定期下乡指导，给予专业性的引导和纠偏，推动村集体经济高质量发展。

其次，加大政策和资金扶持。在乡村振兴战略背景下，各级党委和政府部门应加大对农村集体经济发展的支持力度，制定扶持政策，加大对村集体经济财政转移支付力度，缓解农村脱贫攻坚和乡村建设等各项公共支出不断增加的压力。对村集体经济实施税收优惠政策，减轻村集体经济在起步阶段的资金压力，腾出更多精力谋划村集体经济发展的方向。另外，要加大对"三农"的支持力度，争取做到城乡公共服务均等化。实现乡村振兴任务艰巨，仅靠村党组织之力很难实现，需要协调各方力量共同助力乡村发展。目前河南省农村各项公共服务水平较低，需要上级部门加大对"三农"支持力度，提升公共产品的供给水平，减轻村党组织工作压力，为农村党组织开展工作提供较为坚实的物质基础。

B.13
河南省农民工返乡创业与
新型城镇化建设的耦合机制研究

马银隆*

摘　要： 近年来，受国内外经济、政治形势影响，国内发达地区就业风险
加剧，大城市结构性失业日益凸显，农民工在大城市就业变得越
发艰难。相应地国家大力倡导返乡创业，地方政府积极出台各项
支持农民工返乡创业的激励措施，各地区出现了农民工"返乡
创业潮"。河南作为人口大省，豫籍外省农民工数量位居全国之
首，河南省农民工返乡创业有利于带动市场和资源在城乡工农之
间的深度整合，推动城乡一体化发展，并进一步促进河南省新型
城镇化建设。而新型城镇化建设又能够给返乡农民工带来更多的
机遇，提供更大的平台，并进一步促进农民工返乡创业，因此河
南省农民工返乡创业与河南新型城镇化建设之间存在着的积极的
耦合互动机制。

关键词： 农民工　返乡创业　新型城镇化　耦合机制

　　从农民工角度来看，返乡创业是自身顺应市场发展趋势，实现逻辑转
型的内在要求，有利于实现其自身价值。从社会经济角度来看，农民工作
为连接城乡与地区间的纽带，农民工返乡创业促进了市场、资本、信息、
技术、管理、人才和理念等方面在城乡工农之间的深度整合，从而推动城

---

* 马银隆，河南省社会科学院社会发展研究所实习研究员。

乡一体化发展，并进一步促进新型城镇化的建设。新型城镇化建设一直被视为促进中国经济高质量发展的重要途径，新型城镇化建设强调城乡统筹、产城互动，其核心理念是"人的城镇化"，新型城镇化建设能够给返乡农民工提供更多的就业创业机会和更大的就业创业平台，并进一步改善农民工返乡创业的社会市场环境。农民工返乡创业与新型城镇化建设看似平行无关，实则互相交融、互动共生。河南省作为人口过亿的大省，其豫籍外省农民工总数也位居全国之首，截至2020年底，豫籍外省务工人员回流到省内的有100多万人，并且回流的规模和趋势在不断扩大和加强。百万级的农民工回流规模对河南省新型城镇化建设起着至关重要的作用，加之国家乡村振兴战略背景下，河南省当前新型城镇化建设正处于关键阶段，因此研究河南省农民工返乡创业与新型城镇化建设的耦合机制不仅有利于河南省乡村振兴战略的实施，而且能够促进河南省传统农区县域高质量发展，意义重大。

一 河南省农民工返乡创业与新型化建设的现状分析

（一）河南省农民工返乡创业的基本现状

2019年，河南全省有25.67万名农民工返乡创业，带动就业124万人，截至2020年1月，豫籍外省务工人员总数达1300万人，河南省农民工返乡创业累计达到了150万人，累计带动就业人数已突破900万人。[①] 经过跟踪调研和数据分析，发现目前河南农民工返乡创业总体意愿不强、劲头不足，返乡农民工创业比例不高，创业形式层级较低，经营方式以个体经营为主，没有注册企业，经营规模相对较小，创业领域大多集中于进入门槛相对较低

---

① 《河南150万农民工返乡创业带动900万人就业》，中国新闻网，https://www.chinanews.com/cj/2020/01-11/9057264.shtml。

的第三产业，对巩固脱贫成果和推动乡村振兴的作用尚不显著。河南农民工返乡创业的初始资金主要由自己储蓄和向他人筹借构成，很少得到政府的金融支持。本文认为，目前河南返乡农民工创业势态相对较弱，相比本省本土创业者缺乏本土资源和地缘经验，考虑到豫籍外省返乡创业者在眼界、理念、知识等方面相比本土具有相对优势，其创业成长性较强，发展空间较大。

（二）河南省新型城镇化建设的现状分析

2020年河南省常住人口城镇化率为55.43%，本文以经济发展共享、固定资产投资、基础设施建设、基础公共服务、绿色生态发展为视角分析河南省新型城镇化建设的现状和问题。经济收入方面，2020年河南省城镇居民人均可支配收入为34793元，农村居民人均可支配收入为16107.93元，城镇和农村居民人均可支配收入之比为2.15∶1，2019年，河南省直辖市基尼系数为39.9%，经济发展共享度相对较高。基础设施共享方面，2020年，河南固定资产投资为53444.4亿元，基础设施投资为12417.4亿元，基础设施投资占固定资产全部投资的比重为23.2%。河南省高速公路密度（公里/万平方公里）为425.1，市辖区燃气普及率均达到98%以上，在中部六省中河南基础设施综合共享度最高。基础公共服务共享方面，2019年，河南省一般公共服务支出为1097.4亿元，占财政总支出的10.8%，城镇和农村每千人口卫生技术人员之比为2.2，城镇和农村每千人口医疗卫生机构床位数之比为3.2，义务教育小学阶段城镇和农村生师比的比值为1.3，初中阶段城镇和农村生师比的比值为1.2，基本养老保险参保率为74%，基本医疗保险参保率为94%，河南省单位人口拥有公共图书馆藏量（册/人）为0.35，由此表明，河南省基础教育服务和基本养老保障普及率较高、发展相对均衡，公共医疗服务城乡差距较大、发展不均衡，公共医疗服务共享度较低，图书服务共享度也处于较低水平。整体来看，河南省一般公共服务支出占财政总支出的比重较大，公共服务发展呈向好态势。绿色生态共享方面，2019年，河南省的森林覆盖率为24.5%，

建成区绿化覆盖率为 41%①，河南的绿色生态共享度较低，有待进一步提高。

二 河南省农民工返乡创业与新型城镇化建设的耦合机制

（一）河南农民工返乡创业的资源整合机制

"人口流动特别是人才流动，往往伴随着资金、技术、信息等多方面要素的流动，其中蕴含着充沛的发展动力。"（张继焦，2019）河南省农民工返乡创业不是简单以劳动力为要素的人口流动，而是伴随着信息、技术、资本、人才、理念等各种生产要素在区域间的流动。东南四省广东、江苏、浙江、福建是河南省的四个劳务输出大省，它们的经济发展水平、人才结构、产业结构、科学技术都处于全国领先地位，当前广东、江苏、浙江、福建同样作为河南省农民工返乡创业的人口回流大省，返乡创业的豫籍农民工能够将东南四省先进的技术、过剩的资本、丰富的人力资源、现代化管理理念等生产要素引入河南本土。豫籍外省农民工返乡创业不是简单地、无差别地向河南本土输送发达地区的生产要素，而是根据本省社会经济发展、产业结构调整以及省际产业转移和产业链分工的需求，有指向性、系统性地向河南本土引入生产要素，所以豫籍外省农民工返乡创业在河南欠发达省份和东南发达省份之间有着显著的资源整合机制。豫籍外省农民工返乡创业将发达省份的优质生产要素引进河南本土是省际资源整合的过程机制，最终要落脚到河南本省社会经济和产业发展上来。从空间上来讲，河南农民工返乡创业并不局限于自己的家乡，他们会立足全省社会经济发展和产业结构调整的需求，并结合自身所掌握生产要素选择有利于自身创业的区位，既可能是本省

---

① 河南省统计局、国家统计局河南调查总队：《河南统计年鉴 2019》《河南统计年鉴 2020》，中国统计出版社，2019、2020。

他乡，亦可能是返乡入城，所以，河南省农民工返乡创业不仅在省际有着明显的资源整合机制，而且在省内各地区之间、城乡之间也有显著的资源整合机制。

（二）河南农民工返乡创业的区域协调机制

早在 2015 年 6 月 10 日，国务院总理李克强主持召开的国务院常务会议所确定的支持农民工等群体返乡创业的政策就引起了社会的深刻关注，四十多年的改革开放历程，中国人口流动沿袭了一条由农村到城镇、由城镇到中小城市、由中小城市向中大城市转移的路径。当前，发达地区大城市的城市综合征愈加严重，经济发展和社会承载力与人口现状严重不匹配、不协调，加之近年来，受国内外经济、政治形势影响，国内发达地区就业风险加剧，大城市结构性失业日益凸显，农民工在大城市就业变得愈加艰难，所以国家支持农民工等人员返乡创业是促进区域协调发展的重要举措。区域协调发展以产业协调发展为主要形式，河南农民工返乡创业不仅能够加速发达地区产业链末端的低端产业向河南欠发达地区转移，而且能够为河南欠发达地区承接发达地区产业转移做好人力、资本、信息、技术等要素保障，所以就省际空间而言，河南农民工返乡创业具有显著的区域协调机制。正如上文所说，农民工返乡创业并不局限于他们自己的家乡，他们更多的是依托城镇郊区、城乡之间的产业园区和高新技术开发区进行返乡创业，这就有利于省内各地区之间、城乡之间实现产业调整和产业融合发展，所以豫籍外省农民工返乡创业在省内各地区之间和城乡之间亦有明显的区域协调机制。

（三）河南新型城镇化建设的激励机制

产业园区和高新技术开发区是新型城镇化建设的重要载体，在河南省新型城镇化进程中，产业园区、产业示范区、高新技术开发区的建设覆盖了每个地市，这些产业集聚区为豫籍外省农民工返乡创业提供了更大的创业平台和创业空间。产业集聚区的土地优惠政策、税收优惠政策、政府帮扶政策、企业孵化体系、财政金融支持大大降低了农民工返乡创业的创业成本和创业

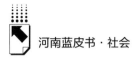

风险，提高了创业效率和创业成功度，从而极大地鼓励激励了豫籍外省农民工返乡创业。优化营商环境是新型城镇化建设的重要落脚点之一，河南新型城镇化建设完善和加强了本省的基础设施和公共服务供给，提高了行政办事效率，促进了产城结合，完善了市场经济体系，从而极大地优化了河南省的营商环境，营商环境的优化又能进一步促进和鼓励豫籍外省农民工返乡创业。因此，河南新型城镇化建设对豫籍外省农民工返乡创业起着显著的激励效应。

（四）河南新型城镇化建设的保障机制

河南新型城镇化建设对豫籍外省农民工返乡创业不仅有着积极的激励效应，而且对豫籍外省农民工返乡创业起着兜底保障作用。农民工返乡创业不仅重视创业平台和营商环境，他们更加关心与自身生活息息相关的社会保障、医疗保障、养老保障、子女教育、法制社会、和谐社会等方面的基础民生问题。新型城镇化是以人为本的城镇化，它不同于传统的城镇化建设，而是更加注重医疗、养老、教育、和谐社会等方面的基础民生建设。自新型城镇化建设以来，河南省紧紧围绕让豫籍外省回流人口"进得来、留得住、过得好"的理念宗旨，有力地促进了返乡创业者在城镇创业就业、落户生活，从而使无数农民工成为新型城镇化发展红利的分享者。河南省新型城镇化建设不仅要让进城的农民工完成由农民到市民的身份转变，更要提高他们的生活质量，让他们成为真正意义上的市民。河南以"三个一批人"为重点，促进农村转移人口的市民化，让农民"进得来"；强化"一基本两牵动三保障"，实行城乡统一的户口登记制度，让农民"留得住"；推进医疗、养老、教育等基本公共服务实现常住人口全覆盖，使进城的农民工能够切实融入城市生活，让农民"过得好"。所以，河南新型城镇化建设对豫籍外省农民工返乡创业起着积极的兜底保障作用。

（五）河南省农民工返乡创业与新型城镇化建设的耦合机制

正如上文所述，河南省农民工返乡创业有着显著的资源整合机制和区域协调机制，河南新型城镇化建设对河南省农民工返乡创业发挥着积极的激励效应和兜底保障效应，但是它们并不是孤立运行、单独发挥作用的，而是相辅相成、相互作用，形成了一定的耦合效应。河南省农民工返乡创业和河南新型城镇化建设之间存在着非线性相互作用的耦合机制，河南省农民工返乡创业的资源整合机制和区域协调机制为河南新型城镇化建设提供了积极的拉动性力量，反过来，河南新型城镇化建设为河南省农民工返乡创业提供了显著的推动性力量，两种力量同时存在、共同作用，积极促进河南省农民工返乡创业和新型城镇化建设稳定健康地发展。这就是，河南省农民工返乡创业与新型城镇化建设之间存在积极的耦合机制。

三 河南省农民工返乡创业与新型城镇化建设的制约因素分析

（一）河南省农民工返乡创业的制约因素

首先，河南省农民工返乡创业的实质是省际劳动力要素的流动，它同其他要素流动一样由市场起决定性配置作用，市场配置资源具有自发性、盲目性、滞后性，所以河南省农民工返乡创业也具有自发性、盲目性、滞后性。因为信息的不完全性和信息的不对称性，豫籍外省农民工对省际就业形式没有一个系统全面的认识，他们大多数只是根据自己掌握的有限信息或者是"随大流"的形式进行返乡创业，这很容易造成返乡农民工区域扎堆、返乡农民工产业扎堆，用工岗位与返乡农民工不匹配的现象。其次，省内对豫籍外省返乡创业的农民工缺乏省级层面的统一规划和调配，更多是各地市、各县区各自为政，根据自身的产业发展需求、资源禀赋特点来吸收和接纳返乡创业的农民工，并没有考虑到全省的经济发展和产业结构调整的需要，所以各地区对返乡创业的农民工只是"物为其用"，而不是"物尽其用"。最后，地方政府在支持农民工返乡创业和吸纳返乡创业农民工的过程中存在着较为严重的形式主义，

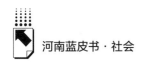

很多时候只是完成上级下达的指令和分配的指标，并没有切实统筹考虑本地区的经济产业发展需求。

（二）新型城镇化建设的制约因素

首先，河南省在新型城镇化建设过程中存在民生改善质量不高的现象。河南省虽然在基本公共教育方面取得了一定成绩，但与全国平均水平相比还有一定差距，河南省小学和初中阶段的生师比一直明显高于全国平均水平；河南省每千人口农村卫生医疗床位数、每千人口卫生技术人员数和每千人口助理医师数至今未达到全国同期平均水平。其次，河南省在新型城镇化建设过程中存在民生改善结构不平衡的问题。河南省新型城镇化进程中民生改善的不平衡问题主要体现在区域之间不平衡和城乡之间不平衡两个方面。从人均可支配收入来看，经济发达的中心城市的人均可支配收入水平要明显高于经济落后的偏远城市；基础教育方面，经济发达地区的基础教育水平要高于经济落后的地区，九年义务教育阶段，农村生师比明显低于城镇生师比，这说明农村小学和初中教育服务水平一直高于城镇，但农村的教育资源和师资质量与城镇相比仍存在一定差距；从医疗卫生方面来看，河南每千人口城市医疗卫生机构床位数、每千人口城市卫生技术人员数和每千人口城市卫生技术人员数增长速度一直高于农村同期水平。

四 对策建议

（一）完善机制，促进人岗精准对接

一是深化省际劳务协作层次。进一步落实重点省市《劳务合作备忘录》，在信息共享、劳务对接、技能培训等方面实现联动。帮助省外农民工在务工地参加技能培训、享受临时生活救助，尽量将农民工稳在企业、稳在当地。二是加强农民工就业监测。第一时间获取农民工流动信息，及时分析动态趋势，防范规模性失业风险。

（二）强化服务，促进农民工转移就业

一是增强基层就业服务能力。形成全省统一的农民工服务标准和业务流程，提升就业服务标准化专业化水平。发挥民营人力资源服务机构作用，根据省外岗位需求，开展招聘对接，确保输出一人、就业一人。二是打造更多劳务品牌。开展典型劳务品牌选树活动，组织相关宣传引导活动，发挥典型引领作用。三是加强职业技能培训。以职业技能提升行动为抓手，大力弘扬"工匠精神"。以农村劳动力群体为重点，大规模开展职业技能培训，提升培训的实效性、针对性。

（三）统筹规划，为助力乡村振兴增添活力

在豫籍外省农民工返乡创业的过程中，各地正在由原来单纯的"抢高端人才"，到现在的"抢人力资源"，下一步可能就是"抢人口"。所以要统筹规划，加强组织领导，发挥河南优势，真正把农民工作为重要的资源，把农民工工作作为重要的工程，上升到提升区域发展竞争力的高度，纳入各级党委、政府议事日程，形成齐抓共管、多方参与、上下联动的工作格局。

（四）调整和优化财政支出结构

第一，政府的财政支出要向基本公共服务领域倾斜，确保在基础教育、医疗卫生、社会保障、居民就业等领域的财政支出投入增速高于其他领域的增速。第二，加强财政支出在农村基本公共服务方面的投入力度，确保新增基本公共服务支出主要用于农村民生改善，从而缩小基本公共服务的城乡差距，消除新型城镇化建设过程中城乡民生改善的不平衡现象。

（五）改革地方政府政绩考核机制

以往城镇化建设水平的考核是以城镇化率和生产总值为导向的，尤其是发展落后地区的地方政府往往较多重视经济增长，较少关注民生改善，所以，在新型城镇化建设过程中要改革地方政府政绩考核机制。改革政府政绩

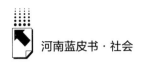
考核制度就是要把民生改善质量纳入政府政绩的评价体系中，充分发挥政府在民生改善工作中的主体作用，建立对政府民生改善工作的监督问责制度。其次，将民众对于政府民生改善工作满意度评价列入政府政绩考核指标，倒逼政府提高基础公共服务水平。

（六）加强河南省农民工返乡创业与新型城镇化建设的耦合机制

首先，河南省要将农民工返乡创业作为新型城镇化建设的落脚点之一，把支持和做好农民工返乡创业工作嵌入本省新型城镇化建设中，把它作为新型城镇化建设的重点工作。其次，河南省应把新型城镇化建设作为本省农民工返乡创业工作的突破点，使新型城镇化建设不断为农民工返乡创业拓宽道路。最后，河南省应该做好农民工返乡创业和新型城镇化建设的统筹协调工作，使农民工返乡创业的资源整合机制、区域协调机制和新型城镇化建设的激励机制、保障机制相辅相成、相得益彰，共同为河南省的高质量发展发挥作用。

参考文献

国家统计局：《2018 年农民工监测调查报告》，《中国信息报》，2019 年 11 月 2 日。

刘溢海、薛园园：《众创背景下农民工返乡创业实践模式调查》，《河南科技大学学报（社会科学版）》2015 年第 5 期，第 70 ~ 74 页。

魏蔚：《众创时代新生代农民工创业培训的困境与对策探析》，《农业经济》2017 年第 2 期，第 103 ~ 104 页。

王华丽：《提升品位　促进发展　改善民生——积极加快商水城镇化进程的一些思考》，《内蒙古科技与经济》2016 年第 4 期，第 9、16 页。

胡放之、李良：《城镇化进程中民生改善进程问题研究——基于湖北城镇化进程中低收入群体住房、就业及社会保障的调查》，《湖北社会科学》2015 年第 2 期，第 82 ~ 87 页。

B.14
全媒体背景下传统文化创新传播路径研究

——以河南卫视中国节日系列节目为例

刘 畅*

摘 要： 中华优秀传统文化是中华民族的根与魂，对传统文化的创新传播研究，于我们坚定文化自信、发展民族文化意义非凡。2021年河南卫视中国传统节日系列节目正是通过传统文化与现代表达的创新融合频频出圈。本文通过对中国节日系列节目编码解码的解读分析，探寻全媒体背景下传统文化创新性发展和创造性转化的实现策略。

关键词： 全媒体 传统文化 现代视听 传承创新

2021年，可谓是河南卫视大放异彩的一年。精耕于传统文化挖掘与传播的河南卫视似乎掌握了收视密码，凭借着在中国传统节日中打造的优质晚会节目频频"出圈"。通过对河南卫视系列节目成功案例的分析，可以窥见在全媒体背景下传统文化创造性转化与创新性发展的实现路径。传统符号元素与现代视听艺术的融合，传统文化内容与现代审美表达的碰撞，为地方卫视突破电视艺术衰落的重围提供了思路，也为传统文化在现代的传承与发扬提供了借鉴。

---

* 刘畅，河南省社会科学院社会发展研究所研究实习员，主要研究方向为文化产业与社会舆论。

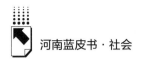

一 全媒体背景下的传统文化再编码

"伸手一摸就是春秋文化，两脚一踩就是秦砖汉瓦"，地处中原的河南，自来都是几千年中华传统文化的累结硕果之地。河南卫视中国节日系列节目通过现代试听语言艺术，将古典传统的文化文本进行再次编码，一幅幅穿越时空的历史画卷慢慢展开，一场场丰盛的文化盛宴就此呈现，中华传统文化就在新时代全媒体背景下渐渐展现出了生机与活力。

（一）每逢佳节倍出圈的收视密码

从春节的《唐宫夜宴》、元宵节的《元宵奇妙夜》、端午节的《端午奇妙游》、七夕佳节的《七夕奇妙游》到中秋节的《中秋奇妙游》，河南卫视的这些中国节日系列节目一次次创下地方卫视的收视纪录，实现了在全媒体背景下二三线地方卫视的华丽转身。中国节日系列节目的成功不仅仅是对于传统价值的科技赋权，更是在全媒体背景下利用互联网舆论传播理念，进行了一次成功的舆论营销。其频频出圈的流量密码首先是在主流媒体中对节目进行官方的宣传，其次扩大到观众的社交网络媒体，通过一传十、十传百的扩散式传播将中国节日系列节目的良好口碑传播出去，从而吸引更多的关注投注于这一场场节日盛宴中。可以说河南卫视中国节日系列节目的出圈主要平台并不仅仅局限于广播电视这一传统媒体，其出圈的主要阵地还涉及微信、微博、抖音等多个社交媒体平台。

从统计数据来看，2021年开年，河南春晚《唐宫夜宴》就成为热门话题，刷爆了全媒体平台。事实上，在《唐宫夜宴》首播第一天，短视频平台累计观看人数就已经超过了800万，直接打破卫视多年的收视纪录，随后两天关于节日晚会的话题持续发酵，在大年初一当天，达到了视频观看超1000万次，《唐宫夜宴》相关话题连续多天位居微博热搜榜前三。据统计，《唐宫夜宴》和《端午奇妙游》全网播放均超过50亿。这些都是河南卫视中国节日系列节目所取得的优异成绩。

（二）传统文化的现代试听审美展现

在传统文化的挖掘与表现上，河南卫视系列节目更注重于对中国传统文化精神内核的传承。《七夕奇妙游》中的《龙门金刚》，导演组不仅仅将内容展现局限在对于中国传统"情人节"中男女之情的传达上，更进一步，深层次地表现了二十四节气、男耕女织等元素相关的传统中国农耕文化，让节目有了更为宏大深厚的叙事内涵。

在现代视听技术的运用上，河南卫视传统节日系列节目打破了一直以来固化的电视晚会模式，无需节目主持人，将小舞台放到大现实中来，运用现代视听表现技巧将古典元素之美进行淋漓尽致的表达。通过电视艺术的叙事表达、舞美语言的形象塑造、艺术形式的创新展现等多种方式，将关于传统文化的想象变为现实。《端午奇妙游》中的《洛神水赋》更是别出心裁地在水下进行录制拍摄，呈现给观众绝美的视觉盛宴。外交部发言人华春莹称赞道："难以置信的美丽，翩若惊鸿，矫若游龙。"

在节目的策划与安排上，河南卫视中国传统节日系列节目实际上是别出心裁地由几位"唐小妹"的经历串联起来。《端午奇妙游》即《唐宫夜宴》前传，交代出几个性格迥异的唐小妹进京献艺过程中的所见所闻，《七夕奇妙游》是唐小妹探寻牛郎织女足迹的奇妙经历，《中秋奇妙游》和《重阳奇妙游》也是通过唐小妹的奇妙见闻相串联，最终在 2022 年河南春晚上，唐小妹将沿途妙趣横生的见闻集中展现，呈现出彩河南的试听盛宴。

二 河南卫视中国节日系列节目的解码分析

河南卫视中国节日系列节目的成功，可以说不是一种偶然。中华优秀传统文化本身就是无价瑰宝，流转千年依旧在历史的长河中熠熠生辉。而现代互联网理念的加持和科学技术的全新展现方式，则揭开漫长岁月掩映于这无价瑰宝的神秘面纱。通过对中国节日系列节目成功原因的分析，从中探寻出传统文化在新时代下的创新表达和传播方式，挖掘传统文化在新时代中的巨大潜能。

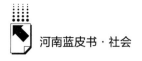

（一）传统元素的现代视听表达

《唐宫夜宴》总导演陈雷表示，年青一代未必不喜欢传统文化，就看我们以何种方式去呈现。显然这种时尚灵动又不失严肃，诙谐趣味又不失确凿的叙述方式被证明是可行的。在现代声光影响的加持下，以现代视听技巧抹去覆盖于瑰丽传统文化上的历史尘埃，将深厚的中原传统文化生动地展现在大众面前。

河南卫视中国传统节日系列节目通过对传统元素的现代视听表达，实现了大众对于舞台艺术的认可，对于叙事审美的赞同。从舞台叙事上看，一方面是舞台艺术中古典形象符号的现代审美展现。几个性格迥异造型独特的唐小妹，正是由舞台艺术赋予了唐代乐舞俑以灵魂，以她们的独特视角带观众领略大唐盛世的恢弘景观。通过对唐小妹的舞台形象塑造，从妆容、服饰到仪态道具，每一处细节都最大限度地还原了唐乐俑的真实形象。俏皮可爱的乐舞俑们或嬉笑嗔怪、或追逐玩闹，打破了传统文化严肃古板的形象，一下子就拉近了现代审美熏陶下的受众群体。另一方面是舞台艺术的古今虚实拟态叙事的构建。借助于现代视听技术与舞台审美展现，系列节目以蒙太奇的艺术表现手法，将虚拟场景与现实舞台相结合，置身于舞台艺术所营造的场景，打造人在画中游的奇妙感官体验，观众们就随着生动起来的唐乐俑共赴大唐宫廷盛宴，实现了让传统文化"活"在当下。

（二）全媒体环境下的互联网思维

通过研究河南卫视中国节日系列节目，我们不难看出在晚会节目频频出圈的背后，媒体运营的关键作用。《唐宫夜宴》首播收视率并没有在河南卫视节目收视率中排前十，但是随着话题的发酵，舆论的点燃，中国节日系列节目一次次斩获优异的收视成绩和良好的用户口碑。首先在河南广播电视台全媒体营销策划中心和猛犸新闻的主持下，河南卫视、都市频道等多个主流微博账号形成合力制造话题，进一步利用"大V"宣传造势，多个媒体平台联动发力，助推现象级话题的形成。① 另一层面中国节日系列节目的主创人员在进行全媒体营销的伊始就注重对于移动端"小屏幕"受众的诉求满足。先于大屏幕在 B 站、抖音、微博等各大媒体平台对节目进行宣传造势，最终利用互联网社交媒体的裂变式传播将这一坛好酒的香气散播开来。

互联网思维一是在传播媒介上注重于多平台、全媒体的传播矩阵的打造；二是在传播目标上侧重于对受众参与感的培养。人即信息，人即媒介。河南卫视在整个中国节日系列节目的制作过程中，始终注重受众的反馈意见，更从演员选择到节目立意等多个层次给予受众广泛的参与空间。用户参与体验的增加不仅确保了提供的文化产品达到真正意义上的人民群众喜闻乐见，而且使得文化产品在生产和消费的过程中实现了文化再生产的深刻含义。在《七夕奇妙游》中，一方面为了感谢观众一直以来的支持与督促，另一方面也是表达在"7·20"特大暴雨灾害中对河南伸出援手的社会各界人士，在结尾加上了一句"感谢陪我们经历过所有的你"，激发广大观众的情感共鸣。

（三）泛娱乐时代下的传统审美回归

在资本与流量的裹挟下，消费快感的潮流退下，大众文化消费群体接受了茫然空洞的文化信息。时代呼吁满足大众审美期待的文艺作品的产生，文化发展也亟须回归内容生产、回归传统文化本源的文化发展方向。河南卫视中国传统节日系列节目恰好满足了大众坚定文化自信，回归精神家园的文化需求。可以说，本质上，中国节日系列节目所呈现的就是中华优秀传统文化之美，现代视听表达也罢，互联网思维加持也罢，只是擦拭中华优秀文化瑰宝的历史蒙尘，使得国风潮流在荧屏上大放异彩，使得中华优秀传统文化绽放出更瑰丽的光芒。

河南卫视中国传统节日系列节目首要层次就是实现了中国传统节日的理

---

① 《创造性转化＋创新性发展　河南春晚打造河南人的文化自信》，映象网，https：//baijia hao.baidu.com/s？id＝1692005386334202773&wfr＝spider&for＝pc。

性回归。近些年，中国传统节日逐渐式微，而节日的文化价值也一度让步于消费主义的商业价值。呼唤人们对于传统佳节的关注，也是对于文化自信的坚守和文化认同的塑造，在传统节日中感受到中华民族对美好生活的追求和向往。当下大众积极拥抱传统文化的潮流正盛，也正是与时俱进，以人民群众喜闻乐见的形式展现传统文化的机遇期。

（四）大众文化消费需求的创新反思

所谓创新，不是一个静态的过程，而是一个动态演化的、不断发展的、不断寻求突破的过程。止于当下的创新手法，就会堕落于新一轮的固定范式中。文化产品的生产更是如此。在文化工业的机械复制时代，精英文化不断跌落，变成了大众可以日常享用的文化消费产品，精英文化的不可替代性逐渐被消解。而历经了几十年发展的文化市场需求已经由逐渐消解的大众文化转向寻求精英文化需求，文化的发展之路也已经不是消解精英化的大众文化的普及，而走向了一条大众文化朝精英文化求和的道路。本文认为，不落窠臼地以现代科技沉浸式传达中华文化之美，是河南卫视中国节日系列节目成功的关键。但是，值得反思的是假如河南卫视真的掌握了流量密码，反复复制，所带来的必然是已经提高审美的受众的"差评"。

《中秋奇妙游》首播以后，也是观众普遍称好，官媒一致点赞。但是首播当日河南卫视的电视直播实时市场占有率仅达到0.5%，在全国电视频道中仅排名第34。从客观因素来说，河南卫视中国节日系列节目的成功，在于其平台并不仅仅局限于电视媒体，更多是通过在社交媒体网络中的扩散式传播从而吸引那些被话题讨论所引流的受众。所以《中秋奇妙游》的电视收视率首播较低也类似于前几期的中国节日节目首播收视低而在互联网空间中实现华丽转身。但是，《中秋奇妙游》的华丽转身并没有真正实现。从另一方面来说，观众对于晚会的期许已然降低，甚至有部分观众已经产生审美疲劳。一道佳肴人人称好，但是假如观众频频品尝这道佳肴，或许对其喜爱程度会大打折扣。甚至，《七夕奇妙游》节目涉嫌版权抄袭风波，这也引发习惯性好评的中国节日系列节目受众们一个反思。互联网思维下，版权问题是文化原创的底线问题。成于创新的河南卫视中国节日系列节目是否能坚守初心，能否以不止步的文化创新表达满足逐渐"苛责"的文化市场，还须看其日后交出的答卷。

三　全媒体背景下的传统文化创新传播策略

"文化 + 科技""传统 + 现代"成为研究河南卫视中国节日系列节目的钥匙。这是一次成功的全媒体背景下传统文化通过现代电视艺术创新传播的实践，在传播策略上，遵循传播规律，构建全媒体传播矩阵；在表现形式上，以科技赋权实现文化传播的多种表现；在产业链条上，实现文旅文创的深度融合，在内容输出上，深挖传统文化，坚守文化自信，助推传统文化的创新性发展与创造性转化。

（一）遵循传播规律，构建全媒体传播矩阵是关键

以麦克卢汉"媒介即信息"的观点来看，传播其真正的价值和意义在于信息传播的工具和媒介。多媒体融合发展全方位地改变了现代社会人们接受信息和思考问题的方式。对于传统文化内容的现代传播，掌握全媒体传播规律，构建媒体传播矩阵，才是使传统文化"活"在当下的关键。河南卫视中国节日系列节目的传播就遵循了全媒体矩阵传播规律。首先现代信息传播最重要的核心维度，即主要阵地是品牌自身的媒体矩阵，包括官方微博、官方微信等品牌官方自媒体核心矩阵。河南卫视、大象融媒已经有了自身一定的积累，能够在第一时间，甚至是提前发布信息获得持续的眼球关注。在自媒体核心矩阵之外，还要打造第二层的关键矩阵，即在舆论场中起到意见领袖作用的垂直舆论阵地，在河南卫视中国节日系列节目中，人民日报、光明日报等主流媒体的关键联动，是话题从创造到发酵的关键环节；第三层是口碑矩阵，这个矩阵需要在主流媒体更延伸一个层级，在关键矩阵引爆传播点之后，将信息精准传播到相关用户。实现对传统文化的创新传播，就需要

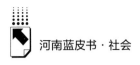

在媒体矩阵中考虑到不同层级、不同维度的用户，打造覆盖全面的媒体传播矩阵。

（二）强化技术赋能，创新传统文化表达是手段

将传统文化的精神内核以更加生动的形象、更加喜闻乐见的方式呈现于大众的视野中，是传统文化"活"在当下的重要手段。文化与科技融合已经是传统文化创新性发展的必由之路，甚至可以说科技赋能，对于文化继承和发展来说，不仅仅是手段和方式的创新，科技文化的融合更是全新文化内容生产的催化剂。河南卫视中国节日系列节目利用现代光影技术和舞台表现技巧实现了历史的再现与重构，大众参与的逻辑叙事下实现了大众对于传统文化的沉浸与共情，可以说，河南卫视中国节日系列节目所表现出来的，已经不是陈列在博物馆里、撰写在古书上的静态的传统文化，而是科技赋能下的传统文化的创新性发展与创造性转化。技术赋权一方面给文化体验和文化消费带来了极致的感官享受，另一方面增加了沉浸式参与传统文化的再编码与解码的程度，文化输出由单向度转为多方协同创作的结果。

（三）文旅文创融合，助推文化强省建设是目标

2021年的河南省委工作会议提出河南省要实施文旅文创融合战略，塑造全域旅游主题形象。河南卫视中国节日系列节目就已经打造成了一张优秀的文化名片，对于带动河南省全域旅游有着积极的作用，不少观众在观看过系列节目之后都纷纷表示有机会要一睹出彩河南的风采。在文旅融合方面，文化宣传性质的节目播出势必吸引相关的文化消费需求，随着中国节日系列节目的火爆，不仅河南卫视成了网红地方卫视，相关河南的部门景点也成了游客们的打卡圣地，例如，曾在中国传统节日系列节目中出现过的河南故宫博物院、开封清明上河园、洛阳龙门石窟等景点一跃跻身2021年游客游览意愿排行前十位。区域文化形象的塑造和文化品牌的推介势必会推动区域文化旅游业的发展。在文创融合方面，同河南卫视中国节日系列节目一起火爆的还有考古盲盒、唐小妹彩陶等系列文创产品，其中考古盲盒一经上线就被

抢购一空，供不应求。相关河南文创产品的火爆不仅彰显出文化 IP 无限延展的可能性，也为拓宽和深挖文创融合提供了新思路。

（四）坚持文化传承与发展的守正创新是根本

习总书记指出，中华优秀传统文化是中华民族的"根"和"魂"，是中华民族在世界文化激荡中站稳脚跟、坚定文化自信的坚实根基和突出优势。① 根植文化沃土，坚定文化自信也正是河南卫视中国节日系列节目成功的最本质的原因。河南卫视专注于对传统文化的创新开发与传承，将传统与现代相结合，在创新中守根正源，在守正创新中继承发展。节日晚会遵循传播规律，利用现代视听手段，注重传统内容表达，将特点丰富、色彩鲜明的中国传统文化画卷铺展在共同文化土壤成长下的审美大众面前，激荡文化基因，加强文化认同。同时，新时代下，随着人民群众文化审美水平的不断提升，就需要满足不同层次的文化消费需求，这对文艺创作提出了更严格的要求。传统文化的创新传承与发展，也要立足于深厚的传统文化底蕴，充分挖掘自身丰富的文化资源，实现好传统文化的现代表达与创新发展。与时俱进、守正创新，不断激发出文化自信的深沉力量，讲好河南故事，讲好中国故事。

---

① 《习总书记谈中华文化的根与魂》，求是网，http://www.chinadaily.com.cn/interface/toutia onew/53002523/2018－10－06/cd_ 37026008. html。

调 查 篇
Investigation Reports

B.15
新形势下河南省人口老龄化的
挑战及其应对

周全德*

摘 要： 据河南省第七次全国人口普查数据，河南省人口老龄化呈现加
速、加重、加深的态势。其发展特征是速度快、规模大、老龄
人口占比升高导致劳动适龄人口占比下降、人口净流出导致省
内常住人口老化状态加重；其问题是人口老化程度区域间不平
衡，独居和"空巢"老人的规模大，失能和半失能老人日渐增
多。鉴于人口老龄化加大社会保障和基本公共服务供给的压力、
加重社会抚养负担、带来家庭照料和社会服务的难题，河南有
关部门应更新思想文化观念、端正老龄价值取向，发掘老龄生
产性价值、增加人口质量红利，大力提升养老社会保障程度，
不断增强社会养老服务的供给能力和质量水平。

---

* 周全德，河南省社会科学院社会发展研究所研究员，主要研究方向为人口社会学。

关键词： 人口老龄化　社会养老服务　河南省

中共十九届五中全会公报提出，"实施积极应对人口老龄化国家战略"①。随着"十四五"时期我国进入中度老龄化社会，国家"十四五"规划纲要草案又制定了实施积极应对人口老龄化国家战略的主要目标任务，譬如"健全基本养老服务体系，发展普惠型养老服务和互助性养老，支持家庭承担养老功能，培育养老新业态，构建居家社区机构相协调、医养康养相结合的养老服务体系"②。第七次全国人口普查数据显示：与第六次全国人口普查数据相比，河南省人口老龄化呈现加速、加重、加深的态势。因此，需要在新形势下更为积极地应对人口老龄化。

一　河南省人口老龄化的发展现状

（一）河南省人口老龄化的特征

自2000年河南省进入老龄化社会以来，全省人口年龄结构渐趋老化，应对人口老龄化的任务日渐加重（见表1）。

表1　河南省第五、六、七次全国人口普查65岁及以上人口数在常住人口中所占比例

	常住人口数（万人）	65岁及以上人口数（万人）	在常住人口中所占比例（%）
第五次全国人口普查(2000)	9256	644	6.96
第六次全国人口普查(2010)	9402	786	8.36
第七次全国人口普查(2020)	9937	1340	13.49

数据来源：河南省第五、六、七次全国人口普查主要数据公报。

---

① http：//cpc.people.com.cn/n1/2020/1029/c64094－31911510.html.

② https：//news.sina.com.cn/c/2021－03－13/doc－ikknscsi3226333.shtml.

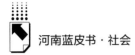

总体而论，河南省人口老龄化发展呈现速度快、规模大、年龄结构"两升一降"（少儿人口和老龄人口占比升高，劳动适龄人口占比下降）、人口净流出导致省内常住人口老化状态加重等特征。从第五次全国人口普查到第七次全国人口普查，仅20年的时间，河南省60岁及以上人口就达到1796.4万人，在全省常住人口中占比为18.08%，其中65岁及以上人口达到1340万人，在全省常住人口中占比为13.49%[①]，成为全国为数不多的60岁及以上和65岁及以上老年人口双超千万的省份之一，可谓速度快、规模大。此外，河南省第七次全国人口普查数据显示：2020年全省0~14岁人口数量为2298.89万人，在常住人口中占比为23.14%，与2010年"六普"时相比上升2.14个百分点，而河南省15~59岁人口数量为5841.25万人，在常住人口中占比为58.78%，与2010年"六普"时相比下降7.49个百分点。[②] 这类情况表明：生育政策调整的人口增长效应已经在河南全省初见成效，此外，由于河南较长时期处于人口净流出状态，以致劳动年龄人口在常住人口中的占比逐渐下降，从而在一定程度上加重了全省人口的老化状态。

（二）河南省人口老龄化发展中的现象分析

具体来说，河南省人口老龄化发展过程中还存在区域间不平衡、高龄老人日渐增多、独居和空巢老人规模大、失能半失能老人数量多等类现象。

首先，由于经济发展程度、地理环境条件、人口流动指向、社会公共服务建设水平等综合因素的影响和作用，河南省各地区人口老龄化发展程度参差不齐（见表2）。

---

① 河南省统计局：《河南省第七次全国人口普查公报（第四号）——常住人口年龄构成情况》，http://www.ha.stats.gov.cn/2021/05 - 14/2145060.html。

② 河南省统计局：《河南省第七次全国人口普查公报（第四号）——常住人口年龄构成情况》，http://www.ha.stats.gov.cn/2021/05 - 14/2145060.html。

表2　河南省各地区常住人口年龄构成

单位：%

地区	占常住人口比重			
	0～14 岁	15～59 岁	60 岁及以上	其中:65 岁及以上
全　省	23.14	58.78	18.08	13.49
郑州市	19.05	68.11	12.84	8.98
#巩义市	18.12	61.75	20.13	14.38
开封市	23.57	57.14	19.29	14.20
#兰考县	26.85	55.14	18.01	13.55
洛阳市	20.85	60.84	18.31	12.97
平顶山市	24.78	56.92	18.30	13.53
#汝州市	28.28	54.76	16.95	12.11
安阳市	24.41	57.27	18.32	13.27
#滑县	28.70	52.49	18.81	14.74
鹤壁市	21.66	61.90	16.44	11.95
新乡市	23.17	59.15	17.68	13.04
#长垣市	25.94	56.80	17.26	13.44
焦作市	18.71	62.41	18.88	13.28
濮阳市	25.70	56.63	17.67	13.15
许昌市	22.30	58.01	19.70	14.96
漯河市	20.34	58.64	21.03	16.00
三门峡市	18.33	61.88	19.79	13.68
南阳市	26.23	54.99	18.79	14.22
#邓州市	28.73	52.15	19.12	14.54
商丘市	25.42	56.44	18.14	14.02
#永城市	27.19	55.58	17.23	14.07
信阳市	23.67	57.06	19.27	15.20
#固始县	24.32	53.47	22.21	18.01
周口市	24.92	55.33	19.75	15.18
#鹿邑县	25.56	55.50	18.94	15.19
驻马店市	25.10	55.10	19.80	15.72
#新蔡县	26.56	54.30	19.14	15.93
济源示范区	19.47	61.86	18.66	12.99

数据来源：《河南省第七次全国人口普查公报（第四号）》。

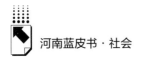

从表 2 可见，全省人口老化程度最低的省辖市是省会郑州市。个中原因不言而喻，受益于强省会发展战略、中原城市群建设、入选国家中心城市、得天独厚的区位优势等因素，郑州市大量吸纳了来自省内外的年轻人口，得以尽享人口数量红利及素质红利。全省老龄化程度最高的省辖市是漯河市，60 岁及以上人口占全市常住人口的 21.03%，其中 65 岁及以上人口占全市常住人口的 16.00%。此外，从表 2 也可见，在省直管市（县）之间老龄化程度也参差不齐，如巩义市、邓州市、固始县、新蔡县等人口老龄化程度稍高，而汝州市、永城市、兰考县等人口老龄化程度则稍低。

其次，高龄老人日渐增多、独居和空巢老人规模庞大、失能半失能老人数量较多等类问题，也与经济发展、人口流动、老年人口基数、社会公共服务条件等因素不无关系。2019 年河南省人口抽样调查汇总样本数据显示，截至 2019 年底河南省常住人口有 9640 万人，其中 80 岁及以上老人占 1.8%，约有 174 万人。[①] 2020 年，我国 80 岁及以上人口有 3580 万人，占总人口的比重为 2.54%[②]，按照这一比例推算，2020 年河南省 80 岁及以上人口应有 252 万人。国务院颁发的《"十三五"国家老龄事业发展和养老体系建设规划》预计到 2020 年全国 60 岁以上老年人口将增至 2.55 亿人，其中独居和空巢老人将增加到 1.18 亿人左右，占比为 46.27%[③]，其预计结果与第七次全国人口普查数据显示并无较大差异。截至 2020 年底，河南省 60 岁及以上老年人口经第七次全国人口普查后显示为 1796.4 万人，如若按照前面 46.27% 的比例推算，其中独居和空巢老人应为 831.19 万人。另据国家卫生健康委员会有关部门负责人透露，截至 2018 年底，我国 60 岁及以上老年人口达 2.49 亿人，其中失能半失能老人 4400 万人，占

① 河南省统计局：《2020 河南统计年鉴》，http：//oss. henan. gov. cn/sbgt – wztipt/attachment/hntjj/hntj/lib/tjnj/2020nj/zk/indexch. htm。

② 《第七次全国人口普查主要数据结果新闻发布会答记者问》，国家统计局官网，http：//www. stats. gov. cn/tjsj/zxfb/202105/t20210511_ 1817274. html。

③ 《三年后中国空巢独居老人超 1.18 亿人，如何应对？》，中国新闻网，http：//hn. chinaso. com/health/detail/20170322/1000200032826641490171414217653700_ 1. html。

比为17.67%①；第七次全国人口普查河南数据显示：全省60岁及以上老年人口有1796.4万人，如果按照17.67%的比例推算，那么河南省失能半失能老人则应有317.42万人。无论如何，由于河南省老年人口基数大（占60岁及以上全国老年人口的6.9%），加上经济欠发达导致大量中青年人口省外流动、社会公共服务建设相对滞后造成防护能力不强和亚健康老人增多等因素的影响，因此，以上高龄老人日渐增多、独居和空巢老人规模大、失能半失能老人数量多等类人口现象，实属必然。

二　新形势下河南省面临的人口老龄化的挑战

在这里，从宽泛含义讲，新形势是指河南省经济社会发展出现的各种新情况新问题新态势，其中包括全省人口形势的变化及其趋向。当前，伴随河南省人口老龄化的不断加快加重加深，全省经济社会发展面临着人口老龄化的下述挑战。

（一）庞大的老年人口规模加重社会保障负担，加大基本公共服务供给压力

作为老年人口超过千万的全国六个省份之一，河南省庞大的老年人口规模，加重全省社会保障的负担，同时加大了全省基本公共服务供给的压力。

1.增加了基本养老保险和基本医疗保险的总支出

基本养老保险和基本医疗保险是社会保障体系建设的重要内容，直接关乎广大老龄人群的切身利益。企业职工、机关和事业单位工作人员基本养老保险的缴费，一般由企业、职工个人，机关和事业单位、工作人员个人，分别按照一定的比例各自承担相应的部分，而不属于上述两类人员范围的城乡居民则是个人缴费，同时由集体给予补助或政府给予补贴。这类基本养老保

---

① 国家卫健委：《失能、半失能老人4400万，如何满足老年护理需求？》，https：//www.sohu.com/a/313158390_ 310529。

险的缴费方式，体现了我国养老社会保障具有适度型福利的性质。基本医疗保险的缴费方式与基本养老保险的缴费方式大同小异，城镇职工是由用人单位（机关、企事业、社会团体等）、个人各自按照分担比例缴纳，城镇居民是个人缴费同时政府给予补贴，农村居民则是家庭缴费、集体扶持、政府补助的三结合。无论哪种缴费，国家和社会总是要参与其中，并且能够起到具有一定社会福利水平的重要保障作用。2020年，河南省推进全民参保计划，拟基本实现法定人员全覆盖。[①] 其运作的实际结果是全省基本养老保险、基本医疗保险实现了制度和人群全覆盖，保障水平稳步提高：截至2020年底，河南省参加城镇职工基本养老保险人数2248.52万人，比上年增加114.68万人，其中，参保职工1724.09万人，参保离退休人员524.43万人。参加城镇职工基本医疗保险人数1336.52万人，比上年增加54.87万人，其中，参保职工947.32万人，参保退休人员389.21万人。[②] 此外，2020年河南省企业职工基本养老保险实现省级统收统支，企业和机关事业单位退休人员基本养老金月人均提高143.5元，城乡居民基础养老金最低标准提高至每人每月108元。启动实施基本医疗保险市级统筹。[③] 在积极应对新冠肺炎疫情带来的风险和挑战的社会背景下，能够取得上述成就实属不易。不过，从另一面看，全省仅享受养老保险和医疗保险的城镇老年人口就高达数百万人，并且在新型城镇化发展背景下逐年递增，这将不断增加全省基本养老保险和基本医疗保险的总支出，相应地也在较大程度上增添了国家和社会所提供的用于城乡居民的福利开支。

2. 给为老社会服务带来巨大压力

为老社会服务是指在老人生活照料、医疗保健、心理慰藉、文体娱乐等方面，由多元化主体提供的带有社会福利性质的服务类型。截至2020年底，河南省有3000多家养老机构，入住老人12.5万人；从2018年至2020年，

<hr/>

① 尹弘：《2020年河南省政府工作报告——2020年1月10日在河南省第十三届人民代表大会第三次会议上》，http：//www.henan.gov.cn/2020/01-17/1281952.html。
② 河南省统计局、国家统计局河南调查总队：《2020年河南省国民经济和社会发展统计公报》，2021年3月7日，http：//www.henan.gov.cn/2021/03-08/2104927.html。
③ 尹弘：《2021年河南省政府工作报告——2021年1月10日在河南省第十三届人民代表大会第四次会议上》，http：//www.henan.gov.cn/2021/01-25/2084704.html。

全省建成社区养老服务设施 2511 个；截至 2020 年底，全省建成 74 个居家养老服务信息平台，入网服务老人 403 万人；建设农村幸福院等互助养老服务设施 8000 多个，广泛开展农村互助养老服务；2019 年，全省首次全面建立了高龄津贴制度，并列入省重点民生实事，对 80～89 岁、90～99 岁、100 岁以上老年人分别给予每月不低于 50 元、100 元、300 元的津贴，2020 年，进一步优化发放流程；2019～2020 两年共发放补贴资金 29 亿元，惠及约 225 万高龄老年人。① 尽管在为老服务方面取得如此成就，但是，相对于全省上千万老龄人口旺盛的社会服务需求来说，这些仍是远远不够的。目前，由于河南省老龄人口基数庞大，有 300 多万失能半失能老人、200 多万 80 岁以上高龄老人、为数更多的独居和空巢老人，这对于长期医疗照护、日常生活照料、精神心理慰藉等方面的社会服务能力及其质量水平，势必会是一种巨大的挑战。在家庭养老功能逐渐弱化及家庭照料作用日益衰退的发展态势下，亟待为老社会服务适时跟进，缓解城乡居民家庭的燃眉之急。然而，河南省养老护理员缺口较大，早在 5 年前全省养老护理员人数不足 2 万人，与实际需要人员相差 10 万人之多②，并且目前此种状况仍未得到根本性改观。此外，河南省虽说现有医养结合机构 344 所、床位 5.2 万张③，但面对数以百万计的失能半失能老人、高龄老人的旺盛需求，依然是显得比较窘迫。由上述情况可见，在为老社会服务方面，河南需要变挑战和压力为机遇和动力，致力于积极强弱项和补短板，将积极应对人口老龄化战略落到实处。

（二）劳动适龄人口比重渐次下降，向经济社会可持续发展发出严峻挑战

1. 劳动适龄人口比重渐次下降及其后果

2015～2018 年，伴随老年人口比重不断上升，河南省 15～59 岁劳动适

---

① 河南省民政厅：《托起幸福"夕阳红"——河南养老服务工作回眸和展望》，http：//www. dengzhou. cn/dzsmzj/xwzx/xwzx/webinfo/2021/01/1594005784088902. htm。
② http：//news. healthr. com/1503038200/175152/1/0. html。
③ https：//www. sohu. com/a/471070708_ 160385。

龄人口在全省常住人口中所占比例渐次下降,直至 2019 年其所占比例才与上年持平,而其总人数也才恢复到 2016 年的人口规模(见表 3)。

表 3　2015～2018 年河南省 15～59 岁劳动适龄人口基本情况

年份	全省常住人口(万人)	15～59 岁劳动适龄人口(万人)	比上年增减人数(万人)	15～59 岁劳动年龄人口在全省常住人口中占比(%)	比上年占比下降(百分点)
2015	9480	5963	−95	62.9	1.3
2016	9532	5958	−5	62.5	0.4
2017	9559	5946	−12	62.2	0.3
2018	9605	5936	−10	61.8	0.4
2019	9640	5958	+22	61.8	0.0

数据来源:依据 2015～2020 年《河南统计年鉴》整理。

此外,河南省第七次全国人口普查数据显示:2020 年河南省 0～14 岁人口数量为 2299 万人,在全省常住人口中占比为 23.14%,与 2010 年第六次人口普查相比上升了 2.14 个百分点,15～59 岁人口数量为 5841 万人,在常住人口中占比为 58.78%,与第六次全国人口普查相比下降了 7.49 个百分点。[①] 0～14 岁少儿人口的增量应归功于生育政策调整,而 15～59 岁劳动适龄人口的渐次减少,则预示着人口数量红利的局限性和全面、深度开放人口质量红利的紧迫性。究其实质,劳动适龄人口在常住人口中占比的渐次下降,会造成劳动力供给总规模缩小,导致劳动力成本上升,最终减缓经济增长速度及其幅度。同时,这也将扩大和加深劳动力供求结构性矛盾,进而对社会劳动生产率产生一定影响。此外,15～59 岁劳动适龄人口的渐次减少,必然会增大人口负担系数即总抚养系数,加重整个社会抚养负担(见表 4)。

[①]　河南省统计局:《河南省第七次全国人口普查公报(第四号)——常住人口年龄构成情况》,http://www.ha.stats.gov.cn/2021/05 - 14/2145060.html。

表 4　2015~2019 年河南省人口总抚养系数变动情况

年份	少儿抚养系数（%）	老年抚养系数（%）	总抚养系数（%）	与上年相比总抚养系数的增幅（百分点）
2015	30.7	13.9	44.6	+1.2
2016	31.0	14.4	45.3	+0.7
2017	31.3	14.9	46.2	+0.9
2018	31.6	15.6	47.2	+1.0
2019	31.5	16.5	48.0	+0.8
2020（七普）	39.3	30.8	70.1	+22.1

数据来源：依据 2015~2020 年《河南统计年鉴》、《河南省第七次全国人口普查公报（第四号）》整理。

2. 社会抚养负担加重的归因分析

人口总抚养系数是非劳动适龄人口与劳动适龄人口之比。从表4可以看出：2015~2019 年河南省人口总抚养系数总体上呈现渐次提高的趋势，并且其中 2016 年总抚养系数比上年的增幅与 2015 年比上年的增幅相比，低了 0.5 个百分点。这说明总抚养系数增幅比上年的降低，主要是由老年抚养系数的提高所致，因为 2016 年河南少儿抚养系数比上年提高 0.3 个百分点，同年老年抚养系数比上年提高了 0.5 个百分点，后者增幅大于前者。此外，2019 年河南少儿抚养系数虽比上年下降 0.1 个百分点，然而，由于同年的老年抚养系数比上年提高了 0.9 个百分点，这年全省的总抚养系数依然比上年提高了 0.8 个百分点。可见，社会抚养负担的加重，主要是由老年人口的增加及老年抚养系数的提高所致，因为少儿人口及少儿抚养系数是变动的概念，其增加和提高的幅度，也意味着不远的将来劳动适龄人口的规模究竟会有多大。尤其值得注意的是：依据《河南省第七次全国人口普查公报（第四号）》提供的数据进行整理，2020 年河南少儿抚养系数比上年提高 7.8 个百分点，同期全省的老年抚养系数提高了 14.3 个百分点，由此可见，目前少儿人口的增幅尚小于老龄人口。就现实情况来看，一定数量少儿人口的增长虽能改善人口年龄结构，并且在一定程度缓解人口结构老化的社会负担压力，但并不能在短期内使这一现状得到根本性改观。因此，在现阶段，国家和社会需要另辟蹊径，从开发人口质量红利入手去提高社会劳动生产率。

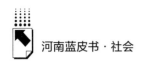

（三）伴随河南省进入中度老龄化社会，上千万老龄人面临四大
挑战

1. 河南省即将进入中度老龄化社会

伴随物质和文化生活水平的提高以及医疗卫生条件的日益改善，河南
省人均预期寿命不断加长，已从 1949 年的 35 岁提高至 2020 年的 77.7
岁。此种健康水平及生命效能的翻番效应既是河南人幸福安康的吉祥象
征，同时也意味着全省庞大老龄人群的渐次形成，以及老龄化社会程度的
持续加深。按照国际标准，60 岁及以上人口在总人口中的占比超过 20%，
或者是 65 岁及以上人口在总人口中的占比超过 14%，即为进入中度老龄
化社会。河南省第七次全国人口普查数据显示：2020 年全省 60 岁及以上
人口在常住人口中的占比为 18.08%，65 岁及以上人口在常住人口中的占
比为 13.49%。[①] 从 2016 年至 2020 年，河南省 65 岁及以上人口在常住人口
中的占比平均每年提高 0.77 个百分点[②]，这意味着在"十四五"时期，全
省 65 岁及以上人口在常住人口中的占比将很快超过 14%，进入中度老龄化
社会（见表 5）。

表5 2016～2020 年河南省 65 岁及以上人口变动情况

年份	全省常住人口 （万人）	65 岁及以上 人口数（万人）	65 岁及以上 人口在常住人 口中占比（%）	与上年相比在 常住人口中 占比的增幅（百分点）
2016	9532.42	941.80	9.90	+0.27
2017	9559.13	974.08	10.19	+0.29
2018	9605.00	1019.00	10.61	+0.42
2019	9640.00	1076.00	11.16	+0.55

---

① 河南省统计局：《河南省第七次全国人口普查公报（第四号）——常住人口年龄构成情
况》，http：//www.ha.stats.gov.cn/2021/05－14/2145060.html。

② 资料来源：依据 2016～2019 年《河南省国民经济和社会发展统计公报》、《河南省第七次
全国人口普查公报（第四号)》整理。

年份	全省常住人口（万人）	65 岁及以上人口数（万人）	65 岁及以上人口在常住人口中占比（%）	与上年相比在常住人口中占比的增幅（百分点）
2020（七普）	9936.55	1340.19	13.49	+2.33
平均每年增加	91.31	85.44	0.77	

数据来源：依据 2016～2019 年《河南省国民经济和社会发展统计公报》、《河南省第七次全国人口普查公报（第四号）》整理。

2. 上千万河南老龄人面临四大挑战

伴随河南省进入中度老龄化社会，从个人角度看，全省千万老龄人如何以健康养老和积极养老的良好心态，积极应对已经到来的老年生活，关乎中原发展、社会安康和家庭幸福。从目前情况来看，河南老龄人普遍面临着四大挑战：

一是个人身体生理机能逐渐衰退的挑战。生老病死是自然规律，一个人步入老年之后，伴随各项生理机能的逐渐衰退，身体健康状况自然会一年不如一年，做一些过去比较容易做到的事情往往也会觉得有点力不从心；这就需要老年人以积极向上和理性平和的健康心理状态，去坦然直面和正确应对。

二是社会价值认同的挑战。传统观念往往将老年人单纯视为消费者，或者视其为社会救助的生活帮扶对象，以致忽略其内在生命潜质和活力，不承认老年人还具有生产性价值；即使承认老年人具有经验、技能传递和文化传承价值，也在较大程度上轻视其现实拓展的创造性价值；此种老年价值认知上的思想偏差，难免会对不少老年人健康养老和积极养老造成消极影响及不良后果。

三是婴幼儿社会托育发展相对滞后的挑战。生育政策调整至准生"三孩"之后，在婴幼儿社会托育发展相对滞后的现状下，难免会有一些工作繁忙的年轻夫妻将照管孩子的重任推给老人；这种依赖性的形成和发展不仅严重影响老人们的晚年生活质量，而且放弃父母的责任也不利于孩子的健康成长。

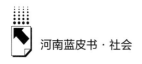
四是科技发展的挑战。在科技高速发展的信息化、数字化和智能化时代，有不少高龄老人由于不会使用智能手机、不会使用智能型家用电器等，在生活中会遇到诸多不便之处；这就要求社会、家庭各方面就此对高龄老人予以特别关怀，想方设法为他们排忧解难。

三　密切联系河南地方实际，认真贯彻落实"积极应对人口老龄化"国家战略

随着"十四五"时期河南省进入中度老龄化社会，在贯彻落实"积极应对人口老龄化"国家战略过程中，全省面临着光荣而又艰巨的任务。这就需要密切联系河南地方实际，从以下方面付出辛勤努力。

（一）更新思想文化观念，端正老龄价值取向

习近平总书记曾强调指出，要积极看待老龄社会，积极看待老年人和老年生活，老年是人的生命的重要阶段，是仍然可以有作为、有进步、有快乐的重要人生阶段。[①] 此番充满辩证哲理的语言表明：有效应对人口老龄化，首先需要在全社会更新思想文化观念，端正老龄价值取向。

现阶段，尚有一些人思想文化认识拘泥于传统思维方式及其价值取向，对老龄价值缺乏科学认知和正确估量。譬如，将老年人单纯视为领取养老金的社会消费者，或片面看作需要社会、他人救助、扶持和照料的生活中的弱势者，而基本否认老年人本身还具有社会生产性价值，以及比较轻视他们在家庭生活和社区建设中的余热作用。再如，社会上不少人对于老年生活幸福的理解就是衣食无忧、病有所治、闲有所乐，而对于老年人价值的自我实现这一高层次需求则不置可否，认为退休了去继续追求实现个人社会价值不自量力。在因循守旧的传统文化和心理的影响下，不少老年人陷入"养老养

---

① 《习近平：推动老龄事业全面协调可持续发展》，新华网，http：//www.xinhuanet.com/politics/2016-05/28/c_1118948763.htm。

老，愈养愈老"的误区，其结果自然是对家庭和社会均有所不利。因此，在老龄事业和老龄工作中，河南省涉老工作部门理应科学地开展人口老龄化省情教育，引导全社会更新思想文化观念，端正老龄价值取向，全面、深入地推动全省健康老龄化和积极老龄化进程。

（二）发掘老龄生产性价值，增加人口质量红利

总体而论，人口老龄化对于河南省经济社会发展既是挑战也是机遇。虽然目前河南省劳动适龄人口规模依然比较庞大，人口数量红利在一段时期内仍然存在，但进入中度老龄化社会以后，老龄人口在全省非劳动适龄人口中的占比将会提高，以致劳动力供给数量渐趋减少，加重家庭养老和社会养老负担，增添为老公共服务供给压力。这样一来，就需要转变思路，从以往的单纯利用人口数量红利，向积极开发人口质量红利或高度重视人才红利转变。在我国老龄人口中，60～69岁的低龄老人占比为55.83%[1]，若按照这一比例，河南省60～69岁的低龄老人应有1002.93万人之多。在这上千万低龄老人中，不乏具有知识、经验和技能优势者。他们的知识、经验和技能优势的发挥，理所当然地蕴涵社会生产性价值。尤其是那些具有较高专业技能和丰富工作经验的老年科技或教育工作者，他们可望为社会创造出更多的物质和精神文化财富。因此，河南省涉老工作部门应考虑如何进一步加大老年人力资源开发力度，提高低龄健康老年人的劳动参与率，制定相关政策鼓励和支持低龄老人在公共服务、社区建设等领域弹性灵活参与，大力发掘老年人力资源及人才资源对经济社会发展的贡献值，为老人实现自身社会价值提供更多机会、更广阔平台和更有效制度保障。

（三）大力提升养老社会保障程度

大力提升养老社会保障程度，是提高保障和改善民生水平的重要内

---

[1] 《第七次全国人口普查主要数据结果新闻发布会答记者问》，国家统计局官网，http://www. stats. gov. cn/tjsj/zxfb/202105/t20210511_ 1817274. html。

容。近年来，河南省有关部门抓住老龄居民最关心、最直接、最现实的养老保障问题，采取有效政策措施加以改善：从 2020 年 1 月 1 日起，为退休人员调整提高基本养老金，惠及全省 503.2 万名退休人员，其中企业退休人员 382.4 万人、机关事业单位退休人员 120.8 万人；与此同时，从 2020 年 7 月 1 日起，还提高全省城乡居民基础养老金最低标准，每人每年增加 60 元，惠及 1559 万名老年城乡居民。① 尽管如此，与江苏、广东、北京、上海等发达省市相比，河南省老龄居民的基本养老金和基础养老金的人均水平依然较低，并且每年增加的幅度也较小。这就需要把改善和保障老年民生放在政府工作重要位置，不断加大对全省老龄居民基本养老金和基础养老金增加的幅度，使河南老人们的获得感、幸福感和安全感更为踏实。

（四）不断增强社会养老服务的供给能力及质量水平

不断增强社会养老服务的供给能力及质量水平，是构建居家社区机构相协调、医养康养相结合的养老服务体系的客观要求。对于河南来说，在这方面需要从以下几点着重付诸努力。

1. 在政府购买服务、养老设施兴建用地、废旧场所利用达标、简化行政审批手续等方面，进一步加大政策支持力度同时提高兑现程度，以便鼓励养老机构直接嵌入社区，承接社区居家养老服务设施的建设和运营。

2. 在城镇，鼓励社会力量与社区卫生服务中心联手兴办"医养"结合型居家养老服务机构；为有利于一些失能半失能老人及高龄老人看病方便，应当进一步打通"医养"结合通道，以相关政策规定一些可以在此类中心诊治的疾病，不去住院也可报销。此外，也可引导一些条件较好的大中型养老机构与有关社会服务机构联手介入社区，以智慧养老信息服务平台覆盖较多社区，并且提供多样化服务。

---

① https：//www.163.com/dy/article/G09QIE9R051495D4.html.

　　3. 在乡村，进一步推进乡镇敬老院社会化运营改革，充分发挥其在推动乡村居家和社区养老服务中的标杆作用，促使其逐渐成为乡村地区综合性养老服务中心。尤其是对惠及"留守老人"、"空巢老人"、高龄老人的互助养老，政府有关方面应继续大力提倡并给予政策支持，以缓解乡村居家和社区养老服务资源匮乏的压力。

B.16
河南省人口发展的现状特征及未来态势

——基于七次全国人口普查数据的分析[*]

冯庆林[**]

摘　要： 人口发展是一个长期延续的战略性问题，事关全省经济社会高质量发展的大局。本文利用七次全国人口普查数据，对河南省人口发展的现状特征和发展趋势进行了分析。在此基础上，针对河南省人口在规模、结构、素质等方面的发展变化，提出河南未来应对人口发展的四项举措，即维持适度生育水平、积极应对人口老龄化、实施更为积极的人才战略、推动以人为核心的新型城镇化。

关键词： 人口发展　人口普查　河南省

　　2020年5月，河南省第七次全国人口普查公报正式发布。从2010年第六次人口普查到2020年第七次全国人口普查的十年时间内，河南作为全国人口大省，在人口总量、结构、素质、迁移流动等方面出现了一些新的变化和特征，深刻影响着全省经济社会高质量发展的实践进程。其中既存在有利于促进人口发展的积极因素，同时又面临着一些影响人口均衡发展的突出问题。利用七次全国人口普查数据对全省人口发展的现状及未来发展态势进行深入分析和研究，有助于全面把握全省人口发展规律，统筹解决人口问题，促进全省人口全面协调发展。

---

　　* 文中数据除标注的以外全部来源于历次全国人口普查数据公报。
　　** 冯庆林，河南省社会科学院社会发展研究所助理研究员，主要研究方向为人口社会学。

一 当前河南省人口发展的现状特征

利用七次全国人口普查数据对河南省人口发展现状进行分析，其呈现出以下几个方面的特点。

（一）人口总量稳步增加

从表1可以看出，新中国成立以来，河南省的人口总量呈稳步增加态势，年平均增长率在计划生育实施前呈上升趋势，随后逐渐下降，从2010年开始又略有回升，但全国人口的年平均增长率却在逐步下降，预示着全国人口总量即将到顶。截至2020年第七次全国人口普查，全省常住人口为9936.6万人，与2010年相比增加534.2万人，10年间人口增量位居全国第五位，增长5.68%，年均增长0.55%，分别高于全国0.3个和0.02个百分点。与全国其他人口大省广东和山东相比，常住人口总量与第六次人口普查相比，依然位居全国第三位（见图1）。

表1 河南省历次人口普查的人口总量变化

单位：人，%

年份	河南		全国	
	总人口	年平均增长率	总人口	年平均增长率
1953	44214594	—	582603417	—
1964	50325511	1.25	694581759	1.61
1982	74422739	2.66	1008175288	2.09
1990	85509535	1.75	1133682501	1.48
2000	92560000	0.79	1265825048	1.07
2010	94023567	0.16	1339724852	0.57
2020	99365519	0.55	1411778724	0.53

（二）家庭户规模持续小型化

随着生育水平的持续下降，以及人们居住条件和生活水平的日益提高，

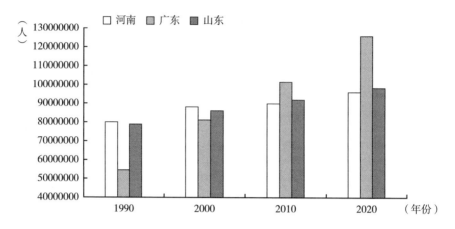

图1 河南省与其他省份人口总量比较

加之家庭观念和生活方式的改变，家庭户的数量和规模结构不断发生变化。一方面河南省的家庭户数量不断增加（见图2），另一方面全省平均每个家庭户人口不断减少，已经从1982年的4.7人减少到了2020年的2.86人（见图3），与全国相比，河南省的家庭户规模一直高于全国平均水平，2020年平均每个家庭户人口依然高于全国0.24人。一升一降使全省家庭户规模日益小型化。

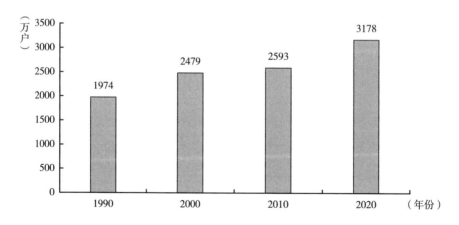

图2 河南省近四次人口普查家庭户数量变化

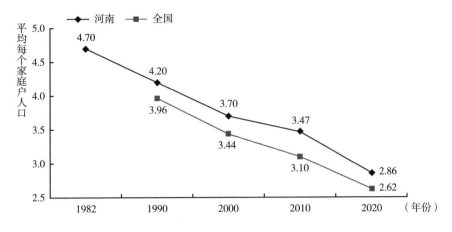

图3　河南省平均每个家庭户人口与全国比较

（三）劳动适龄人口比重下降

从表2可以看到，2020年15～64岁年龄人口为62974661人，与2010年的劳动年龄人口相比，十年时间减少了3444181人，平均每年减少约34万人。2020年全省15～64岁人口占常住人口比重为63.37%，与2010年相比下降了7.27个百分点。与全国15～64岁人口所占比重相比，历次人口普查河南都低于全国，2020年达到5.18个百分点的差距，这与河南外出务工人员多为青壮年有关（见表3）。

（四）老龄化进程不断加快

从比重上看，2020年河南省60岁及以上人口比重为18.08%，其中65岁及以上人口的比重为13.49%，比2010年人口普查分别上升5.35个和5.13个百分点。从数量上看，全省2020年65岁以上人口数为13401904人，比2010年增加了约554万人，明显比2000年到2010年十年间增加的141万多人高出很多（见表2），这表明全省的老龄化进程越来越快。此外，从表3可以看出，全国2020年65岁及以上人口比重是13.50%，河南省与全国的老龄化程度基本相当。

表 2　河南省人口年龄结构构成情况

单位：人，%

年份	0～14 岁		15～64 岁		65 岁及以上	
	总量	占比	总量	占比	总量	占比
2000	24010000	25.94	62110000	67.10	6440000	6.96
2010	19745926	21.00	66418842	70.64	7858799	8.36
2020	22988954	23.14	62974661	63.37	13401904	13.49

表 3　河南省人口年龄结构与全国比较

单位：%

年份	0～14 岁		15～64 岁		65 岁及以上	
	河南	全国	河南	全国	河南	全国
2000	25.94	22.89	67.10	70.15	6.96	6.96
2010	21.00	16.60	70.64	74.53	8.36	8.87
2020	23.14	17.95	63.37	68.55	13.49	13.50

（五）城镇化水平快速提高

第七次全国人口普查数据显示，2020 年河南省城镇常住人口为 5508 万人，比 2010 年增加 1886 万人，常住人口城镇化率为 55.43%，比 2010 年提高 16.91 个百分点，十年年均提高 1.69 个百分点，与上一个十年年均提高 1.53 个百分点相比，城镇化进程加速明显。但同全国相比，河南省城镇化率仍比全国 63.89% 的平均水平低 8.46 个百分点，与 2000 年和 2010 年分别差 13.05 和 11.16 个百分点相比，差距不断在缩小，但差距仍很大（见图 4），全省城镇化发展仍有较大空间。

（六）人口素质持续提升

第七次人口普查数据显示，2020 年全省 15 岁及以上人口的平均受教育年限达到 9.79 年，略低于全国的 9.91 年，比 2010 年增加 0.84 年；16～59 岁劳动年龄人口的平均受教育年限达到 10.65 年，比 2010 年增加

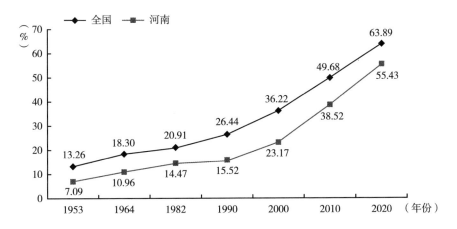

图4 河南省城镇化率与全国比较

1.05年。文盲率从2010年的4.25%下降为2.24%，比全国的2.67%低0.43个百分点。同时我们也注意到，河南省每10万人中拥有大专及以上文化程度的人数为11744人，比2010年增加5346人，但与全国平均水平相比仍然少3723人，在全国31个省、自治区、直辖市中排名第27位。此外，2020年河南省每10万人中拥有高中文化程度的人数为15239人，比2010年增加2027人，首次超过了全国15088人的平均水平，这表明十年来河南大力发展中等职业教育取得明显成效（见表4）。

表4 每10万人中受教育程度河南省与全国比较

单位：人

年份	小学文化程度		初中文化程度		高中文化程度		大专及以上文化程度	
	河南	全国	河南	全国	河南	全国	河南	全国
1982	31200	35237	19170	17892	6320	6779	330	615
1990	34730	37057	26540	23344	7070	8039	850	1422
2000	33196	35701	39392	33961	10031	11146	2674	3611
2010	24108	26779	42460	38788	13212	14032	6398	8930
2020	24557	24767	37518	34507	15239	15088	11744	15467

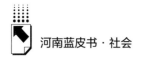

（七）人口流动更加活跃

从省内流动来看，全省常住人口中，2020年人户分离人口为2564万人，与2010年的976万人相比增长162.70%，其中市辖区内人户分离人口为444万人，省内流动人口1993万人，比2010年的745万人增长167.52%，外省流入人口127万人，增长115.09%。从跨省流动来看，2020年河南省外出到其他省份半年以上的人口有1610万人①，与2010年的1015万流入外省人口相比增长58.62%，省内流动人口已经超过流入外省人口。总的来看，随着城镇化进程加快，人口流动活跃度持续增强。

（八）各地区人口分布变化显著

从2000年到2020年，河南省各地区的人口分布变化显著（见表5）。第五次人口普查排在前六位的是周口、南阳、商丘、驻马店、郑州和信阳，第六次人口普查排在前六位的是南阳、周口、郑州、商丘、驻马店和洛阳，第七次人口普查排在前六位的是郑州、南阳、周口、商丘、洛阳和驻马店，郑州市常住人口已经从2000年的第五位上升到全省第一，所占比重也从2000年的7.30%提高到了12.68%，人口增加了约594万人，几乎翻了一倍。洛阳市作为副中心城市，二十年来人口增加了约83万人，全省人口排名也从第七位上升到了第五位。新乡市常住人口占全省比重逐步增高，从2000年的5.93%上升到了6.29%，人口增加了约84万人。周口、驻马店、信阳三市占全省人口比重逐步下降，二十年来周口下降1.6个百分点，驻马店下降1.12个百分点，信阳下降0.89个百分点。从2010年到2020年，人口增加排前五位的分别是郑州、新乡、洛阳、商丘、安阳，人口减少最多的是南阳市，减少约54万人，已经不再是人口过千万的城市。此外，驻马店、三门峡、漯河、焦作、鹤壁等市常住人口都出现了不同程度的减少。

---

① 河南省第七次全国人口普查主要数据结果新闻发布会答记者问，2021年5月14日。

表5 河南省各地区人口分布变化

各地市	常住人口（人）			所占比重（%）			2020年与2010年相比人口增减量（人）
	2000年	2010年	2020年	2000年	2010年	2020年	
郑州市	6659000	8626505	12600574	7.30	9.17	12.68	3974069
开封市	4580000	4676159	4824016	5.02	4.97	4.85	147857
洛阳市	6227665	6549486	7056699	6.83	6.97	7.10	507213
平顶山市	4798000	4904367	4987137	5.26	5.22	5.02	82770
安阳市	5161106	5172834	5477614	5.66	5.50	5.51	304780
鹤壁市	1401900	1569100	1565973	1.53	1.67	1.58	-3127
新乡市	5408000	5707801	6251929	5.93	6.07	6.29	544128
焦作市	3288816	3539860	3521078	3.61	3.76	3.54	-18782
濮阳市	3458700	3598494	3772088	3.79	3.83	3.80	173594
许昌市	4118000	4307199	4379998	4.52	4.58	4.41	72799
漯河市	2260000	2544103	2367490	2.48	2.71	2.38	-176613
三门峡市	2176123	2233872	2034872	2.39	2.38	2.05	-199000
南阳市	9720000	10263006	9713112	10.5	10.92	9.78	-549894
商丘市	7753000	7362472	7816831	8.50	7.83	7.87	454359
信阳市	6526000	6108683	6234401	7.16	6.50	6.27	125718
周口市	9741000	8953172	9026015	10.68	9.52	9.08	72843
驻马店市	7454000	7230744	7008427	8.17	7.69	7.05	-222317
济源市	626500	675710	727265	0.69	0.72	0.73	51555

二 当前河南省人口发展面临的突出问题与挑战

纵观当前河南省人口规模、人口结构以及人口素质等发展现状，全省的人口发展形势主要面临以下几方面的问题与挑战。

（一）家庭户规模持续小型化带来巨大挑战

家庭户是指以家庭成员关系为主、居住一处共同生活的人组成的户。从历次人口普查数据可以看出，河南省家庭户规模正逐渐趋向小型化（见图3）。究其原因，主要是近年来随着城镇化的快速推进，城市落户政策不断放宽，人口迁移流动日益频繁，再加上住房条件的改善以及年轻人婚后独立居住的生活习惯等因素影响，原本居于一户的家庭成员多分散居住。此外，实行多年的独生子女政策使得家庭子女数量减少，这也是家庭户规模下降的主要原因之一，尤其是近年来随着生育率下降，进一步加剧了家庭户人口的减少。家庭户规模的日益小型化，导致大量的空巢家庭、独居家庭、核心家庭等，一定程度上削弱了家庭传统功能的发挥，进而影响整个社会生活。这就要求必须进一步完善城乡社会保障体系，扩大基本公共服务覆盖的深度和广度，从而满足家庭小型化后在养老照护、教育抚养等方面的社会需求。

（二）应对人口少子老龄化的挑战将日趋严峻

我国从 2006 开始进入初始人口少子化状态[①]，与人口老龄化并存的年龄结构状态初步形成。为减缓人口少子化的进程，我国从 2016 年开始实施"全面二孩"政策，并于 2021 年 8 月 20 日全面放开"三孩"。虽说受政策影响，少儿人口出生率会出现小幅回升，但从长期来看，随着育龄妇女总人口的不断减少，我国人口少子老龄化的进程必将持续进行。从河南省目前情况来看，虽然 0～14 岁少儿人口比重比全国高出 5.19 个百分点，老龄化程度与全国平均水平相当，但在全国人口少子老龄化的大背景下，河南省的少儿人口出生率回落、老龄化程度日益加深、劳动年龄人口持续减少、整个社会抚养负担不断加重等人口问题也将持续存在。因此，必须要未雨绸缪，通过及时调整各项政策，不断优化人口年龄结构，从而实现人口长期均衡发展。

（三）推进城镇化高质量发展面临较大压力

从历次全国人口普查数据可以看出，河南省的城镇化水平一直低于全国平均水平，但差距正在逐步缩小（见图 4），截至第七次全国人口普查，差

---

① 茆长宝、穆光宗：《国际视野下的中国人口少子化》，《人口学刊》2018 年第 4 期。

距依然有 8.46 个百分点。此外，全省各地市的城镇化率水平也差距明显（见表6），超过全省55.43%平均水平的地市只有 7 个，大部分地市的城镇化水平依然较低，尤其是一些传统人口大市和农业大市的城镇化率水平更低。城镇化的高质量发展不仅要关注城镇化的速度，更要注重质量，只有坚持推进以人为核心的新型城镇化，才能持续释放发展的潜力。但从目前情况来看，河南省城镇化水平不仅在速度上赶不上全国水平，在发展质量上也存在诸多问题。比如随着各种要素资源向城镇汇集，部分农村地区呈现出教育、人才、医疗卫生等资源凋敝的现象，再如城市各种配套制度和公共服务设施等无法满足公共需求等问题，这都充分说明要实现真正意义上的新型城镇化还有很长的路要走。

表6　河南省各地市第七次全国人口普查城镇化率

各地市	城镇化率水平（%）	各地市	城镇化率水平（%）
郑州市	78.40	平顶山市	53.42
济源示范区	67.47	安阳市	53.04
洛阳市	64.98	开封市	51.83
焦作市	63.03	南阳市	50.59
鹤壁市	60.98	信阳市	50.12
新乡市	57.58	濮阳市	49.97
三门峡市	57.26	商丘市	46.19
漯河市	54.84	驻马店市	44.14
许昌市	53.55	周口市	42.58

（四）从人口总量优势转向人口素质优势面临较大挑战

河南历来都是全国人口大省，在人口数量上占有绝对优势。即使第七次全国人口普查数据显示河南省常住人口数量位居全国第三位，但是加上1610 万的流入外省人口，河南省的人口总量依然不容小觑。然而当前促进经济社会高质量发展依靠的是科技和人才实力，绝不是人口数量优势。历次全国人口普查数据显示，河南每 10 万人中拥有大专及以上文化程度的人数一直低于全国平均水平，且差距有逐渐加大的趋势（见图5）。这说明河南一方面仍需大力发展高等教育，另一方面也要加强对高素质人才的引进，唯有如此才能实现从人口总量优势向人口质量优势的转变。

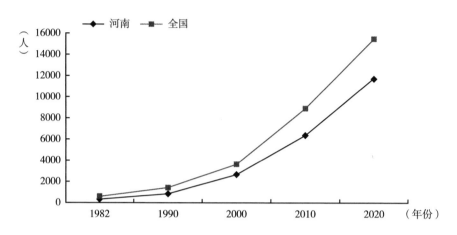

图5 河南省每10万人中拥有大学文化程度人数与全国比较

三 推动河南省人口发展的政策建议

人口发展问题是一个长期延续的战略性问题，事关全省经济社会发展的大局。在了解全省人口发展的基本现状和发展趋势的情况下，顺应当前人口发展的基本趋势，建设与之相适应的社会经济政策，从战略高度全面做好新时期的人口工作。

（一）努力保持适度生育水平

从"全面二孩"政策，到目前放开"三孩"的生育政策，中国近年来不断调整完善生育政策，并取得了一定的成效，但从全国人口普查的数据来看，这些政策的出台能否实现生育水平的持续提升还是未知数。河南虽然目前0~14岁少儿人口的比重高于全国，但必须要认清人口发展的总体趋势，提前应对生育水平持续走低的风险。为此，要尽快完善相关政策，消除导致生育率下降的障碍，营造有利于生育的社会环境。如在婚恋环节，要加强适婚青年婚恋观、家庭观教育引导，对婚嫁陋习、天价彩礼等不良社会风气进行治理；在生育环节，要提高优生优育服务水平，完善婚育假期制度，改善妇女就业环境；在养育环节，要合理配置社会服务资源，大力发展普惠托育服务体系；在教育环节，要进一步深化教育改革，切实减轻家庭教育负担；在家庭环节，要构建以增强家庭发展能力为重点的人口政策体系，等等。

（二）全面贯彻落实积极应对人口老龄化国家战略

随着老龄化进程的不断加快，未来必将出现养老负担持续加重和养老服务需求日益增多的双重困境。因此，全面贯彻落实积极应对人口老龄化国家战略，事关国家发展和民生福祉，是实现经济高质量发展和维护社会和谐稳定的根本举措。为此，需要加快建立健全社会保障体系和养老服务体系；稳妥实施渐进式延迟退休年龄，提高劳动参与率，减缓劳动力供给下降趋势；抓紧时间探索建立长期护理保险制度等一系列制度框架，缓解社保资金的支付压力；完善多层次养老保障体系，加快建设居家社区机构相协调、医养康养相结合的养老服务体系和健康支撑体系，等等，为积极应对人口老龄化提供必要保障。

（三）实施更为积极的人才战略

人才资源是经济社会发展的主要动力，优质的人力资本存量在城市和产业发展过程中扮演着越来越重要的角色。当前河南省人口总体素质与全国相比依然存在较大差距，而且作为人口大省，2020年就有1610万劳动力大军输送到外省，人力资源和人才资源流失严重，如何把全省巨大的劳动力资源优势转化为人才优势，是摆在我们面前的一项重要任务。为此需要加强人才的"引育并重"，一方面通过大力发展教育事业，将教育摆在优先发展的战略地位，继续加强高等教育和职业教育的培育与发展，大力培养本地人才；另一方面，也要不断加大人才引进力度，落实人才引进政策，通过优化营商环境，加大创业支持力度等，引导出省劳动力回流就业创业，吸引省内外高

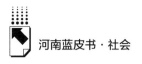

技术人才落户河南，逐步形成人才的"虹吸"效应，进而改善人口结构，实现河南经济社会高质量发展。

（四）推动以人为核心的新型城镇化发展

随着城镇业已成为人口要素和资源要素聚集的重要载体，城乡居民对优美环境、健康生活、休闲娱乐等方面的需求日益提高，这就要求必须以人为核心来推动城镇化的发展。当前，河南省城镇化率水平与全国相比差距已经越来越小，在注重城镇化发展速度的同时，应该更加注重质量的提升。为此，一要逐步提高户籍人口城镇化率。河南作为农业人口大省，户籍人口城镇化率一直落后很多，第七次全国人口普查数据显示，河南省人户分离人口就有两千多万。城镇化的本质是让农民进城就业和生活，如何让庞大的农业转移人口真正安家在城镇，这是新型城镇化的首要任务。二是不断提高城乡基本公共服务均等化水平，逐步建立城乡统一、市民与农民公平享有的基本公共服务体系，实现劳动力等生产要素在城乡双向自由流动，这是新型城镇化的另一要求。三是不断提高城乡宜居环境。城镇化的目标在于提高人民生活品质，促进社会和谐发展，而这一切都需要以合理的城镇化布局和良好的生态环境为前提条件。

B.17
河南省0~3岁婴幼儿照顾困境
及其服务体系构建研究

——基于郑州市的调查

摘　要： 基于我国的人口结构、生育政策及其造成的影响，2016年我国生育政策实现了由"单独二孩"政策到"全面二孩"政策的转变。全面二孩政策实施以来，我国0~3岁婴幼儿数量也实现了短期内的增长。而城市0~3岁婴幼儿父母大多以双职工为主，对于婴幼儿照顾缺乏时间和经验。在国家政策的扶持之下，社区照顾、机构照顾相关行业也逐渐发展起来补充家庭照顾的不足。但是由于社区照顾、机构照顾在收费标准、照顾内容、照顾水平等方面水平不一，其在市场运转中也面临着较大的质疑。本研究以全面二孩政策为背景，通过对0~3岁婴幼儿家庭成员的实际调查，了解其对家庭照顾、社区照顾、机构照顾的需求及看法，探究目前婴幼儿照顾发展过程中的问题及态势。基于多元参与视角，从家庭、社区、机构三个参与主体提出了构建0~3岁婴幼儿照顾服务发展体系新模式，为解决其照顾困境问题提供决策参考。

关键词： 全面二孩　0~3岁婴幼儿　托育服务　照顾困境

---

* 课题组成员：徐京波，郑州轻工业大学政法学院社会工作系主任，副教授，社会学博士；丁彤、原梦、魏晓莹、徐文楠、陈密琳、杨倩文、高阳，郑州轻工业大学政法学院硕士研究生；冯梦苗、谢慧、周欣怡、邹桂阳，郑州轻工业大学政法学院学生。

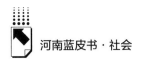
2016 年 1 月 1 日，基于我国人口结构、生育状况及其造成的影响，生育政策实现了由"单独二孩"到"全面二孩"的转变。国家统计局数据显示，2016～2018 年我国新生二孩占新生儿的比例逐年上升，其中 2018 年二胎新生儿数量达 760 万，占新生儿比例的 50%。因此，全面二孩政策的提出，使得新增的婴幼儿面临着迫切的托育服务需求。

城市 0～3 岁婴幼儿的父母主要以双职工为主，在对 0～3 岁婴幼儿照顾方面缺乏时间和精力，因此婴幼儿照顾类型的选择也以家庭照顾和机构照顾为主。其中家庭照顾又包括两个方面，一是家庭中的老人代为照料，因此产生老漂族这一群体，从而也产生一系列的代际矛盾和冲突；二是夫妻双方中的一方全职照顾，这样既增加了家庭经济负担，也可能会影响夫妻之间关系和谐。另外，一些社会力量也参与到 0～3 岁婴幼儿照顾服务中，形成了相关机构，但是机构照顾也因收费标准、照顾内容、照顾水平等在市场运转中面临着质疑。本研究将以全面二孩政策为背景，运用问卷调查法和访谈法，发现 0～3 岁婴幼儿照顾面临困境，并分析其原因，从而构建可操作性较强的服务体系。

本研究从家庭照顾压力较大、机构照顾的不规范和社区照顾的缺失三个角度探究婴幼儿照顾困境的表现形式；从二孩政策导致 0～3 岁儿童数量的增加、大量女性进入职场、家庭结构的核心化、社会支持的滞后性探究婴幼儿照顾的形成机制。基于多元参与视角，从家庭、社区、机构三个参与主体提出构建 0～3 岁婴幼儿照顾服务发展体系新模式，为解决 0～3 岁婴幼儿照顾困境问题提供参考。

一 研究方法与样本情况

（一）问卷调查法

本研究对郑州市 10 个小区中 0～3 岁婴幼儿家庭成员进行问卷调查。调查内容主要包括婴幼儿家庭照料、社区照料和机构照料情况。本次调查共发放问卷 260 份，回收问卷 260 份，回收率 100%。调查样本中，男性占

33.7%，女性占 66.3%；年龄构成中，18~29 岁占 25.3%，30~44 岁占 60.6%，45~59 岁占 9.2%，60 岁及以上占 4.8%；文化构成方面，初中及以下占 7.2%，高中或中专占 12.4%，大专占 20.1%，本科占 46.6%，硕士及以上占 13.7%。

（二）访谈法

本研究通过对 0~3 岁婴幼儿家长的访谈，了解不同照顾方式之下 0~3 岁婴幼儿照顾现状，分析 0~3 岁婴幼儿照顾困境在家庭中的具体表现形式、形成机制，而后结合实际访谈内容、相关资料，结合自己的思考，提出 0~3 岁婴幼儿困境的规避策略。

（三）文献法

通过查阅相关政策文献，了解国家关于全面二孩以及婴幼儿照顾的相关政策，探究婴幼儿照顾在中国的发展趋势；通过查阅相关研究文献，了解我国婴幼儿照顾的发展情况以及其他国家的婴幼儿照顾模式，结合具体政策发展现状，探究构建我国婴幼儿照顾模式。

二　0~3岁婴幼儿照顾困境的表现形式

（一）机构照顾困境

1. 托育行业准入

全面二孩背景下，76.08% 的受访家长期望孩子能送去托育机构，其中希望能上全日制的占 84.2%，但目前的托育行业还处在管理缺乏、经营牌照申请不清晰的状态，这让家长在选择托育机构方面面临较大困境。

目前在郑州接触过的 0~3 岁婴幼儿托育机构主要是以幼儿园为基础成立的幼托班、个人以社区为单位成立的私人的托育单位、正式的托

育机构。虽然各种类型的托育机构都开始成立，但成立得较为容易，也不觉得有什么准入标准。（A1）

托育行业准入标准暂缺，这必定会造成托育机构质量参差不齐的后果，从而导致托育行业监管难度提升，进一步影响托育行业的健康规范发展。

2. 托育师资队伍

托育师资队伍建设是办好托育服务的重要前提与要求，这关系到托育服务质量的提升与托育行业的可持续发展。目前我国的托育行业存在专业人员资格证不足、人员流动性高、师资力量缺乏等问题。此外，托育行业的老师们获取专业培训的机会也较少。

表1　对当前机构师资力量评价情况

	频率	百分比	有效百分比	累计百分比
1分	43	17.2	17.2	17.2
2分	44	17.7	17.7	34.9
3分	84	33.7	33.7	68.7
4分	46	18.5	18.5	87.1
5分	32	12.9	12.9	100.0
合计	249	100.0	100.0	

据表1可得，大多数家长对于当前托育机构的师资力量打分相对较低，仅有31.9%的家长评分在3分以上。家长对于托育机构老师的专业度不信任、机构师资力量薄弱是托育机构当下亟待解决的问题。

3. 基础设施需求

基础设施包括地理位置、环境、各类设备以及餐饮状况等。目前各类托育机构水平参差不齐，访谈得知基础设施的配备情况对家长选择托育机构具有较大影响。

以个人为基础在社区承办的托育机构主要是在一个三居室进行，孩子缺乏一定的活动空间，新建的托育机构在环境以及孩子身体健康保障

方面难以得到保障，而幼儿园成立的幼托班虽具备一定的环境、设备基础，但在餐饮上却时常难以满足孩子的需求。（A1）

表2　对当前机构评价情况

单位：分

	地理位置	室内面积	托育环境	硬件设施	师资力量	收费情况	餐饮情况
平均值	2.95	2.86	3.00	2.95	2.87	2.89	2.86
众数	3.00	3.00	3.00	3.00	3.00	3.00	3.00
最小值	1.00	1.00	1.00	1.00	1.00	1.00	1.00
最大值	5.00	5.00	5.00	5.00	5.00	5.00	5.00

据表2可得调查对象对当前所了解机构的各方面情况打分最多和平均值均为3分，表明其对机构的基础设施满意程度一般，有待改善。其中托育环境平均值得分为最高3分；地理位置和硬件设施平均值得分均为2.95分；室内面积和餐饮情况平均值得分都较低。这些数据和访谈内容相照应。

儿童托幼是衡量社会保障、儿童福利水平的重要方面。合理布局公共托幼资源，建立托育服务行业准入标准，优化托育师资队伍，对托育行业基础设施进行优化评估等，才能真正满足公众对于托幼服务水平的要求，从而在全面二孩政策下，带动托育行业规范化发展，减轻民众生育二孩的顾虑。

（二）家庭照顾困境

1.经济压力

在当今经济社会快速发展的背景下，大多数人的生活质量得到了提高，但伴随着车贷、房贷等还款压力，在抚育孩子的过程中，支出不断增加，经济压力也随之不断提升。

孩子一岁半，在访谈过程中他提到，在没有生孩子之前是没有预料到养孩子是有那么大的经济支出的，在生了孩子之后，家庭收入的1/3甚至1/2被用于照顾孩子，因而面临的经济压力也随着孩子的出生逐渐

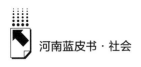

增加。（A3）

在访谈中，也有多位受访者表明已知有意愿送去的社区照顾机构费用较高，将孩子送入的话开支将会增加，经济压力也可能伴随着增大。

2. 工作和计划安排

多数受访者都表示孩子的出生改变了自身对时间的支配，更有甚者把精力全部投入孩子身上。同时，为了满足或者达到对孩子教育的优势最大化，他们都乐意在孩子身上花费一定的时间，即使这会牺牲个人的休闲娱乐时间甚至是工作时间。

3. 家庭关系

家庭关系不仅包括人与人之间的互动，还涵盖了教育理念的异同。根据大部分受访者的反馈，家庭关系或多或少都是有些改变的，但是一部分是积极的改变，一部分是消极的倒退。

表3　家庭育儿过程中常出现的争执情况

	频率	百分比
父母双方经常冲突	125	50.2
祖辈与父辈经常冲突	144	57.8
祖辈之间冲突	54	21.7
基本未争执	40	16.1

据表3得，50.2%的家庭中孩子父母双方常发生育儿冲突，57.8%的家庭中祖辈和父辈也常发生冲突，仅有16.1%的家庭在育儿方面基本没有冲突。部分受访者认为争吵可以从侧面促进家庭理念的融合，是一种互动式地促进交互过程，也有受访者表示争吵会使家庭关系逐渐疏远。过度的压力往往会造成心理上的压抑，从而引起消极倦怠等一系列不良反应。这也会打击部分人的积极性，在一定程度上对经济可持续发展产生影响。

（三）社区托育服务困境

社区托育服务是指机构在社区依托固定场所设施，采取全日托、半日托、计时托、临时托等方式，为社区内3周岁（含）以下婴幼儿提供的照料、看护、膳食、保育等托育服务。新时代背景下，随着婴幼儿数量的不断增加、家庭结构核心化走向以及女性大量进入职场，民众对婴幼儿托育服务的需求也不断增加。社区作为向人民提供公共服务的重要载体，在提供婴幼儿托育服务方面具有贴近百姓需求、就近就便的特点。因而充分整合优化社区的现有资源，将有利于托育行业的发展。

托育行业的大背景之下，尽管政府大力提倡从多方入手建立完善的托育服务体系，但机构托育目前并没有得到很好的发展。同时，社区托育也面临着较大的困境。

社区中其实也存在托育的机构，但实际上这既不属于机构托育也不属于社区托育，都是由个人租房成立。他们主要以年龄较小的、缺乏人照顾的婴幼儿为服务对象，没资格证书，对孩子来说拥挤在一间三居室内也缺乏活动空间。如果可以依托社区或单位建立托育体系，对家长来说这种有熟人和熟悉环境的照顾状态是极为放心并且值得提倡的。（A3、A8）

表4　希望政府支持并引导社区托育服务发展的情况

	频率	百分比	有效百分比	累计百分比
是	171	68.7	68.7	68.7
否	78	31.3	31.3	100.0
合计	249	100.0	100.0	

据表4可得约68.7%的家长认为政府应该支持并引导社区托育的发展。在政府的支持和鼓励之下，社区养老逐渐得到了肯定和发展，与社区养老相同，未来社区托育也会因贴近需求、就近方便等特点成为托育行业的中流砥柱，而解决当前社区托育的困境问题，就是在为托育行业的发展铲平道路，这也需要居民、政府以及市场的多方协作去共同解决。

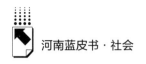

三 0～3岁婴幼儿照顾困境的形成机制

（一）家庭结构核心化

调查结果显示，我国目前的家庭规模不断减小，逐渐向核心化方向发展，核心家庭占据大部分，越来越多的年轻人更愿意脱离父母，选择和自己的另一半及孩子居住在一起。

从微观的角度来说，家庭结构的核心化使得家庭对亲属网络的依赖性减小，减少了家庭矛盾发生的可能性，也有利于培养青年的独立性，促进生活方式的多样化。但从宏观的角度来说，家庭结构的核心化，在一定程度上加剧了一些现实性社会问题的产生。比如社会的养老问题以及婴幼儿照顾压力。在这里我将着重描述婴幼儿照顾压力。

在访谈中得知多数受访家庭是核心家庭，其中大部分夫妻双方都有正式的工作，家庭结构的核心化使得他们中的大部分成员在照顾孩子方面面临困境。身为新手家长，缺乏经验的指导，面临父母与职员的双重角色，平衡难以掌握。因而一部分人选择辞职全职照料孩子，一部分人选择将孩子托付给家里的老人或者亲戚照料，还有一部分选择了机构托育或者是保姆看护。很多核心家庭的夫妻认为孩子只有在自己身边才更可靠。

> 养育孩子的过程是一个系统工程，都是第一次当父母，而父母是唯一没有经过任何培训就上岗的。一开始我们都会手忙脚乱，但是找到自己的节奏，反复实践，总结，一定会找到一个契合点，无论是和丈夫，还是和孩子。（A7）

家庭结构的变化是时代发展的有效体现，展现了当代青年独立自信的风采，但是家庭结构的逐渐核心化也使得新生代的年轻父母们在婴幼儿"由谁照料、如何照料"等方面面临困境，这些困境的产生也正表明在婴幼儿照顾方面国家、政府以及社会还需要付出更大的努力。

（二）大量女性进入职场

现代女性随着社会传统观念的改变和自身能力学识的不断提升，在社会中逐渐独当一面。原本相夫教子的女性要务的观念也随着大量女性进入职场而被逐渐破除，但是大量女性进入职场的事实并没有改变她们在家庭中的重要生育职能。相反，因为女性进入职场，由生育这一家庭重要职能所衍生的问题，使婴幼儿照顾困境逐渐加剧。

表5　不同性别认为女性在工作和家庭之间的冲突情况

单位：人，%

	没冲突	百分比	有且明显	百分比	有但不明显	百分比	总计	百分比
男	16	6.4	26	10.4	42	16.9	84	33.7
女	11	4.4	76	30.5	78	31.3	165	66.3
合计	27	10.8	102	41.0	120	48.2	249	100.0

据表5可得大部分调查对象认为女性在工作和家庭之间是存在冲突的。在问卷调查中，有42位男性和78位女性认为女性在工作和家庭之间有冲突，但是冲突并不明显，占48.2%；有26位男性和76位女性认为女性在工作和家庭之间存在明显冲突，占41%。

同时，女性的职场压力也不断增大。第三期中国妇女社会地位调查数据显示，从事非农劳动的18～64岁已生育女性"从开始工作到现在或者从刚开始工作到退休"，有20.2%的因为结婚生育或者照顾孩子而有过半年以上的职业中断经历。

在生小孩之前自己是有正式工作的，通过上班所获得的自我成就感也是让自己比较快乐的。但是在生了小孩之后，由于小孩没人照顾，自己就被迫辞职，在家全职照料小孩。在照顾小孩的过程中，与以前工作的时候的心情相比较，自己也总是会产生一些心理落差。在照顾孩子与上班之间，自己是毫无疑问会选择上班的，但是没有办法，孩子没人照

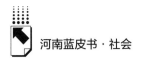

料，自己就必须辞职。（A4）

女性进入职场是时代发展的要求，也是时代发展的必然结果，但是由于女性进入职场而衍生的婴幼儿照顾困境却并没有消除。调查显示，有84.12%的女性认为二孩政策的实行对女性的就业以及工作造成了影响，而产生这一影响的主要原因是婴幼儿照顾压力。

（三）0~3岁二孩数量增加

全面二孩政策的放开，虽然直接影响到中国人口的年龄结构，恰好迎合了大部分人的想法，也是改善年龄结构的权宜之计，但是其导致了二孩数量的大规模增加。有关研究人员表示，这只能暂时调整人口年龄结构的比重，并不能从根本上对其加以质变。相反近年来随着二孩数量的大规模增长，他们的照顾问题一直是社会研究的焦点，我国的社会托育机构体系相对来说并不完善，且存在极大的地区差异，更有甚者是它的商业利益远高于实用价值，因此二孩数量的增加势必会导致其劣势的暴露。

托育只是一种思想理念的灌输，其真正有益价值还需要进一步考量。它指出，二孩的出现就个体而言极大地增加了家庭照顾的负担，而目前我国的托育机构情况还不是特别明朗，因此大规模二孩的出现给社会带来了严重压力。（A8）

表6　家中小孩去托育机构情况

单位：人，%

	有	百分比	没有	百分比	不了解	百分比	总计	百分比
18~29岁	8	3.2	45	18.1	10	4.0	63	25.3
30~44岁	32	12.9	110	44.2	9	3.6	151	60.6
45~59岁	5	2.0	10	4.0	8	3.2	23	9.2
60岁及以上	3	1.2	7	2.8	2	0.8	12	4.8
合计	48	19.3	172	69.1	29	11.6	249	100.0

据表6和访谈得知，约一半家长其实内心不接受托育，这部分家长大多是"70后""80后"，也受到时代的影响。但在接受调查的"90后"家长中，支持托育机构选择的为少数，托育在中国的发展前景还不是很明朗。

二孩数量的激增虽然对人口年龄结构存在调整作用，但是短期内造成了社会照顾资源严重缺失的局面，使得照顾二孩的压力机制逐步形成，而从长期发展的角度来分析，过于庞大的二孩数量将在今后成为就业压力的主要诱因。

（四）社会支持滞后

社区支持滞后问题是婴幼儿照顾压力形成的重要因素之一，社会支持是一个重要的保障措施，根据访谈的结果，多数受访者认为我国的婴幼儿社会支持机制还不完善，他们无法放心地将孩子托付于不健全的机构，同时社区支持也无法满足他们的日常需求。

1. 社区政策

当前社会支持保障机制不健全，大部分家庭存在工作与孩子照顾不能兼顾的困境，部分女性也对生娃后重返职场的问题表示担忧，"幼有所育"问题在我国还未得到良好的解决。在我国，没有普及加强对家庭婴幼儿照顾服务的支持和指导，社区和机构对婴幼儿照顾服务的支持力度普遍不强。国家卫健委相关负责人表示：我国健全的婴幼儿照顾服务机构备案登记制度还未建立，也没有良好的信息公示制度和质量评估制度，从而导致了婴幼儿照顾服务的非专业化与不规范化。同时在我国缺少场地、财政补贴、税费优惠、减免租金、优先保障建设用地等政策措施，没有支持社会力量开展婴幼儿照顾服务，在这一方面我国的社会支持仍处于滞后状态，这也是照顾压力增加的主要诱因。

2. 托育机构

目前，我国0~3岁婴幼儿的人数在5000万左右，原国家卫计委2015年生育意愿调查显示，0~3岁婴幼儿在中国各类托幼机构的入托率仅为4%，远低于经合组织国家34%的平均入托率。托幼服务严重缺乏是社会支持滞后的又一个典型问题。当前多数幼儿园仅接收 3 岁以上的幼儿，产妇产假结束后，离幼儿入园也还有长达两年半左右的时间，专业的托育服务的缺失，逐渐使多数家长的后顾之忧成为现实。如果能够建立健全相应托育机构机制，让家长们放心地把孩子交给托育机构照顾，不仅能够减轻家庭压力，而且能够解放从职场退下来的女性，使其有机会重新步入职场，且更好地平衡家庭和工作之间的关系。

表 7　对托育机构具体时间预期情况

	次数	百分比	有效的百分比	累计百分比
有效计时托(8~20 点任意时段)	133	53.4	53.4	53.8
24 小时全托	14	5.6	5.6	59.4
全日制(8~17 点)	76	30.5	30.5	90
夜间托管(17~20 点)	5	2	2	92
周末托管	10	4	4	96
其他时间	10	4	4	100
合计	248	100.0	100.0	

表 7 表明，在对托育机构具体时间的预期选择中，选择有效计时托（8~20 小时任意）的占 53.4%，选择全日制的占 30.5%。家长们大都希望孩子能够得到随时托育或在上班时间可以得到托育。若遇加班、应酬等情况时，托育机构可以对孩子进行照顾，将极大减轻家长们的压力。

国外的社区政策相对健全，每年都会根据实际情况新建、扩建、改建一批婴幼儿照顾服务机构和设施。各级地方会在新建居住区规划、建设与常住人口规模相适应的婴幼儿照顾服务设施及配套安全设施，鼓励提供场地等。同时鼓励通过市场化方式，在就业人群密集的产业聚集区域，与用人单位完善婴幼儿照顾服务设施。在社区政策以及婴幼儿托育机构方面，我国的相对不完善导致了照顾压力的激增。

总之，社会支持的滞后性，在一定程度上造成了照顾压力的产生和发展，对于家庭生育意愿产生了较大影响。因而，注重婴幼儿社会支持网络的构建，也是完善照顾机制需要着重解决的一个刻不容缓的问题。

四 0～3岁婴幼儿照顾困境衍生的社会影响

（一）家庭关系不和谐

1. 夫妻矛盾

在对新生儿教育过程中，女性更愿意深入理解孩子的意愿，倾向于倾听孩子的倾诉，并且通过科学的解释与生动的言语来指引孩子。出于母性的原始本能，女性大部分时间会站在保护孩子的一方，更有甚者甚至会出现包庇或者溺爱孩子的现象。夫妻之间因为育儿观念的不合频频产生争吵时，往往是母亲站在孩子的一方而父亲则不然。随着孩子的出生，夫妻之间很少能够统一育儿的观点。由此爆发家庭的情感危机严重影响着夫妻之间的情感，严重的将诱发婚姻危机。这是婴幼儿照顾困境衍生的家庭情感危机的典型。

2. 婆媳矛盾

由于育儿观念处于两个不同的时代，家中老人易对现代化的教育感到惊诧。有时在孙辈遭受父母批评时，老人们往往出于疼爱的心理会站在与孩子父母对立的一面，孩子的父亲常常不敢参与其中，婆媳之间的直接对话由此产生，加之思想文化水平的不同，育儿理念的不一，婆媳之间往往会出现大规模的争吵，日积月累婆媳矛盾由此产生，而且这种矛盾一旦形成，便很难再次消融，从而引发的一系列社会问题时刻围绕着每一个家庭。再加上及时沟通环节的缺失，问题与矛盾不断加深，最终就导致了不可逆的家庭关系的破裂。

（二）女性就业压力大

育龄女性在就业问题上因为生育而滞后或者耽误就业。女性就业歧视导致女性就业压力的出现，同时也逐步扩大了女性劳动者就业困难的局面。从我国关于就业平等权的相关法律法规来看，目前只有原则性规定。在司法实践中，女性劳动者平等就业权益还得不到强有力的法律保障，从而导致维权

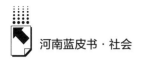

艰难。劳动就业是透视一个社会中女性的经济权利和社会地位的重要视角，女性在就业中获得并保有财产权利的重要途径和保障，也是实现男女平等、提高妇女地位的先决条件，更有甚者还会影响社会的稳定和发展。

（三）不利于全面二孩政策的推进

虽然我国已经全面迈入小康社会，居民生活水平有了很大的提升，但是普通家庭的生活压力依旧不小。在照顾孩子方面，生育、照料、上学、升学、就业等阶段所累积的养育成本大。另外，几十年的独生子女模式已经形成了"4-2-1"思维定式，满足于一个家庭一个孩子的现状，没有充足的再生育想法和动力，在一定程度上遏制了全面二孩政策的推进，不利于政策可持续发展。

五　0~3岁婴幼儿照顾服务体系的构建路径

（一）加强对婴幼儿家庭照顾的支持和引导

家庭是婴幼儿照顾的首要场所，父母是婴幼儿照顾的主要承担者。而0~3岁正是儿童语言、感官、动作、社会规范等发展的关键时期，对每位家长来说，居家照顾时如何将孩子照顾好、培养好相关的能力十分重要。

1. 建立新手爸妈培训制度

通过制度来对婴幼儿父母进行照顾儿童方面的指导，有利于年轻夫妇在进行生育之前，更有把握有能力迎接新生儿的到来，从而给新生儿创建更好的发展环境，提升婴幼儿的照顾质量，促进婴幼儿成长。

2. 建立相关婴幼儿照顾网络平台

新手爸妈培训制度的建立只能解决常见的婴幼儿照顾注意事项与问题，面对错综复杂的现实环境，每个人都可能在婴幼儿照顾的过程中面临不同的问题。建立相关婴幼儿照顾网络平台，由专家在线答疑，设置婴幼儿照顾分享模块，有利于帮助家长更加从容地处理现实中的问题，提升婴幼儿照顾质量。

3.加强婴幼儿照顾家政行业准入标准

随着时代的发展，家政行业也应该逐渐向年轻化、高学历化、专业化方向发展，这是提升婴幼儿发展状况的需要，也是民众生活质量日益提高下的更多需求。

在家庭政策中，托育托幼政策是一个重要组成部分。家庭照顾虽然家长是主要责任人，但是照顾品质的提升却需要整个社会的帮助和支持，需要政府加强对婴幼儿家庭照顾的指导与支持。有利于增加家长在生育孩子之前对婴幼儿照顾知识的了解，对现实生活中遇到的突发状况可以更快更有效地处理。对婴幼儿照顾产品的选择可以放心有依赖，让选择居家保姆照顾的家长更加放心，从而提升婴幼儿家庭照顾品质，让孩子更健康更舒适地成长与生活。

（二）加大对社区婴幼儿照顾服务的支持力度

1.建立相关社区照顾准则

对社区"家庭式照顾"进行规范。这种自发的、带有实践因素的社区照顾方式急需政府建立相关标准，对达不到环境标准、师资标准、托育服务质量标准、饮食标准等的社区托育机构进行整改，以确保婴幼儿照顾的安全性和品质的有效保障。

2.加大对社区照顾模式的扶持力度

根据实际情况，定时考察社区照顾机构发展状况，结合社区基本情况，对面临发展照顾困境的社区在政策、资金、技术、人才等方面给予鼓励和支持，引导社区成员选择社区照顾，推动社区照顾方式的发展，缓解婴幼儿照顾压力。

3.配备相关婴幼儿活动场所及设施

社区配备相关婴幼儿活动场所，有利于孩子在室外的群体活动中得到更大程度上的放松，促进儿童成长发育。

社区照顾将同社区或附近社区的婴幼儿汇聚到一起，有利于社区内部以及社区之间关系的发展，也可以在很大程度上缓解家长在婴幼儿照顾中面临

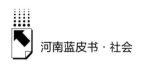

的压力，以及满足实时对婴幼儿照顾状况监督的需求，从而提升家长对婴幼儿照顾的满意度，保障婴幼儿照顾品质。

（三）规范发展多种形式的婴幼儿照顾服务机构

1.鼓励托育机构入驻社区

发展机构在社区内的家庭式照顾托育模式。托育机构入驻社区与社区内原有无证无保障的家庭式托育相比，能够为社区居民提供更加专业、值得信赖的托育服务，提升社区成员对婴幼儿照顾的信任感。

2.鼓励幼儿园开展幼托班

幼儿园在进行尝试的过程中，也要依据实际情况，不断地完善师资队伍建设，优化场地设施，合理调整婴幼儿课程、餐饮等，以提升托育的品质和质量，满足0~3岁这一特定年龄段的婴幼儿的发展需求。

3.发展政府主导的托育机构

由政府直接提供或购买专业服务。也可以依托教育部门发展托育、培养相关人才，依托财政资金、事业收入以及其他收入成立托育机构，充分发挥统筹兼顾的作用，对行业内托育机构进行监督，以保障托育机构的质量以及标准化水平。同时鼓励民办普惠性和非普惠性婴幼儿托育机构的发展。

参考文献

石智雷、刘思辰：《我国城镇3岁以下婴幼儿机构照顾供需状况研究》，《人口与社会》2019年第9期。

王晖：《3岁以下婴幼儿托育需求亟需重视》，《人口与计划生育》2016年第11期。

李雨群、孙艳香：《全面二胎政策下婴幼儿托育服务现状及对策分析》，《现代商贸工业》2019年第12期。

李宇：《全面二孩视角下的中国托儿机构困境及相关体系的思考》，《共享与品质——2018中国城市规划年会论文集（12城乡治理与政策研究）》2018年第11期。

洪秀敏、张明珠、朱文婷：《当前我国托育人员队伍建设的瓶颈与对策》，《中国教师》2020年第2期。

王翌:《0~3岁婴幼儿托育教师专业学习共同体的构建》,《中国教育学刊》2020年第3期。

刘中一:《家庭式托育的国际经验及其启示》,《人口与社会》2017年第7期。

闫慈:《缓解"老漂族"隔代照顾压力的对策与出路——构建托育服务多元供给模式研究》,《天中学刊》2019年第12期。

《全国妇联调查报告》2020年。

《关于养老、托育、家政等社区家庭服务业税费优惠政策的公告》(2019年第76号),2019年8月。

谷俞辰、李新宇、陆杰华:《新中国成立以来家庭结构变迁及其核心研究议题与未来方向展望》,《人口与健康》2019年第10期。

黄桂霞:《生育支持对女性职业中断的缓冲作用——以第三期中国妇女社会地位调查为基础》,《妇女研究论丛》2014年第4期。

段玉英:《"全面二孩"政策下包头市女性就业现状分析及建议》,《现代经济信息》2020年第3期。

刘淑霞、肖厚兰、黎芹冰等:《1岁以下婴幼儿照顾者实施优化培训对婴幼儿发育及疾病预防的效果分析》,《临床护理杂志》2018年第12期。

任远:《关于完善托育托幼政策的几点思考》,《中国人口报》2020年第5期。

潘亭秀:《婴幼儿托育机构发展现状及对策》,《中国人口报》2020年第1期。

B.18
河南籍毕业生的回省选择及政策启示[*]

——基于对省内外高校 1136 名豫籍毕业生的调查

孙亚梅[**]

摘　要： 由高等教育就学、就业引发的优秀青年人才流失数量规模庞大，是河南崛起过程中的人才痛点。在区域竞争加剧的时代背景下，把握豫籍学子流动规律、探索高素质人才回流路径对于实现人才强省战略意义重大。本研究利用在河南省内及省外就读的豫籍高校毕业生抽样调查数据和访谈等第一手资料，反映豫籍学子的毕业去向选择、就业流动特点、未来流动趋势、对现行人才政策的评价和期待等，在此基础上提出河南人才政策的相关建议。调查发现：疫情对就业产生了较大冲击，豫籍学子的升学比例较高；超过一半的豫籍毕业生倾向于在豫工作，且未来的回流规模将继续扩大；留豫学子结构不均衡，精英人才仍显著流失；选择在省内工作的学生，与选择在省外工作的学生，对河南经济社会各方面的主观评价存在显著差异；高层次人才对政策的关注度最高；面向基层就业的毕业生群体更倾向于留在省内。对现有人才政策的启示是：优化产业结构，修炼经济发展内功；把握流动周期，探索长线人才政策；关注精英人才，拓展人才贡献渠道；调整人才思路，把握教育改革机遇；促进三方合作，提高人才政策效能；拓展基层岗位，明确

---

* 基金项目：河南省哲学社会科学规划2020年度青年项目"豫籍大学生就业城市选择机制及政策引导研究"（2020CSH034）；河南省教育科学"十三五"规划2020年度一般课题"疫情影响下推进大学生基层就业的长效机制研究"（2020YB0091）。

** 孙亚梅，郑州轻工业大学社会工作系讲师，博士。

人才发展机制。

关键词： 豫籍毕业生　就业选择　人才流动　人才政策

一　研究背景

第七次全国人口普查公报显示，河南省有 9937 万常住人口。作为人力资源大省和人口流出大省，河南省还有 1000 多万户籍人口流出到其他省份。[①] 七普数据反映出人口向东部经济发达区域、城市群进一步集聚的趋势，又一次印证了人口迁移流动的整体强度与其社会经济发展水平有着密切的正相关关系[②]。在流出人口中，因高等教育流出的青年人才不容忽视。人才是经济社会发展的重要支撑，区域的竞争归根到底是人才的竞争。随着科技推进经济社会发展的进程加速，人才的重要性日益凸显，各城市也通过密集出台的政策打响"抢人大战"。

近年来，河南省高度重视人才工作，陆续出台包括最新的"黄河人才计划"等在内的人才新政。这些政策的显著效果可以从七普数据中看出：河南省是中部六省中唯一占全国人口比重上升的省份，其中郑州作为国家中心城市的集聚作用显著增强，成为河南省唯一一个常住人口超过 1000 万的城市，城镇化率达到 78.40%。[③] 河南省的人口和人才战略取得了良好效果，但与东部地区相比，中部地区尤其是中小城市人面临就业机会较少、就业层次较低，难以吸引高素质、高技能劳动力流入，存在地区间劳动力供需失衡

---

① 郭婷婷：《如何理解七普数据中的河南人口 9937 万》，河南省统计局，http：// www. ha. stats. gov. cn/2021/05 – 11/2142819. html，2021 – 05 – 11/2021 – 09 – 05。
② 程梦瑶：《中国流动人口的迁移转变与多元化发展》，《兰州学刊》2021 年第 7 期，第 120 ~ 132 页。
③ 河南省统计局数管中心：《图说河南省第七次全国人口普查结果》，河南省统计局，http：//www. ha. stats. gov. cn/2021/06 – 07/2159583. html，2021 – 06 – 01/2021 – 09 – 05。

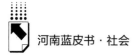
等问题。[①] 尤其应该引起注意的是，河南是人口大省、高等教育大省，但却非高等教育强省。由于优质高等教育资源相对匮乏，河南省青年人才通过高等教育就学、就业而流失省外的情况一直较为严峻。

作为高素质青年人才，大学毕业生历来是河南省吸纳创新人才、优化人才结构的重点群体。然而，由于河南省高等教育的客观劣势，每年由高等教育就学、就业带来的青年人才流失数量规模庞大，是河南崛起过程中的人才痛点。如何吸引更多的大学生建设河南，尤其是促进省外就学的豫籍学子回流，是河南加强人才支撑、建设中原城市群的重要课题。在区域竞争加剧的时代背景下，把握豫籍学子流动规律、探索高素质人才回流路径对于实现人才强省战略意义重大。本研究利用在河南省内及省外就读的豫籍高校毕业生抽样调查数据和访谈等第一手资料，反映豫籍学子的毕业去向选择、就业流动特点、未来流动趋势、对现行人才政策的评价和期待等情况，在此基础上提出人才政策的相关建议。

二 研究方法

（一）调查对象

课题的调查对象为豫籍毕业生，即高考生源地为河南省、在河南省内或省外的高等院校就读的、于2021年7月毕业的大学生。根据院校所在地差异，可分为省内就读和省外就读两个子群体；根据学历层次差异，可分为专科毕业生、本科毕业生、研究生毕业生三个群体。

由于毕业生中相当一部分将升学，而不是直接就业或创业，所以对于已确定工作的毕业生，数据反映了实际的就业情况，对于继续升学等尚未确定工作的毕业生，调查的是其就业意向。

---

① 童玉芬、刘志丽、宫倩楠：《从七普数据看中国劳动力人口的变动》，《人口研究》2021年第3期，第65～74页。

（二）调查及分析方法

1. 问卷调查法

为发现不同层次人才的就业选择差异，本次调研使用配额抽样法，按照高校层次差异，将全部高校分为"双一流"建设大学、普通大学、公办学院、民办学院四个层次，在每个层次的高校中各抽取不少于20％的样本，同时兼顾高职高专院校毕业生，计划完成总样本量为不少于1000人的抽样调查。

具体实施过程主要通过两条路径进行：一是在上述五类高校中招募调研员，请调研员将问卷链接发放至该校的老乡会、毕业班级群，邀请符合条件的豫籍毕业生填答；二是滚雪球法，请研究者熟识的豫籍毕业生将调查问卷转发至符合条件的调查对象。使用两种方法完成的问卷约各占总数的50％。

质量控制上，通过调查前后两端保证问卷信度及效度。前端主要为试调查，在问卷设计完成后，分别请3位专家指导、请5位准调查对象进行问卷试做，及时调整问卷调查内容及语句表述；后端主要为问卷核查，通过问卷内置的筛选问题剔除无效问卷180份，通过问卷逻辑核查剔除无效问卷28份，保证数据质量。

本次调查共回收问卷1344份，剔除不合格问卷208份，共获得有效问卷1136份，合格率为84.5％。有效样本的性别、户口、就读地及就读院校分布等情况基本合理，样本学生的具体结构如图1~图6所示。

对定量数据的分析，将利用Stata13.0软件，通过描述统计、列联表分析等方法呈现豫籍毕业生整体的就业选择，将通过方差分析、卡方分析等非参数检验方法比较不同学生群体的选择差异，发现豫籍毕业生选择差异的影响因素。

2. 访谈法

在问卷调查结尾，邀请愿意接受访谈的豫籍毕业生留下联系方式。最终，有100余位调查对象留下了手机号、QQ、邮箱等联系方式。为保证访

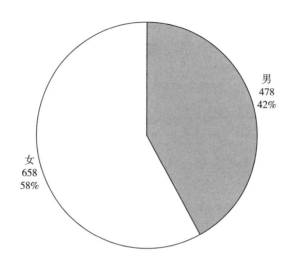

图 1　样本学生的性别结构

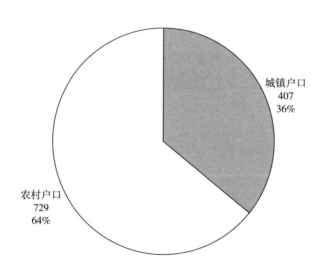

图 2　样本学生的户口结构

谈对象的典型性和代表性，根据性别、就读层次、毕业院校等信息筛选出20人进行了访谈。访谈在线上进行，为半结构化访谈，每次访谈时长约30分钟，共积累了10余万字的访谈文字材料。

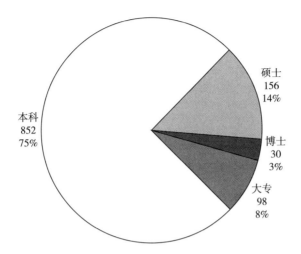

图3 样本学生的学历结构

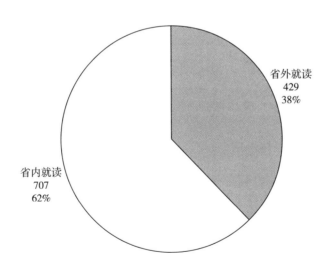

图4 样本学生的就读地分布

对定性数据的分析，将利用 Nvivo11.0 软件，通过三级编码等方法挖掘豫籍毕业生的择业过程及就业偏好，从主体性的视角剖析和解释毕业生就业选择的逻辑。

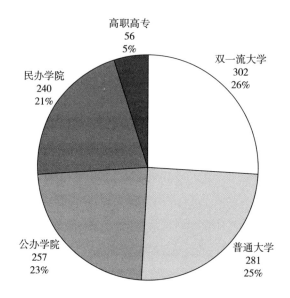

图5 样本学生的就读院校

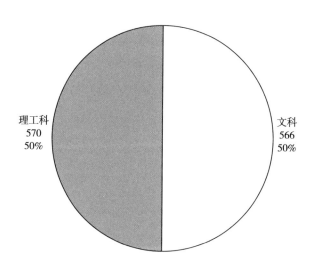

图6 样本学生的就读学科

三　研究发现

（一）提升学历动力强劲，就业择业形势严峻

基于全国大学生抽样调查数据的研究显示，新冠肺炎疫情对高校毕业生就业产生了极大冲击，带来了招聘面试受阻、工作落实率下降、就业压力加大、未来经济预期偏向悲观等多方面的负面影响。[①] 就业市场的低迷加速了升学意愿的提升，"升学热"、"考研热"现象在本次调查中亦有体现。在调查的毕业生总体中，打算继续升学的毕业生人数较多，共476人，占41.9%。可以预见，随着我国研究生招生规模的继续扩大，选择考研升学的毕业生人数仍将继续上升。其次是已确定工作，毕业后就业或创业的毕业生，共322人，占比28.3%。值得关注的是，仍有20.1%的毕业生在6月下旬调查进行时，仍未确定工作，需要继续找工作，这反映出疫情影响下就业形势不容乐观，大学生就业问题仍是需持续着力解决的重要问题。另外，有不到10%的毕业生还不清楚未来打算，他们的构成较为复杂，包括考研失利处于迷茫期的学生，等待下一阶段公考或事业单位考试的学生，以及"慢就业"者、"尼特族"（指一些不升学、不就业、不进修或参加就业辅导，终日无所事事的族群）等。总体来看，接近七成的豫籍毕业生在临近毕业时已确定去向，仍有超过30%的毕业生处于待业状态，显示出经济下行压力之下大学生就业市场的严峻形势。

调查发现，将要在河南省外工作的毕业生，薪资期待高于省内工作的毕业生；未确定工作的毕业生对于薪资的期待，显著高于已确定工作的毕业生取得的实际薪资。具体来看，已确定就业或创业的毕业生，平均月薪为7037元，而未确定工作的毕业生，期望月薪为8276元。在河南省外工作的毕业生，预期月薪是9164元，远高于省内工作的毕业生的预期月薪6970元。

[①] 李春玲：《疫情冲击下的大学生就业：就业压力、心理压力与就业选择变化》，《教育研究》2020年第7期，第4~16页。

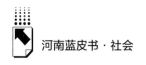

（二）归豫偏好喜忧参半，学子返乡未来可期

调查群体中，已确定或希望在河南省内工作的毕业生共581人，占比为51.1%，说明超过半数的豫籍毕业生显示出较为明显的省内就业偏好，超过半数的具有高等教育文凭的河南籍学子，在学成之后选择将家乡作为发展事业的起点。有21.5%的毕业生表示"只要工作合适，不考虑省份"，说明河南省在吸引人才方面，仍有可以努力的空间。如果省内能够提供更多有吸引力的岗位，将有更多的毕业生投身河南。但是，也有27.4%的毕业生选择在省外就业，其中5%的毕业生明确表示排斥在省内就业。这一数据反映出，豫籍毕业生总体就业流向是让人喜忧参半的，只有稳步修炼内功，提高经济硬实力，才能促进更多学子投身家乡。

在已确定工作的毕业生中，在河南工作的占到64.6%，岗位多分布在私营企业、事业单位、国有企业等部门，其中体制内就业的比例相对较高。选择在河南省外工作的毕业生，去向地集中在长三角、珠三角、一线城市等经济发达地区，包括北京、广东、上海、江苏等地区。这印证了七普数据所显示的，人口有向经济发达区域、城市群进一步集聚的趋势。外省就业毕业生的去向以私营企业为主，体制内就业的比例相对较低，可以看出市场经济环境及民营经济活力对毕业生的强引力作用。

对应届毕业生来说，尤其是在体制外的就业群体，将来可能发生工作流动，所以调查还询问了毕业生5年后的预期。回答肯定在河南的占27.0%，大概率在河南的占39.1%，大概率不在和肯定不在的占13.7%。访谈结果显示，选择在发达地区和一线城市工作的毕业生，多是将大城市工作经历作为一段对职业发展有利的履历，而且由于生活和定居成本高昂，相当一部分毕业生并不认为自己可以扎根，而倾向于在奋斗几年之后回乡。这一数据从毕业生的角度说明，河南具备人才吸引潜力，豫籍毕业生未来的工作流动将有助于人才回流河南。这对于政府划定人才政策施政对象、根据施政对象调整政策方向有较大的启示意义。

（三）留豫学子结构不均，精英人才显著流失

总体来看，豫籍毕业生数据反映了明显的省内就业偏好，也有人才继续回流的趋势，这是可喜的结果。但是就人才结构来看，仍存在名校学子和高层次人才外流的问题，呈现高层次人才在豫意向的"逆选择"。

按照就读高校层次来看（图7），存在就读高校层次越高，选择省内就业的比例越低的现象，卡方检验结果显示组间差异显著。在公办学院、民办学院和高职高专院校就读的毕业生，选择在省内就业的比例都超过一半，而在普通大学和"双一流"大学的毕业生中，选择省内就业的比例就明显降低了。在"双一流"大学中，选择省内和省外的比例大致相当，这一数据发出警告，一半豫籍精英学子都在高等教育就业端口流失掉了。

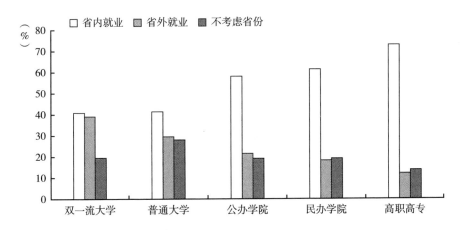

图7　不同层次高校的豫籍学子的就业选择

按照学历结构来看（图8），情况同样不容乐观，出现学历层次越高，选择省内就业的比例越低的情况，卡方检验结果显示组间差异显著。在所有毕业生中，专科毕业生的省内就业意愿是最高的，接近70%，而在本科毕业生中，该比例下降到50%左右，同时选择省外就业的比例上升到27.4%。随着学历层次的提高，选择留在河南的比例明显减少，占硕士毕业生和博士毕业生的比例分别为48.1%、33.3%，同时有多于30%的硕士毕业生和超

过50%的博士毕业生选择省外就业。这意味着，河南省在吸引高层次人才上，任重道远。

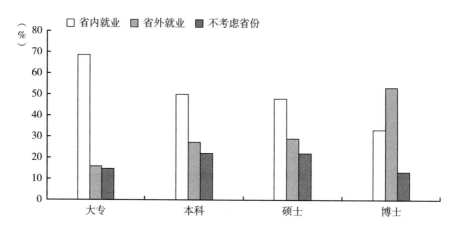

图8　不同学历的豫籍学子的就业选择

（四）教育资源评价欠佳，群体感知差异显著

有研究显示，对某一地域的评价和认可等主观判断会对人们的迁移决策产生影响①。为了解豫籍学子对家乡的看法对他们就业地选择的影响，本研究请调查对象对河南经济社会各方面进行评价。评价内容包括经济发展水平、政府行政效能、就业机会、教育资源、医疗资源、住房市场、社会保障、社会公平、环境保护、文化建设、人才政策共11项，评价等级从"非常不好"到"非常好"，用1~5表示，分数越高，表示评价越好。数据如表1所示。

在调查学生总体中，对河南经济社会各方面的总体评分为3.48分，介于"一般"到"比较满意"之间。分项上，学子普遍对文化建设的评价最高，访谈中不少学生表示《唐宫夜宴》等优秀传统文化节目输出了中原深厚的文化

---

① 袁青川：《劳动迁移与未来再迁移决策检验：经济推引还是社会认同？——基于2014年全国卫计委流动监测数据的证据》，《云南财经大学学报》2019年第2期，第33~46页。

底蕴，极大提高了他们对家乡的自豪感；学生对政府行政效能和医疗资源的好评度位列第二、第三。学生对教育资源的评价最低，几乎每位访谈对象都提及河南优质高等教育资源匮乏和高考竞争压力对他们选择家乡的消极影响。此外，对就业机会和住房市场的好评度也较差，分别位列倒数第二、倒数第三。

按照是否选择河南或有意向选择河南作为就业地，将学生分为两个群体，可以发现选择河南的学生，对河南省经济社会各项的评分普遍高于不选择河南的学生。方差分析结果显示，绝大多数项目在小于 0.001 的水平上差异显著。这一结果表明，对经济社会发展情况的感知，将作为家乡对学生的引力或斥力，对他们的就业地选择产生显著影响。

表1　豫籍学子对河南经济社会各项目的评分及排序

项目	学生总体评分排序	学生总体评分	选择河南的学生群体评分	不选择河南的学生群体评分	群体评价差值
文化建设	1	3.71	3.78	3.57	0.21
政府行政效能	2	3.65	3.77	3.42	0.35
医疗资源	3	3.55	3.67	3.32	0.35
经济发展水平	4	3.54	3.64	3.37	0.27
环境保护	5	3.54	3.64	3.36	0.28
社会保障	6	3.53	3.62	3.37	0.25
人才政策	7	3.49	3.62	3.25	0.37
社会公平	8	3.48	3.59	3.28	0.31
住房市场	9	3.40	3.45	3.31	0.14
就业机会	10	3.35	3.47	3.12	0.35
教育资源	11	3.13	3.28	2.85	0.43
总均分	—	3.48	3.59	3.29	0.30

找出两个学生群体中评价差异较大的项目，可以定位到排斥学生选择河南的关键因素。差值分析显示（见表1最后一列），两个学生群体中评价差异较大的项目有教育资源、人才政策和就业机会等，也就是说，对于选择离开家乡奋斗的大学生来说，如果能够改善教育环境，优化现有人才政策，并且提供与专业相匹配的就业机会，将能有效提升他们对河南的评价，进而增加人才留豫的可能性。

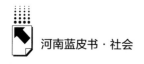

（五）住房补贴最受关注，高层人才更重政策

为了解毕业生对政策的关注程度和需求状况，本调查询问了毕业生对人才政策的重视程度。梳理重点城市出台的相关人才政策后，将政策优惠总结为六类，分别是生活补贴、购房补贴、租房补贴、购车优惠、配偶随迁随调、子女教育。数据显示，毕业生大多数比较关注人才政策，并且对六类政策的重视程度从高到低依次为：购房补贴、租房补贴、生活补贴、子女教育、购车优惠、配偶随迁随调。这透露出两项信息：第一，住房问题是毕业生关注的首要问题，无论准备在工作地购房还是租房，住房政策在所有政策中都最受毕业生重视；第二，毕业生最为欢迎以各种形式提供的现金补贴。

将政策关注度的得分汇总比较，发现不同学生群体对政策的重视程度有明显差异。总体上看，学历层次越高、就读高校的层次越高，在择业的过程中越重视人才政策。这是因为越是精英人才，越是稀缺，也就越是各地争抢的对象，同时针对精英人才的政策力度也会越大，更容易引起施政对象的关注。

在访谈中了解到，在各城市"抢人大战"的背景下，毕业生大都或多或少地了解过各地人才政策，但政策发挥作用的效力有限。鲜有毕业生仅因为某地出台的普惠性人才政策而确定工作的，而是先确定工作，再逐步了解当地的人才政策。也有毕业生表示，现有政策的宣传有待加强。如何使得普惠型政策与专门性政策并举，有的放矢开展对口宣传，是人才政策值得提升的课题。

（六）面向基层关注升温，基层就业留豫更多

基层就业，指在县及县以下的党政机关及事业单位、城镇社区、中小企业、社会团体组织、农村建制村等就业，包括通过选调生计划、大学生村官计划、西部计划、特岗教师计划、参军、自主就业等方式就业。鼓励大学生基层就业，是平衡地区发展差距的有效举措，也是缓解高校毕业生就业压力的重要途径。本次调查显示，全体学生中有 68.8% 的毕业生考虑过基层就

业，有7.75%的毕业生已确定选择基层就业，显示出毕业生对于基层就业较高的关注度。在主要面向大学生的基层就业项目中，大学生村官计划、西部计划的知晓度最高，超过半数的毕业生表示知悉，三支一扶、特岗教师计划的知晓人数也都超过40%。

将是否选择基层就业与是否选择在河南工作做交叉分析，可以发现，在确定基层就业的毕业生群体中，选择留在河南的比例为71.8%；而在基本不考虑基层就业的毕业生群体中，选择留在河南的比例显著降低，不到50%。这说明，如果毕业生选择将基层作为施展才能的舞台，那么他们更可能将扎根基层的地点选在家乡。访谈中一位来自农村的毕业生表示，对家乡的认同和回报家乡的想法，促使他回到家乡基层工作。

调查还询问了毕业生关于基层就业的看法，调查结果显示大学生普遍认为现行基层就业的薪资待遇和政策等有待优化。有68.9%的调查对象非常赞同或比较赞同"目前基层就业的薪资待遇还不够好"，有68.5%的调查对象非常赞同或比较赞同"现有关于基层就业的政策还不够完善"；有68.2%的调查对象非常赞同或比较赞同"如果薪资待遇提升，我愿意到基层就业"。这说明，如果改善基层就业的待遇，选择基层的毕业生还会增加，反映了现行基层就业政策还有很大的提升空间。

四　政策启示

（一）优化产业结构，修炼经济发展内功

薪资待遇和岗位匹配度是毕业生择业的重要影响因素，这两点微观诉求反映在宏观经济环境上，实际上是对经济发展水平和产业结构、职业结构提出了要求。对于河南省来说，吸引人才的根本仍在于加快科技创新发展，提升经济发展环境，为人才提供充足的发展空间。应逐步建立与现代社会分工体系相适应的产业结构和职业结构，为高层次人才提供能够发挥特长的岗位。针对毕业生反映的河南省内薪资水平偏低的认知，在认清并

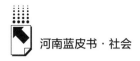

着力改善现状的基础上，突出在省内发展的其他优势，提升毕业生在豫的就业预期。

（二）把握流动周期，探索长线人才政策

人才的流动是有规律可循的，人才政策应注意把握高校毕业生的就业流动周期，逐步建立吸纳应届毕业生和往届毕业生的人才政策体系，重点关注不同年龄阶段人才的发展诉求，提高人才政策的精准性，注重政策的长期性。调查反映出，应届毕业生因为正处于生命历程的青年期，存在"趁年轻多去大城市看看"的想法，随着青年期阅历的积累，将逐渐转变工作和生活的重心，兼顾职业发展与家庭福祉。针对毕业生这一特点，应根据其年龄周期及需求差异，制定动态调整的人才政策，平衡政策的长期性与灵活性。

（三）关注精英人才，拓展人才贡献渠道

精英人才和高层次人才的流失，是河南省长期面临的人才痛点，这与河南省优质高等资源的稀缺是紧密相关的。在无法根本解决高等教育匮乏、经济发展相对滞后的条件下，仅凭政策吸引高学历人才的成效有限。应当认识到在信息化时代下，地理空间已不再是人才发挥作用的唯一空间，在短期无法解决高层次人才流失的现实环境下，更应关注的是拓展人才贡献渠道。对于高层次人才的就业选择，应在充分理解和尊重其发展意愿的基础上，增强其对家乡河南的认同感、责任感，拓展在外发展的豫籍学子为家乡贡献力量的渠道，营造"人在五湖四海，心系老家河南"的良好氛围。

（四）调整人才思路，把握教育改革机遇

河南的高等教育发展相对落后，这是历史欠账，但面对新时代的教育改革机遇，河南省应顺应时代变革，着力调整高等教育布局，调整人才培养和留用思路。省内优质高等教育机会匮乏，确实对培养和留用高学历人才产生了消极影响。虽能通过扩大河南省优质高校招生规模缓解难题，但效果有

限。随着国家异地办学政策收紧，引进优质高校也显得困难重重。值得关注的是，人才培养正在朝着多样化的路径演进，通过职业教育培养"大国工匠"，将高等职业教育作为河南省培养本土人才的重要渠道，或是未来改革方向。

（五）促进三方合作，提高人才政策效能

推进政府、企业与省内外高校的三方合作，制定普惠型政策、行业型政策、定制型政策相结合的差异化人才政策结构，增强在知名特色院校的对口宣传，提高人才政策的效能。当前，各地出台的"抢人大战"政策多为普惠型政策，即达到一定学历、技能职称等条件均能获得的政策优惠。这类政策的作用在于"锦上添花"，而非"雪中送炭"。对于专门的行业型人才，应制定与行业内部相关的优待政策，如技能认定、职称评定优待等，突出政策的差异化。探索施行多部门协同的自助式政策包，让人才从多类政策中自选优待项目，实现人才需求与政策优惠的高效对接。

（六）拓展基层岗位，明确人才发展机制

随着基层就业环境的改善，越来越多的大学毕业生选择回到家乡在基层奋斗。拓展基层就业岗位，是巩固脱贫攻坚成果和协调区域发展的战略需要，对于河南籍的毕业生来说，也为他们提供了回乡就业的渠道。推进基层就业，应将大学生基层就业视为由高校、大学生、基层单位三方主体参与的，由人才培养、毕业择业、职业发展三个阶段构成的完整体系，应建立主体协同、流程明确、定位清晰、衔接顺畅的长效机制。就基层就业政策来说，应着眼于解决毕业生最为关注的薪资待遇问题，以及与晋升和流动相关的人才发展问题，让基层成为能吸引人、能锻炼人、能留住人的职业平台。

"发展是第一要务，人才是第一资源，创新是第一动力。"在区域竞争加剧的背景下，关注青年人才的流动路径，采取有力有效政策吸引、留住高素质创新人才，对于河南的未来发展至关重要。在河南省人才工作中，豫籍高校毕业生平均受教育年限长，有更高的知识和技术水平，而且由于这一群

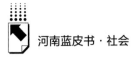
体对有家乡深刻的认同感和归属感，将他们列为人才工作的重点对象，也更容易见到效果。提高全省青年人才工作实效，应在充分了解青年人需求和流动规律的前提下，将人才强省战略转化为有针对性的人才政策，注重政策实施的精细化和精准性，为确保高质量建设现代化河南、确保高水平实现现代化河南提供坚实的人才支撑。

B.19
构建产业扶贫长效机制的实证研究[*]

——以河南省辉县市为例

薛 君 姬刘印[**]

摘 要： 绝对贫困问题目前在我国已经得到了解决，但"发展不平衡不充分"的相对贫困问题长期存在着，乡村振兴背景下建立解决相对贫困长效机制显得尤为重要。本研究是在可持续发展理论的视角下，以辉县市为例，采用访谈的形式，对辉县市的产业扶贫项目的效果进行实证研究，分析得出其存在产业覆盖面不够广、基础较薄弱、民众的内生动力以及专业知识和资本来源匮乏的问题，并给出多层次开发新的产业项目、借助互联网平台销售、加大人力和物力投入等建议，以产业扶贫工作的可持续发展和建立解决相对贫困的长效机制实现乡村的全面振兴。

关键词： 产业扶贫 长效机制 可持续发展 辉县市

一 引言

2021 年中央一号文件提出把全面推进乡村振兴作为实现中华民族伟大

---

* 基金项目：河南省高校科技创新人才支持计划（人文社科类）资助成果；河南省软科学研究计划项目"河南省产业扶贫政策的绩效评估与机制优化研究"（2019~0180）、河南师范大学高等教育教学改革研究与实践项目（YJS2019JG19）阶段性成果。

** 薛君，河南师范大学副教授，研究方向为人口与社会保障；姬刘印，河南师范大学社会事业学院。

复兴的一项重大任务，举全党全社会之力加快农业农村现代化，让广大农民过上更加美好的生活。党的十九届四中全会也明确指出：坚决打赢脱贫攻坚战，巩固脱贫攻坚成果，建立解决相对贫困的长效机制。党的十九大明确提出要坚持农业农村优先发展，核心思路就是要产业兴旺，实现产业兴旺是实现脱贫不返贫的途径，同时也是实现乡村振兴战略的关键所在。但产业扶贫实施过程、实施效果、后续影响仍存在许多问题。

相关文献多集中于产业扶贫模式、产业扶贫政策建议、扶贫工作应该怎么做的政策探讨，但对产业扶贫效果的可持续性、怎么做更有效等问题缺乏深入的分析。本研究以此为切入点，可以为脱贫不返贫提供新思路，丰富巩固脱贫成果工作的理论基础。研究区域的辉县市有很多刚脱离贫困的人口，他们只是摆脱了绝对贫困，但生活标准仍然较低，很容易出现倒退现象。随着时间的推移，只有不断优化产业扶贫的方式，走出产业扶贫的瓶颈期，才能够达到令人满意的产业扶贫效果及可持续的影响。

因此，本研究基于辉县扶贫工作的现状，结合辉县市的地形地貌以及辉县市的特色产品、独特产业，采取实证研究分析辉县市产业扶贫工作中存在的问题，并给出相应的解决方案，巩固脱贫成果。即发现影响产业扶贫长效机制中存在的问题，并给出能够充分调动群众的积极性、主动性、创造性，提高群众的自我发展能力的建议，实现输血式扶贫向造血式扶贫根本性的过渡。

为了方便表述和读者理解，这里先对核心概念进行界定。

产业扶贫是开放式扶贫的一种模式，是通过利用贫困地区独特的优势，将其打造成产业链，用于生产、经营、销售、盈利，从而帮助贫困人口脱离贫困。产业发展可视为内源式发展的路径，强调发挥自身内部资源优势，培育内生能力，从而通过自身的发展实现脱贫致富。

长效机制是指能长期保证制度正常运行并发挥预期功能的制度体系。长效机制不是一成不变的，而是会随着时间和环境的推移、变换而不断发展、完善的。产业扶贫的长效机制是指以产业扶贫为手段的扶贫方式不仅能够在当下带来可观的效益，而且能够在长期保证相对贫困人口的生活质量不断上升，并发挥其摆脱相对贫困的预期功能。

二　文献综述

通过对国内外文献的研究与整理分析发现，产业扶贫一直是反贫困领域最为有效、最为重要的手段。现行条件下，国内外关于扶贫理论的研究主要集中在产业扶贫模式、经验、政策的研究，形成了较为完善的理论体系和实践模式。

国外对反贫困的研究要早于中国。英国著名经济学家马尔萨斯认为人口按几何级数增长而生活所需资源只能按算术级数增长，所以不可避免地导致贫困。马克思认为贫困的根源在于资本主义制度，即要消灭贫困就要消灭私有制。受二者的影响，阿马蒂亚·森表示要消除贫困就要赋予贫困者应有的权利，体现真正的民主，扩大贫困人口的机会共享，提高贫困人口的可行能力。刘易斯认为贫困可以通过家庭世代相传，形成贫困文化，陷入"贫困恶性循环"。英国经济学家保罗·罗森斯坦·罗丹的"大推动理论"的核心思想就是在发展中国家或者地区对国民经济的各个部门进行大规模投资，即大规模投资发展地方产业，以促进这些部门经济的平均增长，从而推动整个国民生活水平的提高。以上几种思想均有所长，但由于国外政府的职能与国内不大一致，所以我国产业扶贫方面想要吸取其优势，就要学会将不同地区的地理优势、产业基础等实际情况充分考虑进去。

国内产业扶贫文献方面主要涉及产业扶贫的理论基础、产业扶贫的模式研究、产业扶贫的政策建议、产业扶贫的运行机制，在产业扶贫的可行性、持续性影响以及存在的问题方面的研究理论基础比较薄弱。近年来，我国的扶贫工作在精准扶贫思想的指导下取得了显著成果，目前，脱贫攻坚也取得了全面的胜利，但是相对贫困仍大量并长期存在。产业作为贫困户长期生计可持续的手段及方式，需要就其发展瓶颈、路径优化、结合地方实践等方面进行深入分析，同时深化对构建长效机制实现产业扶贫成效可持续性的研究。

相对贫困产生于人与人的比较，指个人或家庭所拥有的生活资源，虽然可以满足基本生活需要，但是达不到社会平均水平。它反映人们对美好生活需要的期待，更加复杂地反映了人们对美好生活的需要同不平衡不充分的发展之间的矛盾。农村相对贫困主要存在三大问题：一是返贫问题，二是发展持续性问题，三是心理失衡问题。如果说绝对贫困是基本生计概念，相对贫困则是多元与发展性概念。相对贫困具有多元属性，不仅反映收入差距，也反映出以他人或其他群体为参照，产生的相对剥夺感。建立可持续的产业扶贫长效机制，对于巩固拓展脱贫攻坚成果具有重要意义。产业扶贫的可持续更是延续并发展了绿色可持续的理念，契合绿水青山就是金山银山的发展理念。要深入推进产业扶贫工作，首先应依据此理念因地制宜发展旅游业、种植业等以实现减贫目标；其次是平衡好资源环境与经济发展之间的关系。

综上，针对产业扶贫覆盖面不广、市场导向不够明确、相对贫困人口内生动力不足等影响可持续发展的因素，进行深入分析，并给出政策建议，推动产业扶贫的深入进行。

三 辉县市产业扶贫发展现状

辉县市位于河南省西北部，面积2007平方公里，辖区范围内有22个乡（镇）、街道，540个行政村，人口92万人。作为全省"三山一滩"重点区域，2013年，全市有建档立卡贫困村（现已脱贫）79个（其中深度贫困村25个）、建档立卡贫困人口2.8万人，其中大部分位于太行山深山区，自然条件恶劣、基础设施薄弱、贫困人口众多，扶贫开发难度大。

辉县市地处太行山南麓河南、山西接壤地区，是河南省"三山一滩"重点区域，多地依傍南太行，拥有得天独厚的地理优势与自然资源，这使得特色农业得到长足的发展，且其红色文化资源和绿色生态资源丰富，具有发展全域旅游的先天优势。2016年以来，辉县市建档立卡贫困人口全部按期脱贫，贫困村全部退出，易地扶贫搬迁1580户5129人，建档立卡贫困户人均纯收入从3100元提高到13286元，增长了328.6%。贫困人口的绝对贫困已经完全消除，但是他们仍然是相对贫困人口的重点对象。

四　辉县市产业扶贫的效果分析

（一）构建"1+4"多彩产业扶贫体系

通过政府政策扶持，百姓配合，辉县市谋划并构建了以党建引领，以"红色文旅""绿色康旅""特色农产品+"（中药材、食用菌、山楂、酸辣粉等）和"光伏电商"新兴产业为主导的"1+4"多彩产业扶贫体系，探索出了一条适合南太行贫困人员的脱贫之路。

据辉县市委书记介绍，近年来，辉县市持续坚持利用自身优势资源禀赋，以贫困人口脱贫增收、贫困村增产增收为目的，将种植业与红色文旅和绿色生态旅游、新兴产业发展相结合，衔接好脱贫攻坚与乡村振兴，通过村企共建，振兴特色产业，发展优势产业，更是积极鼓励群众参与龙头产业的发展，探索出"绿红黄白"的多彩扶贫之道。

（二）发展"红色文旅　绿色康旅"全域旅游业

辉县市充分发挥"靠山吃山唱山歌"的优势，凸显"一红"、"一绿"发展旅游业，增加村民对外交流与认识的同时，也给村民带来了丰厚的回报。

辉县素来有很多革命遗址，近年来，辉县市政府遵照"每一个红色旅游景点都是一个常学常新的生动课堂，蕴含着丰富的政治智慧和道德滋养"的指示精神，大力挖掘革命历史文化遗产，并建立回龙、裴寨村、郭亮洞、白马玉4个红色教育培训基地教学点，以此来发展红色文化。

程焦泉村村委委员说："俺们去年去参观的西柏坡，今年要去咱辉县的齐王寨（郭亮村），诸也是革命遗址，看看老一辈是咋在恁艰苦的条件下跟敌人打了，听说潘长江演了《举起手来》就是搁那拍了。"

据了解，辉县市县域内旅游单体1568个，A级景区7家，国家和省级传统村落18家，省级旅游特色村20个。近年来，辉县市坚持以生态旅游助

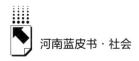

力脱贫攻坚，充分利用景区优势，以山水经济统领山区、片区人民发展，创建"景区＋企业＋农户（贫困户）"模式带动景区周边群众就业创业，构建全域旅游绿色可持续脱贫致富之路。农家乐、纪念品、摆小吃摊是贫困户常选的经营收入方式。

> 张明付，43岁，2013年因妻子身患重病被确定为贫困户，在旅游业兴起之际，他开始盖房子干农家乐，现在也已经年收入达到10万元，摆脱了贫困。
>
> 李晓琴，46岁，八里沟摊主，说："以前，俺家的小孩们只能在俺们村里上学，现在路也好了，交通方便了，我干这个（摆摊卖纪念品和小吃）也开始挣钱了，就把他们送县里头上学去了，俺闺女今年该中招了，我希望她能考上一中，上个好大学有文化了回来搁俺这搞旅游也不错。"回龙的路修好之后，不仅带动了当地的民生发展，还助力旅游业的发展。

辉县市以沿旅乡镇和重要旅游道路为业，打造风景农业观光带，着力推进新型城镇化和城乡一体化，积极推行精准扶贫，建设美丽辉县，真正把游客吸引住、留下来。2019年，辉县市接待游客共计1200万人次，吸纳贫困群众就业2000余人，农家院近千家，人均年增收1.5万元。辉县市积极推进太行水寨、南太行旅游公司特色民宿等项目建设，进一步发展乡村旅游，带动贫困群众增收。

（三）推进特色农业绿色发展

积极推进辉县市绿红黄白产业发展（旅游、山楂、中药材、食用菌、酸辣粉），辉县市积极响应国家反贫困政策，在各地大力发展民生，助力贫困家庭走出贫困。

在辉县的中西部地区，逐年兴起的家户养殖业为脱贫工作做出了贡献，尤其是养猪、养殖鸡鸭鹅的比较多。从育仔、饲养培育到出笼等一系列的工作都井井有条，已经形成了一条条完整的生产链；同时也是应国家土地、环保的要求，一步步优化养殖场地的发展，使得家畜在不影响南水北调水质范围内的粪便能得到绿色化的处理，比如周围的百姓将这些动物的排泄物加入能量循环中，用来促进庄稼的生长。

36 岁的六和饲料经销商姬女士说道："这几年猪肉价格不断上涨，大家都开始增加养殖量了，最明显的变化就是几年前我的固定大料户大概百八十家，现在都快翻一番了，这还不算零料户。一只猪娃从生下来到出笼，大概能落个 500～1000 的净利，一窝平均能挣个 3000～4000 左右。高利润吸引，大家都想搞这个了。"

辉县市境内山地丘陵约占全域总面积的 2/3，中药材、野山楂、食用菌、山核桃等特色农产品资源丰富，因而辉县市坚持把中药材、食用菌、野山楂等特色产业作为增加贫困群众收入、调整优化种植结构、壮大县域经济的优势农业产业来抓，积极探索"特色农产品＋"模式，延长产业链，着力推动特色产业发展和脱贫攻坚互促共进。

一位连翘种植户在受访时说道："要不是政府给俺这建立这个生产基地，凭俺自己可做不出来恁大规模，这几年没有再听说过谁家穷得揭不开锅了。"

辉县市上年种植连翘约为 20 万亩，占全国销量近四成，产值约为 6 亿元。辉县市近年来一直在助力推动中药材产业和脱贫攻坚互促共进，全力打造太行山区最具活力的中药材种植、加工、销售集散地。

（四）开发"光伏发电"新兴产业带动就业增加收入

辉县市着眼长远，紧跟战略新兴产业发展导向，强力推进光伏扶贫，在全市规划建设了 66 座联村光伏电站，项目总投资 2.32 亿元，总规模

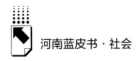

32.6 兆瓦，年发电收益 3300 万元，成为河南省首个政府投资光伏产业的县级市。

通过走访辉县市模范脱贫村柳湾村，了解到光伏发电站运作模式。光伏发电项目由政府全额投资建设，建成后交由村集体。村集体通过电网将电转卖后获得的收入用来补贴建档立卡贫困户中重度残疾人、大病患者、老年人、无劳动能力人员。

此外，辉县市还鼓励贫困群众在电站内发展特色种植、养殖，积极探索板下经济。目前 8 个站区内实施了农光、牧光互补项目，使贫困群众真正实现了阳光增收。

五　辉县市产业扶贫可持续发展的困境分析

（一）产业带动脱贫能力不足、覆盖面不广

往往只有一些乡镇的一部分家庭能够进入该体系，就业岗位不足，出现劳动力剩余的状况。

以八里沟地区旅游业发展为例：八里沟村近年经济发展以肉眼可见的速度增长，谈及此，八里沟的 41 岁村民李叔表示："（八里沟）这几年的发展很好，家庭条件也都有明显的改善，你也看到了，妇女都在摆小摊，男的只有一半选上了司机（景区观光车的师傅），其余的都没有活儿干，只能去外头打个零工。这都是生意好的时候，生意不好的时候就跟今年发生这个疫情一样，全村歇业，干啥不是干了，养家糊口吧。"

产业发展是稳定脱贫的关键，但在这个过程中仍会产生不同的问题，这对稳定脱贫的持续性产生了不良影响。相对贫困户的稳定脱贫之策，一是产业，二是就业，当这两个条件不能得到持续的发展时，持续增收的目的也就不能达到。

（二）市场导向不够明确，产业基础薄弱、规模化程度低

辉县市的产业扶贫项目很多，但其不够强大有力。

比如以金针菇、平菇种植为例的产业发展：25 岁的运输司机小申兄弟说："他们都是找我拉个零的，不够凑一车，我还得跑十几公里接着装其他家了，我都想着要是他们种植集中了，我就换大车，弄个车队，专门服务他们。但是现在这个情况连烧油都够呛。"不仅如此，种植户也有着极大的不方便，比如他们需要自己联系买家，甚至跑较远的地方咨询专业知识。

这些零散种植户的产业化规模小，并且其专业化、组织化程度偏低，生产性基础设施薄弱，仓储物流和冷链运输类基础设施也有很大的发展潜力和空间。金针菇、平菇产业小而散、小而低、小而弱的问题还比较突出，市场体系还有待完善。规模化程度低、产业基础薄弱等因素容易造成产业链崩溃，不利于产业的持续性发展，无法有效巩固脱贫攻坚的成果。

（三）民众对产业发展的认知不够完善

以中药材连翘的种植为例：即使有专业技术指导，大多数的种植户依然比较习惯于传统的粗放式种植，不按合理的方法管理的现象普遍发生。一些地区仍然存在种植和收获阶段定期管理，而生长阶段放任自流的现象。此外，民众对产业产品的等级概念相对模糊。连翘种植户黄伯表示："俺一种进去就不用很管了，到季儿（季节）了收了等着上大车。"

辉县市是中草药的重要产地，当地政府比较注重特色产业的发展，也给予了相当多的政策支持，这在提升民众的积极性的同时，也催发了他们的惰性。常言道"师傅领进门，修行在个人"，政府在组织民众种植的工作上更多起到的是引导作用，而成效主要在于贫困群体的脱贫愿景以及为此做出的努力程度。民众缺乏产业发展的完善认知，这将极大地危害现有的发展进程以及未来的发展前景，不利于彻底地消灭贫困。

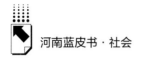

（四）贫困人口的内生动力不足，难以实现自我发展

脱贫人口想要逐渐摆脱相对贫困，缩小与社会平均生活水平的差距，仍然有一段较大的距离。

以核桃种植为例：随着科学技术的发展，核桃从发芽培育到结果从传统的 10～12 年缩短到如今的 4～5 年，即使明知道日后会带来丰厚的利润，也因这期间极少能有收获而退却，难以形成规模化的程度，过分注重当下自身利益。但却极为注重政府发放的补贴，并把其当作发放的救助资金。一位因产业规划而种植核桃的常村镇老伯说："现在不比以前强？有吃有穿就知足吧。"

实际上，这是一个典型的"造血"能力不足例子，村民无法将劳动力转变为商务型人才，过度依赖政府的"输血"，在这种情况下，可持续发展就更谈不上。因为自身发展能力有限等，边缘贫困户打工无去处、种养无技术、经商无本钱，难以依靠自身努力增收。现阶段确实解决了绝对贫困问题，减少相对贫困就需要贫困人口从自身认知上下功夫，让他们自己愿意并付诸行动摆脱贫困。

（五）贫困人口专业知识、资本来源匮乏

辉县市的贫困人口多处偏远山区，受教育年限较低，文化水平较低，所以在产业扶贫项目上的专业知识也输入得相对较少；同时，他们加入产业发展的成本太大，沉没成本占比又极高，所以加入产业流的可能性就很小。

比如，建设一个平菇种植地动辄花费几万元。一位平菇种植农说："俺借钱给这棚投入两三万，还不算菌种、料、人工费，这不，今年栽了（赔钱），半年白搭了（白干，浪费）。"问及赔的原因，他说，"估摸着是菌种的事儿，俺也不知道，反正老出现蓝袋子（菌菇感染）"。

文化水平较低、专业知识水平偏低、资本来源匮乏是阻碍贫困人口通过产业发展来摆脱困境的直接原因，同时也是贫困人口退出行业生产的根本原因，再加上一些诸如市场、天气等不确定性的因素，会加剧民众对产业发展

的不信任程度。所谓"基础不牢，地动山摇"，无论是知识资本还是资源资本，在产业茁壮成长的过程中，都是缺一不可的。所以，产业的可持续发展路径中，应该充分发挥知识、资本的重要作用。

六 辉县市产业扶贫成果可持续发展的优化路径

（一）借助互联网平台，增强市场的流动性

政府助力建立以"互联网＋"模式为主的电子商务产业链，保证产业形态稳固。该模式应集生产、加工、销售等环节于一体，建成完整的产业链。这能夯实产业基础，不再因为运输、贮藏等原因影响产业的发展。从而系统地与贫困村贫困户（相对贫困人员）建立连接，以此巩固产业带动脱贫成果，带动农户就业、创业，以此助力产业扶贫长效发展。

（二）以加大资金投入为关键，建设产业发展人才队伍

在巩固产业扶贫成果的过程中，充分依靠政策支持，加大资金和人才的输入。资金投入是保障，有技术人才的参与，产业发展才能更稳定，产业脱贫成果才会更持久。在行政机制方面，优化制度环境，完善市场主体支持保障体系。应着力完善产业发展的制度环境，在社会化服务体系建设、乡村人才队伍培育、区域公共品牌建设等方面拓展更多公共服务，以公共服供给和制度创新促进产业长效发展。通过技术人员对民众的知识科普与讲解，培育一批懂技术的新型经营主体。多方面采取措施，巩固和提升扶贫成效，逐渐减少相对贫困，助力乡村产业兴旺。

（三）必须注重长远谋划，接续推进脱贫长效机制与乡村振兴有效衔接

不仅要从制度上保障产业发展的连续性，而且要不断完善产业支撑体系，对于适宜当地发展的产业，特别要延伸产业链条，加强风险监测与识别

能力，提高贫困户抗风险能力。不因脱贫攻坚结束而人走戏散、改弦更张，而应坚持与乡村振兴有效衔接，实现扶贫产业集约化、专业化发展，促进"小生产"与"大市场"有效对接，扩大低收入群体的收入水平，使其在发展中脱贫致富，从而真正实现农业强、农村美、农民富。

参考文献

李迎生：《构建一体化的反贫困制度体系》，《理论导报》2020 年第 7 期，第 24 ~ 26 页。

智敏：《乡村振兴背景下陕西产业扶贫的路径选择与模式分析》，《陕西学前师范学院学报》2018 年第 12 期，第 49 ~ 53 页。

王娴、赵宇霞：《论农村贫困治理的"内生力"培育》，《经济问题》2018 年第 5 期，第 59 ~ 63 页。

刘庆：《以发展的视域认识马尔萨斯的〈人口理论〉》，《学理论》2019 年第 2 期，第 105 ~ 106 页。

刘安琪、吴瑞：《马克思主义反贫困理论视域下的中国化的反贫困道路及其当代价值》，《农村经济与科技》2021 年第 4 期，第 211 ~ 213 页。

阿马蒂亚·森：《以自由看待发展》，中国人民大学出版社，2002。

陈郁：《罗森斯坦 - 罗丹"大推动"理论述评》，《经济学动态》1987 年第 9 期，第 57 ~ 60 页。

焦婷：《国外反贫困经验对我国精准扶贫的启示》，《边疆经济与文化》2017 年第 2 期，第 21 ~ 22 页。

王亚华、舒全峰：《中国精准扶贫的政策过程与实践经验》，《清华大学学报（哲学社会科学版）》2021 年第 1 期。

汪通、王文韬、史高帆：《L 型经济下对精准就业的思考——以南审创业孵化园为例》，《中国商论》2018 年第 19 期，第 189 ~ 190 页。

王一凡、王登举、赵荣：《我国相对贫困问题研究现状与展望》，《世界林业研究》2021 年第 4 期，第 1 ~ 8 页。

王春光：《贵州省脱贫攻坚及可持续发展研究》，《贵州民族大学学报（哲学社会科学版）》2018 年第 3 期，第 39 ~ 56 页。

河南产业扶贫调研组：《辉县市"1 + 4"多彩产业扶贫模式的经验与启示》，《农村·农业·农民》2020 年 12 月 B。

蒋永穆、周宇晗：《习近平扶贫思想述论》，《理论学刊》2015 年第 11 期，第 11 ~

18 页。

邢成举：《产业扶贫与扶贫"产业化"——基于广西产业扶贫的案例研究》，《西南大学学报（社会科学版）》2017 年第 5 期，第 63~70 页。

梁晨：《产业扶贫项目的运作机制与地方政府的角色》，《北京工业大学学报（社会科学版）》2015 年第 5 期，第 7~15 页。

林小青、彭文甫、杨存建：《川西北高原藏区精准扶贫脱贫不返贫长效机制研究》，《农村经济与科技》2018 年第 14 期，第 161~162 页。

张海鹏：《不断完善长效机制 接续推进产业扶贫》，《天津日报》2020 年 12 月 25 日。

万俊毅、曾丽军、周文良：《乡村振兴与现代农业产业发展的理论与实践探索——"乡村振兴与现代农业产业体系构建"学术研讨会综述》，《中国农村经济》2018 年第3 期。

B.20
河南省社区智慧养老模式
发展的实践与反思

潘艳艳*

摘　要： 近年来，河南省老龄化进程不断加速，给全省社会经济发展带来严峻挑战，养老问题日益突出。随着网络信息技术蓬勃发展，社区智慧养老应运而生，成为有效应对人口老龄化问题，化解养老困境的新型模式。河南省对发展社区智慧养老模式进行了初步探索，取得了显著成效，但也面临政策设计不规范完善、养老服务智慧水平不高、综合性人才队伍短缺、老年人参与程度低等问题。优化完善社区智慧养老模式，需要政府部门、养老行业、社区、老年人等多方主体共同努力，在政策环境、技术研发、配套设施建设、人才队伍建设等方面取得新发展、新突破，进而走出适合省情发展的智慧养老路径。

关键词： 人口老龄化　社区智慧养老　创新模式

　　近年来，我国老龄化形势日趋严峻。第七次全国人口普查的最新数据显示，2020年，大陆地区60岁及以上的老年人口总量为2.64亿人，已占到总人口的18.7%。自2000年步入老龄化社会以来的20年间，老年人口比例

＊ 潘艳艳，河南省社会科学院社会发展研究所助理研究员，主要研究方向为城市社区治理。

增长了8.4个百分点。^①"十四五"时期，我国的人口老龄化将进入"加速轨道"，社会经济发展将面临空前压力。积极应对老龄化不仅是关乎国家长治久安的重大社会问题，也是关乎亿万老年人生活质量的民生问题。当前，随着我国家庭结构的小型化、核心化和人口流动的常态化，独居老人、空巢老人数量逐年递增，传统单一的社区居家养老模式已经难以适应新形势下的养老现状，也无法满足老年人多层次、多样化的养老需求。在网络信息技术蓬勃发展的新时代，"社区智慧养老"逐步进入大众视野，成为有效解决养老问题的新模式、新方法，正在引领社区居家养老服务体系发生重要变革。

2015年，国务院印发《关于积极推进"互联网+"行动的指导意见》，提出要"促进智慧健康养老服务产业发展"，首次提出了"智慧养老"的概念。2019年国家出台的《积极应对人口老龄化中长期规划》也明确表示要"强化应对人口老龄化的科技创新能力""提高老年服务科技化、信息化水平"。^② 2020年，党的十九届五中全会通过的"十四五"规划进一步提出"完善社区居家养老服务网络，整合利用存量资源发展社区嵌入式养老""发展银发经济，开发适老化技术和产品，培育智慧养老等新业态"。^③ 这些意见、规划都体现了国家对加快发展智慧养老服务的政策支持和科学指引。所谓"社区智慧养老"，指的是以大数据、物联网、云计算、人工智能等新兴信息技术为依托，通过构建统一的智慧养老服务平台和开发应用各类智能养老服务产品，推动家庭、社区、养老机构等各类养老资源有机融合、信息共享，为老年人提供更加高效、便捷、优质、智能的养老服务。加快社区智慧养老模式发展不仅是应对当下我国老龄化挑战、缓解养老压力的迫切需求，也是推动我国养老事业发展、提高养老服务水平的必然选择。

---

① 翟振武：《新时代高质量发展的人口机遇和挑战——第七次全国人口普查公报解读》，光明网，https://m.gmw.cn/baijia/2021-05/12/34839440.html。
② 新华社：《中共中央国务院印发〈国家积极应对人口老龄化中长期规划〉》，中国政府网，http://www.gov.cn/zhengce/2019-11/21/content_5454347.htm。
③ 新华社：《中共中央关于制定国民经济和社会发展第十四个五年规划和二〇三五年远景目标的建议》，中国政府网，http://www.gov.cn/zhengce/2020-11/03/content_5556991.htm。

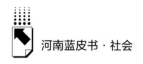

一 河南省老龄化发展现状

河南省是中部人口大省和劳动力大省，近年来，在全省经济稳步发展的同时，人口老龄化程度也在不断加深。根据河南省第七次全国人口普查数据，全省常住人口中，60岁及以上人口为1796.4万人，占18.08%，其中65岁及以上人口为1340.2万人，占13.49%。与2010年第六次全国人口普查数据相比，60岁及以上人口的比重上升5.35个百分点，65岁及以上人口的比重上升5.13个百分点。[①] 预计到2050年，全省60岁及以上老年人口将达到3200万人，占常住人口的33%。[②] 根据国际上65岁及以上老年人口占比达到14%则进入深度老龄化社会的通行标准测算，截至2020年，我国共有149个地级及以上市已经进入深度老龄化社会。[③] 其中，河南省占有8个，主要分布在开封、商丘、漯河、信阳等地市，人口老龄化问题成为全省各地需要共同面对的重大问题。

"十三五"时期，河南省老年人口抚养比分别为14.57、15.88、16.34、17.23、21.28，呈逐年递增的态势，适龄劳动人口减少和老年人口的激增让河南省的养老负担日渐沉重，且未来一段时间，随着"三孩"计划生育政策的落地，人口总抚养比的提升，河南省的人口老龄化问题将更加突出。近年来，随着时代的变迁、生活水平的提高以及人们思想观念的变化，老年人的养老需求更加多元化，也涌现出诸如旅居养老、医养结合养老等新养老模式，但社区居家养老仍是绝大多数老人的选择。在互联网蓬勃发展态势下，探索发展"互联网＋社区＋养老"的新型养老模式，构建更加多层次的养老服务体系是当前各级党委、政府面临的迫切任务。

---

① 河南省统计局：《河南省第七次全国人口普查公报（第四号）》，河南省统计局官网，http：//www.ha.stats.gov.cn/2021/05－14/2144541.html。

② 朱晓娟：《河南持续推进新时期老龄事业创新发展》，网易网，https：//www.163.com/dy/article/FKKAJQ7M05507W83.html。

③ 林小昭：《中国城市老龄化大数据：149城深度老龄化，集中在这些省份》，新浪财经网，https：//m.thepaper.cn/baijiahao_14373296。

二 河南省发展社区智慧养老模式的实践探索

为了积极应对人口老龄化问题，河南省将发展智慧养老模式作为新时期创新发展老龄事业的重要内容，制定完善有利于智慧养老的政策措施，健全社区居家养老服务体系，重点推进智慧养老试点工作，逐步实现了社区居家养老服务的智慧化升级。

（一）加强发展社区智慧养老的政策支持

规划引领、政策先行是河南省社区智慧养老取得突破性进展的前提条件。近几年来，河南省出台了一系列政策文件，为发展社区智慧养老提供了良好的制度环境。2017 年，《河南省推进健康养老产业转型发展方案》出台，提出"加快智慧养老社区建设，利用互联网、物联网、人工智能等信息技术，整合社区周边各类服务资源，为辖区老年人提供多样化养老服务"的重要任务，加速了信息技术与社区养老服务融合的步伐。[①] 2019 年，省民政厅制定《河南省社区居家养老服务规范》，明确了社区居家养老服务范围、服务内容、设备设施等统一技术标准，推动了社区居家养老服务规范发展。2020 年，省财政厅、民政厅、人力资源与社会保障厅联合印发《关于财政支持城镇社区养老服务体系建设发展的实施意见》，计划用 3 年时间，分批支持试点地区探索多种形式的"互联网＋"养老服务模式和智能养老技术应用。[②] 省"十四五"规划也将"加快智慧服务试点建设""积极研发推广智慧养老产品"列为积极应对人口老龄化的具体任务统筹推进。市级层面，南阳市编制《养老服务设施空间布局规划（2021～2035）》《养老服务体

---

① 河南省人民政府办公厅：《河南省人民政府办公厅关于印发河南省推进健康养老产业转型发展方案若干政策和产业布局规划的通知》，河南省人民政府门户网站，https：//www.henan.gov.cn/2017/09－26/249167.html https：//www.henan.gov.cn/2017/09－26/249167.html。

② 王怡潇：《河南开展智慧养老服务平台建设 今后或为老年人提供"点菜式"便捷服务》，百度网，https：//baijiahao.baidu.com/s？id＝1664494599821445563&wfr＝spider&for＝pc。

系建设三年行动计划（2021~2023年）》，洛阳市印发《居家和社区养老服务改革试点实施方案》，开封市制定《智慧养老服务平台建设方案》等，这些地方政策文件都为社区智慧养老模式发展奠定了基础，引领了方向。

（二）深入推进社区智慧养老试点实践

2016年，我国民政部、财政部通过以奖代补的方式，支持地方开展居家和社区养老服务创新改革。迄今已经连续5年在全国203个地区开展了五批次居家和社区养老服务改革试点，河南省郑州市、许昌市、鹤壁市、商丘市、洛阳市、焦作市、信阳市等7个城市先后被纳入试点名单，通过实践探索在养老服务信息平台建设、人才队伍建设、长效机制构建等方面积累了丰富经验。在此基础上，2020年，河南省启动省级智慧养老服务试点工作，民政厅分两个批次公布了智慧养老服务试点名单，包括9个市级试点和8个县级试点，以试点实践示范引领全省智慧养老服务向纵深方向发展。

开展智慧养老服务试点工作一年以来，试点地区立足实际、开拓创新，充分利用新一代信息技术，全力打造"互联网＋养老"服务的地方特色模式，推动智慧养老服务深入社区、深入家庭，为老年人提供生活照料、代行代购、医疗保健、精神慰藉等多样化、多层次的养老服务，推动了社区居家养老服务的高质量发展。如洛阳市建立市、县（市、区）两级联网的洛阳市智慧养老服务平台，形成覆盖家庭、社区、机构的老龄事业信息化协同推进机制。平台包括养老大数据、综合监管、养老服务三个部分，可实现数据分析、等级评定、监管审核、服务审批等功能。[1] 焦作市设立"智慧养老顾问"，对接卫健委家庭医生数据资源，掌握老年人医疗健康基础数据；利用无线探测、热成像技术，提升疫情防控工作的信息化水平。新乡市红旗区推出智慧适老可视化系统，以智能手机、互联网、电视为载体，足不出户，一键呼叫，满足老年人吃、行、医、护等多种养老需求。[2]

---

[1] 田宜龙、郭歌:《洛阳推进智慧养老服务"乐养居"里享天年》,《河南日报》2020年8月22日。

[2] 河南省民政厅:《河南省民政厅开展省级智慧养老服务平台建设试点工作交流》,河南省人民政府官方网站, https://www.henan.gov.cn/2021/02-18/2095207.html。

（三）加大对社区智慧养老的财政支持

社区智慧养老作为新兴养老领域，目前仍在起步发展阶段。河南省发展社区智慧养老仍以政府财政投入为主，通过公开招标、项目委托等形式为智慧养老服务信息平台的建设、智能养老应用终端研发等提供资金支持。在省级智慧养老服务平台建设试点工作中，省财政厅将对智慧养老服务平台建设试点给予奖补资金支持，首批试点为期 1 年，每个市级试点补助 275 万元，每个县级试点补助 200 万元。① 根据《关于财政支持城镇社区养老服务体系建设发展的实施意见》的政策要求，河南省将在 3 年内投入资金 33 亿多元用于支持社区养老服务体系建设，为持续推进社区智慧养老服务发展提供充足的资金保障。在全省大力支持智慧养老发展的利好环境下，各地也积极实践，加大对社区智慧养老的财政投入力度。作为首批智慧养老试点城市，洛阳市从 2013 年开始，通过委托协议每年拨付 15 万元服务费用于居家养老服务信息化平台建设。并从 2014 年起，通过政府采购招标的形式，按照每名老人每月 12 元信息服务费的标准，为城市低保老人购买 24 个月的居家养老信息化服务。② 开封市把智慧养老服务平台建设纳入 2020 年开封市为民承办的十件实事和破解民生"八需八难"任务清单，列支 300 万余元强力推进智慧养老服务平台建设。③ 新乡市近年来先后投入资金 1.14 亿元，积极探索和搭建符合老人特点、服务功能完备的养老服务建设，用现代科技为养老服务赋能增量。④

（四）规范社区智慧养老服务设施建设

社区养老服务设施和智慧养老服务信息平台是社区智慧养老发展的

---

① 邓万里：《智慧养老服务　老人给打几分》，《河南商报》，2020 年 7 月 6 日。
② 傅莉：《洛阳市创新发展打造居家社区智慧养老新模式》，河南省财政厅官网，http：//www.hncz.gov.cn/2018/0611/10973.html。
③ 开封市民政局：《开封市民政局强力推进智慧养老服务平台建设》，河南省民政厅官网，http：//mzt.henan.gov.cn/2020/05-07/1373265.html。
④ 新乡市人民政府：《新乡市创新养老服务模式，智慧养老便捷如"点菜"》，河南省人民政府官网，http：//www.henan.gov.cn/2020/08-19/1757047.html。

重要载体。自2018年起，河南省连续三年将社区养老服务设施建设列入年度重点工作，以老旧小区改造为契机推动社区基础设施的适老化改造，同时积极投身智慧养老服务平台的建设实践，充分利用物联网、大数据、云计算等新一代信息技术，建设完成各级养老服务信息平台，拓展技术产品在养老领域的应用，切实提高社区居家养老服务的智慧化、信息化水平。截至目前，河南已建成城市社区老年人日间照料中心2300多个、农村幸福院1万多个，已建成居家养老服务信息平台74个，服务入网老人达403万人。① 为了实现社区居家养老服务需求和供给的精准对接，2021年3月，河南省建设养老设施供需发布信息平台，全力打造智慧养老服务地图，广大民众可以登录平台一键查询家门口的养老服务点信息，包括周边养老院、社区养老服务中心、敬老院、幸福院的地址、咨询电话、空余床位等信息，为老年人满足多层次养老需求提供了更多便利。全省各地也加快社区养老服务设施和智慧平台建设力度，有力地推动智慧服务进入社区，让老年人就近实现老有所养、老有所乐。洛阳市依托城镇社区建立了集生活服务、康复娱乐、短期托养等功能于一体的嵌入式养老服务机构——乐养居。通过统一名称标识、建设规范、服务内容、功能布局、考核评定标准，在家门口形成"15分钟养老服务圈"。② 南阳市探索在社区日间照料中心引入乐庭智慧养老系统、人工智能及适老化改造全套项目，将系统与南阳市"四集中"机构信息化管理平台对接，实现老人、子女、机构、政府与服务的有效连接，逐步形成以居家为基础、以社区为依托、以机构为补充的普惠型养老服务体系和健康保障体系。③

① 余嘉熙：《疫情期间优势凸显，河南智慧养老加速进社区》，澎湃在线网，https://m.thepaper.cn/baijiahao_7980665。
② 田宜龙、郭歌：《洛阳推进智慧养老服务，"乐养居"里享天年》，《河南日报》2020年8月22日。
③ 南阳晚报：《打造南阳模式，让老年人过上健康、幸福、长寿生活》，腾讯网，https://new.qq.com/omn/20210816/20210816A0FO3D00.html。

三 河南省发展社区智慧养老模式面临的主要问题

尽管河南省近两年在发展社区智慧养老方面取得了显著成效，但从整体来看，由于河南省属于经济欠发达地区，老龄人口基数大、老龄化增速快，未富先老趋势明显，社区智慧养老发展较缓慢，目前仍停留在试点阶段，且在政策体系构建、配套设施建设、人才队伍建设、技术产品应用等方面还存在较多短板与不足。

（一）政策设计不够规范完善

近几年来，尽管河南省已经制定出台了许多有利于社区智慧养老发展的政策文件，但相关制度建设滞后于社区智慧养老实践的推进，社区智慧养老服务发展仍面临政策体系不健全、不完善的问题。一方面，当前与社区智慧养老服务相关的政策都是较为笼统、宏观的指导性意见，不够具体和细化，《河南养老服务条例》尚未正式出台，也没有专门针对社区智慧养老服务的法律法规。另一方面，从国家到地方层面，关于社区智慧养老的行业标准和管理规范还存在"空白地带"，智慧养老相关产品和服务进入市场没有门槛限制，会导致养老产业之间产生不良竞争，养老产品质量参差不齐，养老服务标准不一。此外，有的地方政府部门在社区智慧养老发展上定位不清、职责不明、监管不力，缺乏有前瞻性的规划设计，也缺乏强有力的制度保障，这都将严重制约智慧养老服务的可持续发展。

（二）养老服务的智慧水平有待提升

发展智慧养老的核心是以"智慧技术"提供更便利的养老服务。[①] 但是现阶段智慧养老服务在我国还处于萌芽上升期，大数据、物联网、AI智能等关键技术还有待进一步成熟，相比较社会经济和科技发展水平高的发达省

---

① 苏爱萍：《促进社区养老服务智慧化升级》，《中国人口报》2021年4月26日。

市，河南省智慧养老在平台建设、产品研发等硬件方面还存在诸多欠缺。一是养老服务平台功能不全。省内各地对智慧养老服务平台建设推进力度不一，已建成的养老服务平台以市、区、街道为主，搭建层次不高、服务覆盖面窄、功能设置偏单一化，无法有效回应老年人的差异化养老需求。二是养老服务平台资源整合度偏低。服务平台对老年人数据信息挖掘的广度和深度不足，个人信息安全也无法得到保证。不同地区、不同部门、不同层次的养老服务平台之间数据交互共享存在障碍，"信息壁垒"现象依然突出。三是社区智慧养老配套服务设施不完善。由于研发成本高、引进价格不菲，智慧养老系统、智慧养老产品设备较多应用于一些中高端养老机构或商品住宅区，与一般社区的融入不够，智慧养老服务设施的供给远远不能满足大多数普通老年人的居家养老需求。

（三）智慧养老发展所需综合型人才短缺

实现社区智慧养老的关键并不仅仅是一系列高科技智慧系统、智能养老终端产品在社区居家养老领域的广泛应用，智慧系统的设计、运营、管理，智能养老产品的研发、推广、维护都需要大量高层次的综合型人才。这类综合型人才既包括能掌握先进信息技术，拥有复杂智能系统操控、大数据信息处理分析能力的专业技术人员，也包括了解老年人群体特点需求，具备营养护理、医疗健康、心理辅导、突发急救、社会工作等基本知识技能的养老服务人员。但从目前河南省老龄化发展现状来看，智慧养老所需的人才队伍在规模和质量上都无法满足发展所需。一方面，高校学科设置不够科学合理，就业结构性矛盾突出，导致高层次专业技术人才缺口较大；另一方面，养老服务人员队伍老龄化、低能化问题突出，且人才队伍不稳定性强、储备力量不足，对社区智慧养老服务发展无法形成强有力的人才支撑。

（四）老年人对智慧养老参与程度较低

老年人是社区智慧养老发展的体验者、受益者，老年人对智慧养老系统、智能养老设备的使用与反馈对推进社区智慧养老发展至关重要。然而当前老年人对社区智慧养老的参与度和认可度并没有达到预期水平，一是老年人对智慧养老服务认知存在误区。老年人普遍受教育水平低、思想观念陈旧，习惯沿袭传统方式养老，认为智慧养老服务价格昂贵、"华而不实"，对智慧养老服务的效能存在一定质疑。二是老年人对智慧养老产品掌握能力低。由于年事已高，身体各项机能逐渐退化，许多老年人不会上网、不会使用智能手机，对掌握运用技术含量高、运作机理复杂的智能养老产品存在较多困难，"数字鸿沟"问题日益严重。三是智慧养老服务存在供需错位问题。有些养老服务系统或智能产品脱离老年人实际需求，在老年人医疗、护理、衣食住行等方面缺乏人性化设计，老年人体验不佳，对智慧养老的接受度进一步降低。

四　优化社区智慧养老模式的路径与对策

社区智慧养老模式是我国传统社区居家养老服务模式的更新升级，为我国新时期应对人口老龄化问题、缓解养老的社会化困境提供了新思路、打开了新局面。从传统社区居家养老向社区智慧养老转变不可能一蹴而就，而是需要政府部门、养老行业、社区、老年人等多方主体共同努力，在政策环境、技术研发、配套设施建设、人才队伍建设等方面实现新发展、新突破，进而推动社区智慧养老模式取得长效发展。

（一）完善顶层设计，促进社区智慧养老规范发展

我国的社区智慧养老模式是在政府自上而下行政主导作用下发展起来的，政府的宏观调控、统筹引领是社区智慧养老可持续发展的重要保证。针对河南省当前社区智慧服务发展缓慢、覆盖范围有限、产品服务供给不足等瓶颈问题，政府应进一步加大对其政策、财政支持力度，为社区智慧养老发展提供更健康的发展空间和更规范的制度环境。一是要制定完善社区智慧养老的政策体系。河南省应立足本土实际，更新完善有助于推进智慧养老行业发展、智慧养老系统建设、技术设备研发等的政策措施，如加强对养老服务

行业的扶持发展，在场地、税收等方面给予更多政策优惠；对购买智能养老服务系统设备的街道、社区、机构提供财政补贴；鼓励社会力量参与社区智慧养老系统和配套设施建设和运营，推动智慧养老服务的社会化供给等等。二是加强智慧养老服务行业的规范化建设。加快推动《河南养老服务条例》正式出台，建议在条例中设置社区智慧养老服务的板块内容或制定专门的社区居家智慧养老服务条例，对智慧养老的服务对象、服务内容、平台及产品技术标准、服务人员资格认定及服务标准等内容进行统一规范，确保社区智慧服务供给质量。三是健全社区智慧养老服务监管机制。政府要建立智慧养老行业的监督、评估机制，各级相关部门落实主体责任，对智慧养老服务产品的市场准入标准、运营状况、服务质量、收费标准等各个环节进行共同监管，切实推动智慧养老行业规范运行，有效维护老年人的合法权益。

（二）突出"智慧"特质，优化社区智慧养老服务体系

社区智慧养老服务表达的不仅仅是科技加持下的信息化、智能化养老，更多的是适合老年人需求的养老、被老年人喜爱和愿意持续使用的居家养老服务。[①] 因此，发展社区智慧养老模式应坚持以老年人为本，以满足老年人需求为目标，以家庭、社区为阵地，通过搭建养老服务信息平台、创新养老服务供给机制，推动信息技术与养老服务的深度融合。一是加快推进智慧社区建设步伐。要把握智慧城市试点建设的良好机遇，利用网络信息技术打造一批功能性、居住性为一体的智慧社区，重点推动社区日间照料中心、托老所、养老服务站等基础设施的智慧化改造，大力发展社区嵌入型养老服务，提升社区养老服务效能。二是完善智慧养老信息平台建设。提高养老服务平台建设层次，加快建立"省—市—县"三级互联互通的智慧养老服务平台，形成统筹各级各类养老管理机构、医疗卫生机构、家政服务机构、社会组织等服务资源的综合性信息系统。建立完善老年人信息数据库，推动数据信息的交互共享，实现服务资源与养老需求的精准对接。三是加强科技适老产品

---

① 李延艳：《洛阳市智慧居家养老服务发展研究》，云南财经大学硕士学位论文，2021。

研发应用。政府可以通过资金扶持、项目资助等方式引导鼓励养老企业、科研机构开发设计智能化、便捷化、人性化的养老产品，以社区为桥梁加强养老产品的宣传推广、沟通反馈，为提高老年人生活质量提供更多可能性。

（三）加快人才队伍建设，为发展社区智慧养老提供人才保障

相比较传统的社区居家养老模式，社区智慧养老模式对更高层次、更专业的人才队伍有着更迫切的需求。专业技术人员设计的智慧养老系统、智能养老产品设备的功能效用，以及养老服务人员的服务能力都对社区养老服务质量和水平产生直接影响，全力打造综合性人才队伍对持续推进社区智慧养老模式发展至关重要。一是积极引进和培养专业性人才队伍。政府应鼓励引导高等院校、科研院所、职业培训学校等调整设置专业课程，大力培养智慧养老发展所需的技术型、服务型人才，推动校企合作、院企合作，定点输送人才到养老服务领域就业，不断充实人才后备力量。二是加强对现有人才队伍的培训。加大对技术人员、养老护理人员、社区工作者、志愿者等相关人才的培训力度，根据社会发展需求制定培养方案，保证培训频次和培训深度，提高人才队伍的专业技能和服务水平。三是建立健全人才队伍的管理机制。针对从事智慧养老服务行业的人员，完善考评机制、监管机制，提高行业准入门槛，规范引导从业人员开展专业化服务。完善奖励机制和晋升机制，提高从业人员的待遇和福利水平，增强养老服务岗位的吸引力。

（四）加强宣传教育引导，推动老年人融入智慧养老生活

发展社区智慧养老模式归根结底是为了让更多老年人受益，帮助老年人足不出家庭和社区就能享受到高科技发展带来的便利养老服务。尤其是近两年来，新冠肺炎疫情不断卷土重来，区域性封锁管控、社区居家隔离现象不断发生，老年人的日常生活、身体健康都受到严重冲击，提高老年人社区居家养老服务的智能性、安全性、便捷性是养老服务事业发展的必然趋势。基层政府、社区、家庭应形成合力，共同推进老年人对社区智慧养老的主体参与，帮助老年人更好地适应融入社区智慧养老生活。一是加大对社区智慧养

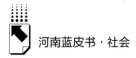

老的宣传力度。通过电视、广播、报纸、网络平台等媒介宣传智慧养老政策、智慧养老试点实践案例、智慧养老产品服务，帮助老年人转变传统养老观念，接受新的养老方式。二是丰富社区宣传教育内容。以社区为主阵地，积极开展面向老年人的专题讲座、智慧养老服务体验、信息技术教育培训等活动，提高老年人对智慧养老的认知能力和对相关技术产品的使用能力。三是有效回应老年人的需求。充分发挥老年人的主观能动性，在智能养老产品设计、智慧养老系统开发、配套基础设施建设等各个环节，广泛征求老年人的意见，重视老年人的使用反馈，并在此基础上进行完善，为老年人提供"菜单式""个性化"的养老服务，提高老年人对智慧养老服务的满意度和认可度。

B.21
河南省农村养老的做法、
成效、问题及对策建议

孙月月*

摘　要： 农村是应对人口老龄化问题的重要阵地。近年来，河南人口老龄
化程度加深，与全国相比老龄化加速更明显；老年人口抚养比不
断攀升，空巢化问题日益凸显；农村老年人口规模大，老龄化程
度高于城镇。总结河南农村养老工作的做法、典型经验、主要成
效，剖析面临的养老服务供给水平偏低、资金保障不足、从业人
才缺乏、养老成本费用相对较高四大实际问题，提出五点思考和
对策建议：一是以深入研判人口老龄化发展趋势为前提，二是以
创新养老服务模式、培育发展新业态为突破口，三是以提高养老
服务质量为导向，四是以加大资金人才投入为抓手，五是以完善
养老政策法规为保障。

关键词： 农村养老　人口老龄化　养老服务

　　人口规模、素质、结构、分布等的状况是影响一个国家或地区经济社会
发展的基础性、全局性、战略性因素，人口结构的老龄化趋势已然成为当今
世界不可逆转的现象，也是经济社会发展到一定阶段的必然产物。近年来，
人口老龄化已然成为我国今后一段时间的基本国情，其进程明显加快，程度
不断加深，人口长期均衡发展面临较大压力。河南作为老龄人口大省，养老

---

* 孙月月，河南省社会科学院科研处研究实习员，主要研究方向为农村养老。

工作事关发展全局和百姓福祉，这项工作做得好不好不仅是民心问题，也是政治问题。进一步讲，河南农村老龄化形势比城镇更严峻，因此，必须格外重视农村养老问题，实施积极应对人口老龄化战略，满足人民日益增长的美好生活需要，建设"幸福美好家园"。通过梳理总结河南省近年来在养老特别是农村养老工作方面的主要做法、成效、经验，查找存在的问题，提出未来河南省农村养老的思考和对策建议。

一　河南省人口老龄化现状

（一）人口老龄化程度加深，与全国相比老龄化加速更明显

就河南省人口老龄化现状而言，既呈现出与全国大致相同的整体趋势，又表现出差异化特点。一方面，从人口老龄化程度上看，河南略低于全国，但都有所加深，都仍然处于轻度老龄化社会阶段。[①] 河南老年人口占比指标大多略低于全国。根据第七次全国人口普查数据（以下简称"七普"），河南省60岁及以上人口占全省人口总数的18.08%（全国为18.70%）其中，65岁及以上人口占全省人口总数的13.49%（全国为13.50%），80岁及以上人口占全省人口总数的2.26%（全国为2.48%），与2010年第六次全国人口普查相比，占比分别上升了5.35（全国是5.44）、5.13（全国是4.63）个百分点。但不能忽视的是，河南主要从事社会生产的劳动力年龄人口（15~59岁）比重（58.79%）位列全国倒数第一，与占比最高的广东省（68.8%）相差10个百分点，这与人口大量流向省外沿海发达地区密切相关。另外，河南省18个地市中，老龄化程度最高、最低分别为郑州市、漯河市。

[①] 一个国家如果60岁及以上人口占全部人口的比重超过10%，这个国家就进入老龄化社会。如果60岁及以上人口比重在10%~20%，属于轻度老龄化阶段；20%~30%为中度老龄化阶段；超过30%是重度老龄化阶段。《国家统计局：中国深度老龄化是误解　中国仍处于轻度老龄化阶段》，光明网，2021年5月17日，https：//m.gmw.cn/baijia/2021-05/17/1302300448.html。

表1　河南省各地市常住人口年龄结构

单位：%

地区	占常住人口比重			
	0～14 岁	15～59 岁	60 岁及以上	其中:65 岁及以上
全省	23.14	58.78	18.08	13.49
郑州市	19.05	68.11	12.84	8.98
#巩义市	18.12	61.75	20.13	14.38
开封市	23.57	57.14	19.29	14.20
#兰考县	26.85	55.14	18.01	13.55
洛阳市	20.85	60.84	18.31	12.97
平顶山市	24.78	56.92	18.30	13.53
#汝州市	28.28	54.76	16.95	12.11
安阳市	24.41	57.27	18.32	13.27
#滑县	28.70	52.49	18.81	14.74
鹤壁市	21.66	61.90	16.44	11.95
新乡市	23.17	59.15	17.68	13.04
#长垣市	25.94	56.80	17.26	13.44
焦作市	18.71	62.41	18.88	13.28
濮阳市	25.70	56.63	17.67	13.15
许昌市	22.30	58.01	19.70	14.96
漯河市	20.34	58.64	21.03	16.00
三门峡市	18.33	61.88	19.79	13.68
南阳市	26.23	54.99	18.79	14.22
#邓州市	28.73	52.15	19.12	14.54
商丘市	25.42	56.44	18.14	14.02
#永城市	27.19	55.58	17.23	14.07
信阳市	23.67	57.06	19.27	15.20
#固始县	24.32	53.47	22.21	18.01
周口市	24.92	55.33	19.75	15.18
#鹿邑县	25.56	55.50	18.94	15.19
驻马店市	25.10	55.10	19.80	15.72
#新蔡县	26.56	54.30	19.14	15.93
济源示范区	19.47	61.86	18.66	12.99

数据来源：《河南省第七次全国人口普查公报（第四号）》。

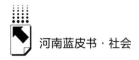

另一方面，从人口老龄化进程上看，近10年河南老龄化与全国相比加速更明显。与2010年相比，河南65岁及以上人口占比上升了5.13个百分点，高于全国0.5个百分点（全国是4.63），与2000～2010年相比，近10年增幅提高了3.73个百分点，高于全国1.01个百分点（全国是2.72）。

（二）老年人口抚养比不断攀升，空巢化问题日益凸显

全省老年人口抚养比[①]不断攀升，从2002年底的10.74%到2010年底的11.8%，再到2019年底的16.5%，共上升了5.76个百分点，意味着每100名劳动年龄人口要负担的老年人数在升高，养老负担不断加重。高龄化、空巢化趋势愈加明显。医疗水平、科技水平的显著提高和生活环境的改善使得人口平均寿命延长，2010年，河南乡村拥有全省67%的老年人口，却拥有全省69.88%的高龄（80～89岁）、超高龄（90岁及以上）老人。[②]当照顾供给能力无法满足照顾需求时，就会出现"照顾赤字"。长期的计划生育政策使家庭规模缩小，女性参与劳动程度变高使其作为家庭照顾者的角色逐渐缺失，因此，"照顾赤字"加大，[③]独居、空巢老人数量增多，"少子老龄化"问题更加普遍。

（三）农村老年人口规模大，老龄化程度高于城镇

"七普"数据显示，河南省60岁及以上、65岁及以上、80岁及以上人口分别为1796万人、1340万人、225万人，庞大的老年人口数量意味着河南面临的养老负担繁重。2010年居住在乡村的60岁及以上老人达到了801.88万人，占全省老年人口的67%，相比之下，仅有196.9万人居住在城市。近年来，随着城镇化的快速发展，大量青壮年劳动力离乡打工或创

---

① 亦称为"老龄人口抚养系数"（old - age dependency rate），指的是每100名劳动年龄人口要负担多少名老年人，是从经济角度反映人口老龄社会后果的一项指标。
② 何雄、谷建全主编《河南人口发展研究报告2020》，经济管理出版社，2021。
③ 陈浩天、李玲睿：《近十年中国农村养老服务的研究趋向与价值前瞻——基于Cite Space知识图谱的可视化分析》，《西北人口》2021年第5期。

业，纷纷流向城镇，省会城市郑州成为省内青年人生活、工作的第一选择，十年间郑州常住人口增加了 397 万人，这使得差异本就较大的城乡老年人口分布差异拉得更大，养老压力随之变得更大。另外，一个不可忽视的因素是，进城打工的高龄农民工基于城市经济压力大、落叶归根的思想、农村生活自由亲近自然等原因，最终大部分还是愿意回到家乡农村养老，也增加了农村老龄人口基数。[①]

二 河南省农村养老的做法

（一）法规政策体系建设情况

养老服务工作一直是河南各级党委、政府高度重视的工作。近年来，河南省委、省政府站在实现乡村振兴、全面建成小康社会的战略高度，始终坚持以人民为中心的思想施政决策，成立省级养老服务联席会议，积极推动立法进程，不断强化政策指引，出台多项养老领域的专项政策，为积极应对人口老龄化、全面提升养老质量、建立更加完善的养老服务体系提供充足的政策支撑和制度保障。

在法规、规划建设方面，修订出台了 1 个法规即《河南省老年人权益保障条例》，于 2019 年 1 月 1 日起施行；制定了 3 个规划即《河南省老龄事业发展"十三五"规划》（豫老龄委〔2016〕1 号）；《河南省"十三五"养老服务体系建设规划》（豫民文〔2017〕175 号）、《河南省积极应对人口老龄化实施方案》，还有"十四五"养老服务体系建设规划已经被纳入河南省重点专项规划之中，正在编制。

在发展养老产业方面，出台了《河南省人民政府关于加快发展养老服务业的意见》（豫政〔2014〕24 号）、《河南省人民政府办公厅关于印发养

---

① 《贺雪峰：未富先老的乡村，养老的出路在哪里？》，搜狐网，2020 年 11 月 12 日，https：//www.sohu.com/a/431394539_ 732417。

老健康产业发展示范园区（基地）规划建设推进计划的通知》（豫政办〔2015〕123号）、《河南省人民政府办公厅关于印发河南省推进健康养老产业转型发展方案若干政策和产业布局规划的通知》（豫政办〔2017〕108号）、《河南省人民政府办公厅关于全面放开养老服务市场提升养老服务质量的实施意见》（豫政办〔2017〕112号）等4个政策文件。

在做好特困老人养老服务方面，省民政厅持续将该项工作作为年度工作重点，会同相关部门出台了《河南省特困人员救助供养办法》（豫政〔2016〕79号）、《关于实施三年特困人员供养服务设施（敬老院）改造提升计划的通知》。

在促进医养结合方面，出台《河南省人民政府办公厅转发省卫生计生委等部门关于推进医疗卫生与养老服务相结合实施意见的通知》（豫政办〔2016〕133号）、《关于深化医养结合促进健康养老发展的意见》（豫卫老龄〔2020〕4号）。

在强化养老服务机构监管方面，从服务质量、服务规范、星级评定与划分等方面发布实施了《河南省养老服务机构服务质量规范》（2013年）、《河南省养老服务机构星级划分与评定标准》（2013年）、《河南省老年人健康能力评估》（2016）、《河南省社区居家养老服务规范》（2016）、《河南省医养结合机构服务规范》（2017）、《河南省养老机构入住评估规范》等河南省地方标准。

另外，还有《河南省养老护理员职业能力提升实施方案》以加强人才队伍建设，《河南省财政厅 河南省民政厅关于开展智慧养老服务平台建设试点工作的通知》（豫财综〔2020〕21号）、《关于切实解决老年人运用智能技术困难的实施方案》（豫民文〔2021〕53号）以发展智慧养老，《关于进一步做好关爱农村留守儿童、留守妇女、留守老人工作的通知》（豫办〔2015〕11号）和《河南省民政厅关于进一步加强农村留守老人关爱服务工作的通知》（豫民文〔2015〕189号）以重点关爱农村留守老人养老问题。

（二）河南农村养老的典型探索

面对日益严峻的养老形势，河南省各地敢于探索，勇于创新，其中周口太康县、信阳新县、南阳市、焦作武陟县等地的实践呈现出一些具有特色的亮点做法和典型经验。

1.周口太康县对农村特困老人全方位兜底养老的"五养模式"[①]

太康县作为豫东大县特困老年人口多，如何解决养老、脱贫问题成为太康县的工作难点。自 2017 年以来，依托国家特困老人救助供养政策，太康县大胆探索，为特困老人提供多层次、多样性的医护和供养服务，精准分类打造适合不同状况老人的养老模式。

集中供养模式，就是在对陈旧敬老院设施改造升级的基础上，建成乡镇特困人员供养服务机构，坚持经济适用、保障基本的原则，为农村特困老人进行集中供养。截至 2020 年底，太康县改造了 19 所乡镇敬老院的配套设施和 1 所社会福利院，接纳能力得以提高，特困老人的养老条件有了明显改善。亲情赡养模式，就是在坚持自愿前提下，针对身体健康、主动要求在家养老的特困老人，由亲属担任代养人并签订亲情赡养协议，代养人管理特困老人的供养经费，与老人共同生活，乡镇政府通过定期走访、开展"接父母回家"活动等方式发挥监管和督促作用。居村联养模式，就是将村内的闲置民居、学校、厂房等改造成为居村联养点，按照有空调、电视机等"十二有"的标准统一配置各类生活用品，组织文体活动、集体出游、做手工活和种植蔬菜等丰富老人生活，满足无亲人赡养特困老人不出村就能享受养老服务的需求，居村联养点按照入住一人 1 万元左右的标准获取改建资金补贴。2020 年底，太康县 157 个居村联养点建成，兜底保障对象达到了

[①] "五养模式"的相关数据来自：1.《河南太康："五养"模式破解农村养老难题》，新华网，2021 年 3 月 22 日，http：//www. ha. xinhuanet. com/news/2021－03/22/c_ 1127236900. htm。2.《悉心照护　情暖人心（走向我们的小康生活）》，人民网－人民日报，2020 年 12 月 28 日，http：//paper. people. com. cn/rmrb/html/2020－12/28/nw. D110000renmrb_ 20201228_ 6－01. htm。

4242人。邻里助养模式，就是针对恋家、无亲属且街坊邻居有照顾意愿的特困老人，双方签订助养协议，明确责任义务，村"两委"通过发放助养补贴、开拓志愿服务、开发邻里照护公益岗位等形式发挥引导、监督的作用，补贴金额在300~600元不等。社会托养模式，就是依托有条件的民营医院、乡镇卫生院等医疗机构来建设社会托养中心，成立医养结合养老院，整合医疗资源并进行科学管理，经过集中培训的医生、护工们持证上岗，借助大数据进行实时健康监测，掌握老人的身体、用药状况，为老人提供专业化的医疗服务、精细化的护理照料以及临终关怀服务等。县财政以每人3000元的标准给医疗机构以补贴。2020年底，太康县参与社会托养的医院达到了27家，服务的失能、半失能特困老人达到了1800多名。

通过"五养模式"，太康县近万名农村特困老人实现供养全覆盖，这一"太康样本"淳化了乡风、民风，暖了老人心，使农村特困老人能够安享晚年，无忧生活。

2. 信阳新县箭厂河乡以留守老人巡防和关爱服务为重点的"戴畈养老模式"①

新县有1/3户籍人口留守在村里，留守、独居、空巢老人的养老问题比较突出。自2017年以来，信阳市立足老区发展现状，将戴畈村作为试点，以"党建+"为引领，赋能"互联网+"，依托社会组织，不断完善"三留守"关爱服务体系。建立"三留守服务中心"，该中心兼具为留守老人提供学习、休闲娱乐、锻炼身体、康复训练等，为留守儿童提供读书、免费早餐午餐、照看等多种服务功能；村"两委"成立全省第一家"村级老年协会"社会组织，开设账户独立承接养老服务资金，资金来源主要有政府购买服务、村集体经济分红、社会爱心企业和个人捐助，通过居家养老服务系统和手机App精准化对接养老服务信息，聘用留守妇女为孝心护理员并支付基本报酬，为残疾、高龄、特殊困难老人提供助餐、助洁、助医、助行和心理

① "戴畈养老模式"的相关数据来源于：《居家养老的"戴畈模式"》，大河网–河南日报，2021年5月24日，http：//newpaper. dahe. cn/hnrb/html/2021–05/24/content_ 495203. htm。

慰藉等居家养老服务。留守妇女能够同时发挥守好老人、带好留守儿童的"扁担"作用，养老托幼两不误，如此，留守老人能够得到生活上和心理上的周到照顾和帮助，小事、小病不离家不离村，留守儿童亦能健康成长，留守妇女则能实现就地就业增收，受到尊重和信任，村里的超市、理发店、村卫生室等也被带动发展，"三留守"人员也都能获得长足的精神满足，一举多得。经过几年的发展，截至2021年5月，新县100多个村居完成老年协会注册工作，孝心护理员的队伍已经壮大到900多名。

"戴畈养老模式"找准了农村养老问题的焦点、消除了居家养老的痛点、打通了"三留守"问题的堵点，促进养老服务的供给侧结构性改革取得显著成效，蹚出一条符合农村实际、系统破解农村"三留守"问题、提升乡村社会治理能力的新路子，探索出适应乡村"熟人社会"、有效整合乡村资源的居家养老新模式，进一步夯实了乡村振兴的基础，得到了人民群众的高度认可，该模式作为农村居家养老的范本正在信阳市全面推广。

3. 南阳市对六类特殊困难群众实行四类不同机构兜底安置的"四集中"养老模式

2019年南阳60岁以上老年人口达186.75万人，农村留守老人、失能半失能老人数量较多，分别为24.7万人、10万人，[①] 如何让老人安享晚年是"必答题"。从2018年起，南阳在全省率先尝试将改建、扩建、新建的集中供养机构进行分级，统筹各类资源，包括市级的福利院和救助站，县级的福利中心、残疾人托养中心和精神病人康复医院，乡级的乡镇敬老院和卫生治疗康复中心，村级的幸福大院和部分民办养老机构等（即"132N"），聚焦特殊困难群体即特困供养对象、孤儿、贫困户中的重度残疾人员、重症慢性病人员、失能半失能人员、孤寡老人这六类贫中之贫、困中之困老人，他们往往生活难以自理，生存能力较差，需要专人照护。在运作模式上采取"政府主导、乡村实施、部门联动、社会参与"的多主体参与方式，明确各

---

① 《河南南阳：特困群体分级集中供养筑牢兜底保障网》，河南省民政厅官网，2020年10月20日，http://mzt.henan.gov.cn/2020/10-20/1830054.html。

自职责，确保政策落地；在资金保障上用"财政投入、部门整合、社会捐赠"方法，并配合"以奖代补"的激励机制；在运营管理上，建立长效机制，制定入住标准、饮食安全、消防安全等制度，配齐配好康复、文娱等服务设施，推出12349热线养老服务热线，加快信息化管理平台建设；注重盘活农村各类"沉淀"了的资源，如学校、工厂，引进社会资本。为进一步提高农村养老服务水平，在2019年制定农村敬老院发展5年提升计划。截至2021年7月1日，南阳市累计整合政策资金30亿元，已建成1430家养老机构，兜底保障了10.2万人，惠及2.5万户家庭，也在很大程度上"解放"了农村贫困劳动力，带动贫困家庭实现增收。①

"四集中"养老模式充分发挥出养老政策资金和扶贫资金的效益，找准并解决了特殊贫困群体实际生活困难，提高了特殊贫困群体养老质量，兜住了脱贫的"底板"，是破解农村养老问题行之有效的举措，这一新型养老模式因取得良好社会效应而在全国被推介推广。

4. 焦作武陟县以"政府+慈善+村级+个人"四方联动建设村级慈善幸福院的众筹式养老模式②

武陟县探索最早开始于2012年，基于农村村情、财政状况等实际，为特困、高龄独居、空巢老人提供高质量养老服务。

第一，政府扶持。规划在前，以养老需求为依据确定慈善幸福院的建设数量、建设规模，设置建设面积底线，至少为300平方米；资金支持，为每所慈善养老院提供不低于3万元的设备设施，每年投入200万元用于入住老人的生活补贴；动员多方力量，资金众筹，引导社会力量参与其中并发挥主力军作用；爱心支持，组建党员志愿者服务队为老人定期送关怀、送帮助。第二，村级主办。慈善幸福院建设由村两委会和村民代表大会共同讨论决

---

① 《高质量绘就全面建成小康社会的南阳画卷》，南阳市人民政府官网，2021年7月1日，http：//www.nanyang.gov.cn/xwzx/nyw/440634.htm。

② "慈善幸福院"众筹式养老模式部分数据来源于：《河南武陟："众筹养老"绘就农民晚年幸福图景》，国家发改委官网，2021年1月19日，https：//www.ndrc.gov.cn/xwdt/ztzl/qgncggfwdxal/202101/t20210119_1265214.html？code=&state=123。

定，通过"以地养院""以种养院"的方式将农村的"爱亲敬老"田等资源充分盘活，收益则用于幸福院的日常补贴。第三，慈善助力。将慈善工作融入农村养老事业是武陟新型养老模式的显著特点，设置村级慈善工作站、乡级慈善分会、县级慈善协会三级慈善平台共同募集运营资金，爱心人士、爱心企业、义工团队等以各自方式帮扶幸福院。积极开展以爱心人士名字命名慈善幸福院、设立功德墙（碑）等活动以调动积极性，仅仅 2019 年就募集到善款资金 2200 余万元。第四，个人低偿。老人在慈善幸福院仅仅用100 元就可享受一个月的超值养老套餐，套餐标准设置统一，功能多样，"日常生活菜单""精神食谱""看病医疗"等均包含在内。

2021 年初，武陟县已经建成村级慈善幸福院 150 所，4000 多名老人入住，3.2 万余名老人受益。"慈善养老"是成本低高质量、覆盖范围广、传承向善美德、激发正能量的"幸福工程"，满足了农村老人最为迫切的养老需求，解决了他们最揪心的养老难题，大大提升了老人幸福指数，受到群众和社会各界的好评，同时也创新了社会治理模式，连续获得"中华慈善奖"等多个荣誉称号。

三　河南省农村养老工作取得的成效

近年来，在省委、省政府的高度重视和强力推动下，河南省积极部署行动，将人民群众的生命安全和身体健康放在首位，肩负起使命和责任，紧紧抓好养老事业和大力发展养老产业，采取多项有力措施，加大对农村养老工作的投入，充分调动和整合各方资源，加快补齐农村养老短板，不断夯实农村养老和健康根基。总体上，河南农村养老工作亮点纷呈，成效显著。主要表现在以下三个方面。

（一）养老服务体系不断完善

第一，基本养老服务加快发展，养老服务网络加快织就。居家社区机构相协调、医养康养相结合的养老服务体系不断完善。县、乡、村三级养老服务网络加快部署，互助养老服务广泛开展。第二，养老服务质量全面提升，服务供给结构更加多元合理。创新农村养老模式，养老资源利用效率大大提升，森林康养、医养结合等新业态试点先行；人才队伍建设步伐不断加快，队伍更加充实优化。养老院院长、养老护理员等的专业技能稳步提升；老年健康服务体系建设持续推进；农村留守老人巡防制度逐步完善，关爱服务活动范围延伸效果凸显。第三，智慧养老水平加快提升，智慧养老技术应用不断拓展。建设养老设施供需发布信息平台，打造的智慧养老服务地图已经上线，为全省老人群体提供"点菜式"服务；信息化管理水平显著提高，监管更加透明。建成郑州市、长垣市等 17 个智慧养老服务平台试点，覆盖老年人超过 800 万人。

（二）养老服务保障能力显著提升

第一，基本养老保险水平稳步提高。养老保险范围持续扩大，基本实现应保尽保；城乡居民基础养老金最低标准在 2019 年上调至 103 元。第二，医疗保障能力不断增强。城乡居民基本医保报销比例有所提高，"一站式"结算服务惠及更多农村老人。第三，特困老人基本生活保障能力显著提高。特困人员服务设施更完善，基层政府加大资金投入力度，2018~2020 年累计投入 20 多亿元支持敬老院建设，其兜底供养能力显著增强，辐射、带动作用大大增加。第四，高龄津贴制度全面落实，惠及面实现全省 225 万高龄老人全覆盖，在贯彻落实国家"建立经济困难的高龄老人补贴制度"上走在前列，并且，规范并优化、简化高龄津贴的申领、认证和发放流程，根据需要提供上门服务，为高龄老人及家人提供最大方便。

（三）养老服务设施日趋完备

稳步推进农村养老服务设施建设提质增效。第一，养老服务设施数量日渐增加。根据民政部公布的 2021 年第 2 季度数据，河南省现有养老机构 3309

个，位列全国首位，养老机构床位达 32.4 万张。① 全省各类养老服务设施达 1.4 万个，托养床位数达 37.6 万张，其中，护理型床位 15.6 万张，占 41.5%。第二，农村敬老院、互助养老基础设施改善提质。从 2018 年起切实推动农村养老设施"五项工程"② 改造升级，累计配备各类养老设施设备 2 万多件，2019 年、2020 年分别将冷暖空调、护理床和康复设施配备齐全。实施农村幸福院建设三年行动，在中央彩票公益金对该项目给予每个 3 万元的补助支持下，各地积极整合农村养老服务资源，支持村级幸福院等农村互助养老设施 8000 多个。建设县级特困供养机构达 100 个，提升改造乡镇敬老院 1811 个。③ 敬老院法人登记率达到 100%，与当地乡镇卫生院建立签约合作关系率达到 100%。④

四 河南省农村养老面临的问题⑤

应该更加清醒地、准确地认识到，当前农村养老面临着养老服务供给水平偏低、资金保障不足、从业人员缺乏、养老成本费用相对较高等诸多突出问题，要抓住问题的关键所在，根据短板、不足明确方向，精准布局下一步老龄工作重点。

（一）养老服务供给水平偏低

整体来看，农村老龄事业发展相对滞后，养老资源相对不足，服务体系

---

① 数据来源：《2021 年 2 季度民政统计分省数据》，http：//www. mca. gov. cn/article/sj/tjjb/2021/202102fssj. html。
② "五项工程"分别为安全、清洁、温暖、文化、医疗康复。
③ 《我为群众办实事·聚焦"一老一小一青壮"系列之一——让家门口的养老服务可望又可及》，大河网－河南日报，2021 年 8 月 31 日，http：//newpaper. dahe. cn/hnrb/html/2021 - 08/31/content_ 514067. htm。
④ 《贯彻积极应对人口老龄化国家战略 奋力开创农村养老服务发展新局面》，中华人民共和国民政部官网，2020 年 11 月 18 日，http：//www. mca. gov. cn/article/xw/mtbd/202011/20201100030522. shtml。
⑤ 本部分数据主要来源：《我为群众办实事·聚焦"一老一小一青壮"系列之一——让家门口的养老服务可望又可及》，大河网－河南日报，2021 年 8 月 31 日，http：//newpaper. dahe. cn/hnrb/html/2021 -08/31/content_ 514067. htm。

尚不健全，养老基础相对薄弱，供需矛盾仍然比较突出。从养老需求来讲，传统家庭养老功能逐渐弱化，养老需求量增加且越来越多样、越来越高要求。从养老供给来讲，第一，养老服务设施建设、医疗服务体系建设亟待加强，康养融合不深，老年医院（含康复医院、护理院）、二级及以上医院设置老年医学科的比例还很低。第二，农村养老服务供养能力不足，公办养老院兜底供养能力不强，一般只有五保户和鳏寡、无子老人才能入住，能够为失能、半失能老人服务的县级特困供养机构覆盖率尚不足 2/3，村级互助养老设施作用发挥尚不充分；民办养老院起步较晚，整体还处于初步发展阶段，供给水平相对偏低。第三，养老机构及其服务功能不完善、项目不全面不成熟、质量偏低，与普惠、优质的养老服务还存在不小差距。大部分的养老机构只能为老人提供最为基本的日间照料服务，具有助餐、助浴、助行等综合功能的养老设施还比较欠缺。

（二）养老服务资金保障不足

"谁来付钱"即筹资是解决好养老问题的重要方面。第一，财政投入保障机制有待完善，有限的资金投入与巨大的养老需求相比还相对欠缺，且存在政府购买服务泛化的现象。第二，社会力量的资金投入不足，养老企业数量少、规模相对较小，参与度不高，专业化、品牌化的养老服务综合体较为欠缺。由于养老行业利润较低，融资较难，所以当前全省拥有 200 张床位以上的养老企业只有 66 家，具有连锁运营 20 个社区以上的本地品牌只有 5家。第三，政府支持社会资本进入养老行业的举措缺乏，资金筹措渠道比较有限。全省只有 1/3 的省辖市制定了相关补贴政策。

（三）养老服务从业人才缺乏

"谁来照护"是解决好养老问题的另一重要方面。即使养老护理员职业资格认定在 2017 年已被取消，但由于职业认可度低、社会地位低、薪资报酬低、劳动强度大等现实原因，以该职业为主要构成的养老服务输出者仍十分匮乏，人才流失也越发严重。主要表现在，一方面，从事养老服务的专业人才队伍总量不足。当前，全省的护理人员仅有 3 万余名，医疗、康复等人才数量与养老需求相差悬殊，与之相关的职业培训发展又跟不上，社会工作、志愿者参与不充分，整体队伍力量薄弱，人才缺口还较大。另一方面，养老队伍还存在结构性矛盾。年轻人数量少，人才队伍不稳定，整体年龄偏大，文化层次偏低，能力相对欠缺，专业化水平偏低。

（四）养老成本费用相对较高

一方面，家庭支付能力偏低。我国是在经济未达到发达条件下进入老龄化社会的，存在"未富先老"现象，在广大农村表现得更为明显。根据 2020 年河南省国民经济和社会发展统计公报，全省农村居民人均可支配收入为16107.93 元，意味着平均每月可支配收入还不足两千元。另一方面，目前，虽然老年人的基本生活成本不高，但医疗费用、长期看护费用是影响养老质量的主要原因，健康是养老第一需求，农村老人几乎无经济来源，多患有各种慢性病、重病，治疗周期长，治疗费用相对较高，失能、半失能老人需要长期照护，新型农村合作医疗保险报销范围有限，在公办养老机构容量不足、民办养老机构收费昂贵的情况下，养老综合成本居高不下。

五 对策建议

党的十九届五中全会提出要"实施积极应对人口老龄化国家战略"，将应对老龄化视为关系全局的国家重大战略任务进行统筹谋划，为"十四五"及更长时期发展中国特色的养老服务体系，做好老龄工作提供了遵循，指明了方向。农村老龄化发展的现状和未来新形势都要求我们要从民生本源的角度出发，着力解决制约老龄事业发展和产业兴旺的瓶颈问题，加快补齐短板，强化弱项。

（一）以深入研判人口老龄化发展趋势为前提

准确、超前地判断和预测是稳妥有效应对人口老龄化的重要前提。第一，要树立战略眼光，保持清醒认识，增强风险意识，做足思想准备，密切关注人口发展趋势，提高部署养老工作主动性。第二，要往长远看，做前瞻性、预见性研究。开发、利用好人口普查等基础数据，敏锐察觉基准信息，为更加准确地把握未来可能的更深程度的老龄化、开展针对性强且更有深度的分析、赢得科学应对老龄化先机提供支撑和依据。第三，要聚焦诸如怎样防止因老返贫致贫、怎样提供高质量精神慰藉服务等农村养老的痛点、难点问题。第四，要加大涉老领域的"产学研用"结合，加强研究机构、高校等的研究成果与企业实践相结合，为抓住老龄化带来的新机遇注入动力。

（二）以创新养老服务模式、培育发展新业态为突破口

要继续创新养老模式。立足现实，在学习借鉴先进经验基础上大胆探索更加高效、高质的养老模式，推动传统养老模式与创新模式协同发展。第一，探索"居家养老服务"新模式，如运用智能化技术开拓上门服务、家庭医生顾问等形式。第二，医养结合是有效举措。① 鼓励养老和医疗机构之间采用多种方式合作，探索医疗与养老床位按需规范转换机制，探索建立多病共治诊疗模式。第三，推广"时间银行"助老储蓄模式、"低偿服务"模式，探究普惠互助养老、"彩票公益金"扶助农村养老事业新模式、发展数字化网络化的"互联网＋"养老模式，建设示范并逐渐形成长效机制固化下来。

要培育发展农村养老新产业新业态。第一，政府发挥引导作用，加强补贴力度，推动落实土地、税费减免等政策，吸引国内外有实力的企业进入河南农村市场；发挥市场在配置养老服务资源中的决定性作用，推动品牌化、连锁化经营。第二，要加快探索具有活力的、适合农村的养老产业发展模式，细分老龄产业，发展壮大市场，加大适老化改造并丰富养老产品，创新养老品牌，培育新的经济增长点、增加社会就业、促进老年消费。鼓励发展

---

① 贺雪峰：《互助养老：中国农村养老的出路》，《南京农业大学学报（社会科学版）》2020年第5期。

健康养老、旅居养老、文化养老等新兴业态，探索发展"慈善产业"。第三，推动涉老创新创业环境和生态体系的逐步完善。

（三）以提高养老服务质量为导向

未来要不断满足农村老年人对高品质晚年生活的需求，就要以提高养老服务质量，加强全生命周期养老服务为基本导向。具体来看，第一，要全面完善养老服务设施建设，继续加快建设县、乡、村三级农村养老服务体系。搭建养老需求与社会力量、慈善力量等的对接平台，优化养老服务供给，形成畅通机制。第二，加强农村老年人健康服务。要建设一批设施齐全、护理专业的康复医院、康养护理院（所、站），根据需要增设康复及护理床位，不断提升和拓展服务功能，充足合理布局一批区域性老年医疗中心，优化就地看病环境。第三，提高农村社会保障水平。增强兜底功能，保基本是政府的角色定位。加快建设覆盖全民、统筹城乡、多层次的社会保障体系，将加强社会保障和医疗保障结合推进，体现可持续性、公平性、全民性和统一性，加大农村公办养老机构、敬老院建设力度，推动乡村敬老院转型，持续推进特困供养服务设施改造提升，重点解决特困老人的困难，探索建立长期护理保险制度框架等。第四，健全留守老人关爱服务体系，更加注重老人的精神需求满足。加快创建老年友好型社会，发扬孝善敬老、邻里互助优良传统，营造敬老爱老的良好社会氛围。

（四）以加大资金人才投入为抓手

加大资金投入是重要抓手。第一，要打破财政金融支持方面的瓶颈制约，加大对养老金融工具的支持，建立长效投入机制；要高效使用国家、省级用于老龄事业发展的财政资金和福利基金；要在加大政府购买力度的同时，有计划地按需购买，解决泛化问题。第二，要拓宽投融资渠道，鼓励、动员、引导有条件的社会资本介入养老事业。第三，要继续探索村集体经济发展路径，调动农村积极性，结合农村集体土地产权改革整合利用农村资源，强化"造血"功能，为养老注入资金活水和内生动力。

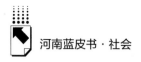

加强人才队伍建设是另一重要抓手。第一，要建立以数量充足、结构合理、技能过硬的养老护理员为主，养老院院长、专职社会工作者、志愿者为补充的人才队伍。强化职业技能培训，确定一批有能力、有资质的培训基地，建立并完善人才培养标准、专业技能等级评定制度，规范管理流程。第二，要强化职业精神教育，加强职业道德评审，增强职业认同感、自豪感，鼓励年轻人加入。第三，要完善激励机制，打通职业晋升通道，深化薪酬制度改革，提高岗位待遇和"含金量"。第四，要加强基层政府的老龄工作力量，配备专职人员。

（五）以完善养老政策法规为保障

第一，加强顶层设计，高标准规划。把老龄工作纳入经济社会发展综合规划、专项规划，尽快确定行业标准、安全标准、收费标准。第二，健全老龄工作的运行机制，充分发挥老龄办的综合协调、督促检查作用，加强涉老部门之间的配合和信息共享，明确权责，增强紧迫感、责任感，对照目标确定时间表、路线图。第三，健全养老服务综合监管制度。加强行业自律，防范化解各类安全风险。第四，增强法治保障。尽早发布《河南省养老服务条例》，对侵害老年人合法权益的违法行为如兜售假药、假保健品等严加整治，基层法院可尝试设立老年人维权巡回法庭。

Abstract

This book, compiled by Henan Academy of Social Sciences, systematically sums up the achievements received in the social-construction field in Henan Province during the recent years and especially in 2021, comprehensively combs the characteristics of the social development at present, analyzes the hot、difficult and focused problems faced with nowadays, makes a scientific analysis of the trend of social development in the future in Henan, and puts forward some social proposals for social development in 2022 in Henan.

Based on the spirit of the 19th National Congress of the Communist Party of China and the third, fourth and fifth plenary sessions of the 19th National Congress of the Communist Party of China, and the spirit of the 13th Plenary Session of the 10th Provincial Party Committee, the main line is to speed up the construction of a happy and beautiful home. *Annual Report on Social Development of Henan* (2022) comprehensively and systematically interprets the major issues in Henan Province, such as people's livelihood construction, Internet opinion, poverty control, population ageing, Social Security, rural revitalization.

This book is composed of the main report, reports on investigation and evaluation, people's livelihood development, social issues and social governance. The main report written by the group of Analysis and Forecast of Social Situation from the Henan Academy of Social Sciences represents the basic ideas of analysis and forecast of the social situation of Henan in this book. In the opinion of the main report, 2021 marks the beginning of the 14th Five-Year Plan and the Centennial of the Great Communist Party of China, it is also a key year for Henan to embark on its new journey of building a socialist modernization in an all-round way and to write a splendid chapter in the new era of Central Plain. Over the past year, in the face of the cumulative impact of the flood and epidemic situation, the Henan Provincial Party Committee and the provincial government have faced the crisis head-on, united the people of the whole province and led them to rise to the challenge, accelerated post-disaster reconstruction, made every effort to prevent and control the epidemic, and steadily expanded the trend of steady and positive development, the continuous promotion of social development - the high quality of social undertakings, the constant promotion of the protection and improvement of people's livelihood, and the all-round spread of the construction of happy and beautiful homes have laid a solid foundation for the successful implementation of Henan's "14th Five-Year Plan". But at the same time, Henan's social development is also facing a series of challenges and difficulties that can not be ignored. Under the combined impact of flood and epidemic situations, economic and social development is facing a severe test, post-disaster reconstruction is complex and arduous, and risks in key areas are rising, the structural contradiction of the population is worsening day by day, so it is a long way to go to consolidate and expand the achievements of poverty alleviation and to effectively link up the rural revitalization. The year 2022 is a new starting point for the socialist modernization of Henan Province. It is of great significance to lay a good foundation for the implementation of the 14th Five-Year Plan and the realization of the second centenary goal. In the face of the complex and severe external environment and the long-standing institutional and structural risks accumulated in the province, Henan Province should rationally look at the changes in the situation, seizing the strategic opportunities presented by the new development pattern during the 14th Five-Year Plan period, the policy opportunities presented by the new era to boost high-quality development in the central region, and the historic opportunities presented by the ecological protection and high-quality development of the Yellow River Basin, and anchoring the Goal of "Two Guarantees" and fully implementing the "Top Ten Strategies", striving to create a new situation of high-quality development and speeding up the construction of a happy and beautiful home in Henan Province.

The reports on Hot Topics, special topics and research articles thoroughly the significant items in the social field in Henan from different fields and points of view by some invited experts and scholars in Henan province, objectively reflect the basic situation, challenges and difficulties of social development in 2021, and forecasts the trend of social development in Henan in 2022. This paper puts forward some countermeasures and suggestions for promoting the reform and development of social undertakings, speeding up the construction of a happy and beautiful home, and composing a more splendid chapter in the new era of Central Plain.

Keywords: Social Development; The Happy Homeland; High-quality Development; Henan Province

Contents

I General Report

Abstract: 2021 is the first year of the 14th Five-Year Plan, the anniversary of the centenary of the great Communist Party of China, and a key year for Henan to start a new journey of comprehensively building socialist modernization and write a more brilliant chapter in the Central Plains in the new era. Over the past year, in the face of the superposition of flood outbreak, Henan provincial party committee and provincial government face the crisis, unite and lead the people of the province, accelerate the disaster reconstruction, pay special attention to the epidemic prevention and control, steady and good development, high quality development of social undertakings, ensure and improve the people's livelihood, happy home construction fully rolled out. It laid a solid foundation for the successful implementation of Henan's 14th Five-Year Plan. But at the same time, Henan social development is also facing a series of challenges and problems that cannot be ignored, flood outbreak superposition impact of economic and social development faces severe tests, post-disaster reconstruction task complex, key areas risk, population structural contradictions, continue to consolidate and expand poverty achievements and rural revitalization effective cohesion has a long way to go. The year 2022 is a new starting point for promoting the socialist modernization process in Henan Province. It is of great significance to lay a good foundation for the implementation of the 14th Five-Year Development Plan and the realization of the second centenary goal. In the face of complex and severe external environment and long-term accumulation of institutional and structural risks, Henan Province should rationally look at the changes in the situation, firmly grasp the strategic opportunity to build a new development pattern during the 14th Five-Year Plan, the policy opportunity to promote high-quality development in the central region in the new era, and the historical opportunity for ecological protection and high-quality development in the Yellow River Basin, turning pressure into driving force, Seek new opportunities in the crisis, and strive to create a new situation for high-quality development in Henan Province.

Keywords: Social Undertakings; High-quality Development; People's Livelihood Construction; the 14th Five-Year Plan

II Hot Spot Reports

B. 2 The Analysis Report of Henan Social Hot Event in 2021

Research Group of Henan Academy of Social Sciences / 034

Abstract: Looking back at the public opinion situation in 2021, Henan's social hotspot event data still maintains a high level of operation. The evolutionary trajectory of fermenting and flowing public opinion under frequent hot topics has not changed, and online public opinion is still the main battlefield of public opinion. Sorting out the hot social events of Henan in 2021, we found that public opinion concentrated on public health, people's livelihood issues, social public issues, current affairs and politics, and several hot topics have formed several waves of public opinion. It includes General Secretary Xi Jinping's investigation and investigation of Nanyang, Henan's extreme rainstorm disaster, Zhengzhou epidemic, "Tang Palace Night Banquet" "Fire Out of Circle" and Zhengzhou

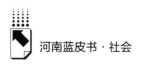

"Inspirational Granny" stalls Popularity, etc.

Keywords: Henan Province; Social Hot Event; Social Governance

B.3 Henan Province Internet Public Opinion Event Analysis

Report in 2021

Research Group of Henan Academy of Social Sciences / 043

Abstract: In 2021, hot spots of online public opinion are frequent in Henan province, presenting important characteristics such as COVID – 19 and associated online public opinion, major emergency public opinion events continuously attracting public attention, traditional culture frequently going out of the circle, and public demands increasingly resorting to cyberspace. At the same time, with the profound reform of the ecology of network public opinion, the risk of network public opinion is increasing, the boundary of online and offline public opinion is gradually dissolved, and the governance of public opinion may face more difficult challenges under the new situation. This requires public administration departments to improve the ability and level of public opinion guidance and governance with the application of big data algorithm technology and the transformation of modern public opinion governance concepts, to build a collaborative governance mechanism of public opinion participation, and to promote the cyberspace to become more and more clean.

Keywords: Network Public Opinion; Public Opinion Risk; Public Opinion Governance

B.4 Analysis Report on the Ecology of Internet Public

Opinion in Henan Province   *Yin Lu* / 052

Abstract: The ecology of online public opinion is the environment in which online public opinion is generated. It is a systemic state composed of the main body of public opinion, content of public opinion, carrier of public opinion, and social background. It is the most intuitive reflection of social mentality and a manifestation of the level of social governance. In recent years , The ecology of online public opinion has undergone major changes, which have positive aspects and some problems. The network public opinion ecology is systemic and social, and its problems cannot be solved by one-way regulation. Improving the ecology of online public opinion is the common responsibility of governing the community. Only when everyone does their part and suits their needs can the ecology of online public opinion enter a healthy track.

Keywords: Internet Public Opinion; Public Opinion Ecology; Social Co-governance

Ⅲ Special Reports

B. 5   Henan Zhengzhou "7 · 20" Extra Large Heavy Rain Disaster Mechanism Analysis and Countermeasures

Mou Di, Chen An / 063

Abstract: Henan Zhengzhou "7 · 20 " mean heavy rain caused serious casualties and economic property losses. This study analyzed the mechanism of this emergency, summarizing the lessons learned from emergency management, and proposed countermeasures. Henan Zhengzhou "7 · 20 " Emergency Management There is a disaster warning and emergency, the situation is not decisive, and there is no deciship in the situation, comprehensive response and key reinforcement, normal preparation and war emergency matches. It is recommended to optimize and improve from planning urban environment layouts, construction of sponge cities, guaranteed joint defense linkages.

Keywords: Extreme Rainstorm; Urban Water Disaster; Mechanism Analysis; Emergency Management

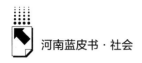

B.6   Research on the Path of Improving the Income Level of Henan
        Residents and Realizing Common Prosperity

Ren Xiaoli / 073

Abstract：General Secretary Xi Jinping emphasized at the tenth meeting of the Central Finance and Economics Committee held in August 2021 that common prosperity is the essential requirement of socialism and an important feature of Chinese-style modernization. It is necessary to adhere to the people-centered development concept. Promote common prosperity in high-quality development. Through the joint efforts and continuous struggle of the people of Henan, Henan has historically solved the absolute poverty problem together with the whole country. On the basis of building a moderately prosperous society in an all-round way, Henan puts increasing the income level of residents and promoting the common prosperity of the people in a more important position. Has made obvious substantive progress, and the people's sense of gain, happiness, and security have been further improved. In the future, it is necessary to innovate the path of high-quality economic development, strengthen and enlarge the cake of economic development; do everything possible to ensure the main body of the market, improve employment stability and employment quality; try every means to increase the proportion of primary distribution, and promote the formation of an olive-type distribution structure; take multiple measures to increase income Distribute the quality, improve the redistribution adjustment mechanism, and move towards the goal of common prosperity.

Keywords：Henan; Common Prosperity; Residents' Income; Residents' Quality of Life

B.7   Assessment Report on "Power List" of County Government of
        Henan in 2021

Henan University Power List Research Problem Group / 089

Abstract：The evaluation index system of the list of powers and responsibilities of county-level government departments is constructed from three dimensions: formal completeness, quantitative suitability and classification accuracy. Represented by the development and reform commission and the bureau of education and sports, this paper makes a quantitative evaluation on the power list of 104 county-level governments in Henan Province. The results show that in 2021, the average score of the quality index of the list of powers and responsibilities of 104 county-level governments in Henan Province is 69.49, and the top five are Luoning, Ruyang, Xin'an, Nanzhao and Gongyi. From the perspective of administrative division, the average score of the quality of the list of powers and responsibilities of the counties under the jurisdiction of Zhengzhou is the highest, and Zhoukou is the lowest. The evaluation also found that the list of powers and responsibilities released by some county-level governments lacked many power operation flow charts, coding and supervision mechanisms, and the proportion of other rights and responsibilities was significantly high.

Keywords: Power List; Index System; County Government

B.8 Study on the Effective Connection Between Consolidating the Achievements of Poverty Alleviation and Rural Revitalization in Henan Province *Zhang Yating, Cui Xuehua* / 109

Abstract: At present, Henan Province has achieved primary results in consolidating and expanding the key achievements in poverty alleviation, which has laid a solid foundation for the full implementation of the Rural Revitalization Strategy. In the next step, we must take effective measures to break through the practical difficulties, realize the effective connection between industrial development, organizational talents and ecological environmental protection, ensure more sufficient financial, human, scientific and technological resources, fully mobilize the endogenous power of the masses, and ensure the effective connection between the province's consolidation of poverty alleviation

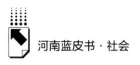

achievements and Rural Revitalization.

Keywords: Poverty Alleviation Achievements; Rural Vitalization; Henan Province

B. 9 Research on the Current Situation and Countermeasures of
Township (Street) Social Workstation Construction in
Henan Province

Gao Furong, Mao Huiqiong / 120

Abstract: Under the macro background of entering a new stage of development, implementing new development concepts, building a new development pattern, and seeking high-quality development, the construction of township (street) social work stations is essential for building a grassroots public service platform, strengthening grassroots social governance, and improving grassroots civil service Ability plays an important role. With the great attention of party committees and governments at all levels, the construction of social workstations in Henan Province has entered a stage of rapid advancement, which is manifested in the strengthening of the top-level design at the institutional level, integrating the construction of social work stations into the high-quality development of civil affairs; the functional positioning level of social work stations The construction is included in the solution of the problem of grassroots social governance and social public services; demonstration sites have been established throughout the province, and the construction of social work stations has been included in the work deployment of civil affairs departments at all levels. In the process of social work station construction, there is a talent dilemma that social work talents cannot meet the needs of social work station construction; an institutional dilemma that related systems and policies of social work stations are missing; and a practical dilemma that administratively restricts the professional functions of social work stations. To this end, in view of the multiple difficulties in the construction process, we can strengthen the leadership of party building and gather multiple forces; improve the system construction and consolidate the foundation of services; the administrative absorption of organizations and the establishment of active mutual construction; enhance the capacity of social workers and cultivate local talents; strengthen standards Manage, improve service effectiveness and other aspects.

Keywords: Township (Street) Social Workstations; Social Public Service; Social Workers

B. 10 The Present Situation and Educational Guidance of College Students'concept of "filial piety" in Henan Province

Li Zhiqiang, Chen Milin and Liu Jingyi / 130

Abstract: Through a questionnaire survey of college students in two universities in Henan Province, from the aspects of "respect for parents", "economic support", "spiritual support", "obedience to parents", "luxurious burial", "to leave offspring", "to stay close to your parents", "to spare your body", "whether or not agree to put your parents in nursing home", "expectations of parent-child relationship", "filial piety is an autonomous behavior or a social norm" and so on to analyzes the college students' concept of "filial piety". The research finds that: the university students in Henan universities generally agree with the traditional filial piety culture, and generally agree with the beneficial thoughts such as "respect for parents", "economic support" and "spiritual support" in the traditional filial piety. They reject the backward idea of "filial piety" in simultaneous interpreting, such as "to leave offspring for parents", "obedience" and "personal dependence". The concept of filial piety tends to be equal and independent, and filial piety is more out of love for parents than fear. Secondly, college students generally prefer to regard filial piety as an "autonomous" behavior rather than a "social norm", and believe that filial piety is

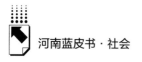

their own business. Thirdly, the "backward" concept of "filial piety", disharmonious parent-child relationship problems such as insufficient communication with parents still exist in a few college students. This paper puts forward corresponding countermeasures and suggestions for the "filial piety" education and guidance of college students in Henan Province.

Keywords: College Students; The Concept of Filial Piety; Educational Guidance

B.11 Research on the Innovation Strategy of Henan Infrastructure Construction and Rural Governance System Based on the Integration of Urban and Rural Development

Zhao Qi / 142

Abstract: The development of urban-rural integration requires the government to promote urban-rural integration and new-type urbanization to achieve rural revitalization. The Henan Provincial Committee of the Communist Party of China comprehensively deepen the reform committee pointed out in the work points released in 2021 that Henan will deepen reforms, accelerate the process of rural modernization, and promote the coordinated development of urban and rural areas. The integrated development of urban and rural areas is the country's overall strategy and overall deployment. In the context of changes in social contradictions, the integrated development of urban and rural areas is of great significance to Henan's infrastructure construction and rural governance system innovation. Infrastructure construction is conducive to breaking travel barriers, promoting the flow of people, stimulating economic development, expanding rural employment, improving public services, enhancing farmers' sense of gain, improving the ecological environment, and promoting civilized construction. It plays an important role in the process of improving rural governance. The development of urban-rural integration and the construction of the rural governance system are interdependent and mutually promoted. Urban-rural integration provides a sustainable development perspective for rural governance and an economic foundation for rural governance. Rural governance opens up new ways of urban-rural integration and provides environmental protection for urban-rural integration. From the perspective of urban-rural integration, Henan should be based on the conditions of the province, according to the characteristics of regional economic and social development, promote the construction of infrastructure and rural governance system, realize the intelligentization, standardization and industrialization of rural infrastructure, and realize the concept, mechanism, application and application of rural governance. Innovation of the subject. The government should build a characteristic rural governance system to create a new situation in Henan's urban-rural integration.

Keywords: Urban-rural Integration; Infrastructure Construction; Rural Revitalization; Rural Governance

B. 12　Exploration and Path Research on Strengthening Rural

Grass-roots Party Construction in Henan Province

under the Background of Rural Revitalization Strategy

Guo Jiaru / 155

Abstract: The implementation of the rural revitalization strategy puts forward higher requirements for the governance ability and governance level of rural grass-roots party organizations. In recent years, Henan province has actively explored the methods and paths of the construction of rural grass-roots party organizations, established an all-round pattern of rural grass-roots party construction, strengthened the construction of rural grass-roots party organizations, selected excellent secretaries of rural grass-roots party organizations, and consolidated the construction of rural party members, which has achieved many results and accumulated some experience. Under the background of rural revitalization strategy, Henan province

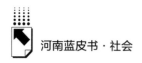
should further strengthen the formation of rural grass-roots party organizations, continuously optimize the team of village party branch secretaries, actively do a good job in the absorption and training of rural Party members, strive to improve the party's organizational coverage and work coverage, and strive to enhance the ability and foundation of rural grass-roots party organizations to develop the collective economy.

Keywords: Henan Province; Rural Vitalization; Rural Grass-roots Party Construction

B.13   A Study on the Coupling Mechanism of Peasant Workers'
Returning Hometown to Start a Business and New
Urbanization Construction in Henan Province

Ma Yinlong / 167

Abstract: In recent years, under the influence of domestic and foreign economic and political situations, the employment risks in developed areas in China have increased. Structural unemployment in big cities has become increasingly prominent. It has become increasingly difficult for migrant workers to find employment in big cities. Corresponding countries vigorously advocate returning to their hometowns to start businesses, and local governments have actively introduced various incentives to support migrant workers returning to their hometowns to start businesses. There has been a phenomenon of "returning to their hometowns to start businesses" in various regions. As a populous province in Henan, migrant workers from other provinces of Henan rank first in the country. The return of migrant workers in Henan Province to start a business is conducive to driving the deep integration of market and resources between urban and rural workers and peasants, promoting the integrated development of urban and rural areas, and further promoting Henan Province The construction of a new type of urbanization. The new-type urbanization construction can bring more opportunities to returning migrant workers, provide a larger platform, and further promote the return of rural migrant workers to their hometowns to start businesses. Therefore, there is a gap between the return of rural migrant workers in Henan Province and the construction of new-type urbanization in Henan Province. There is an active coupling interaction mechanism.

Keywords: Migrant Workers; Returning Home to Start a Business; New Urbanization; Coupling Mechanism

B.14 Research on the Innovative Communication Path of Traditional Culture in the Context of all Media

— *Take Henan TV's Chinese festival series as an example*

Liu Chang / 177

Abstract: The excellent traditional Chinese culture is the root and soul of the Chinese nation. It is of great significance for us to strengthen cultural confidence and develop national culture to study the innovative communication of traditional culture. In 2021, Henan TV's Series of Chinese traditional festivals will be featured frequently through the innovative integration of traditional culture and modern expression. Through the interpretation and analysis of the coding and decoding of Chinese festival series programs, this paper explores the cultural implementation strategies of innovative development and creative transformation of traditional culture in the context of all-media.

Keywords: All-media; Traditional Culture; Modern Auditioning; Inheritance and Innovation

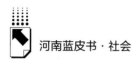
IV　Investigation Reports

B.15　The Challenge of Population Aging Faced by Henan Province
Under the New Situation and how to Deal With it

Zhou Quande / 186

Abstract：According to the data of the seventh national census of Henan Province, the population ageing has accelerated, aggravated and deepened. The development characteristics of population ageing：The speed of population aging is quickening, the scale of the aged population is large, the proportion of the aged population is increasing, which leads to the decrease of the proportion of the working-age population, and the net outflow of the population leads to the aggravation of the aging state of the resident population in the province；The problem is the imbalance of population aging degree among regions, the large scale of old people living alone and " empty nest" , the increasing number of disabled and semi-disabled old people. As the population ageing increases the burden of social security, increases the pressure on the provision of basic public services, increases the burden of social support, and creates difficulties for family care and social services, the relevant departments in Henan should renew their ideological and cultural concepts, correct the orientation of the value of the aged, explore the productive value of the aged, and increase the dividend of population quality, we will work hard to improve the level of social security for the aged and continuously enhance the supply capacity and quality of social services for the aged.

Keywords：Population Ageing；Social Pension Services；Henan Province

B. 16 The Present Situation and Future Trend of Population

Development in Henan Province

—*Analysis Based on the Data of the Seventh National Census*

Abstract: Population Development is a long-lasting strategic issue, which concerns the overall situation of high-quality economic and social development of the province. Based on the data of the Seventh National Population Census, this paper analyzes the current characteristics and development trend of population development in Henan Province. On this basis, in view of the development and changes in the size, structure and quality of the population of Henan Province, this paper puts forward four measures for Henan to cope with the population development in the future: to maintain the appropriate fertility level, to actively deal with the population ageing, to implement a more active talent strategy, and to promote the new type of urbanization with people as the core.

Keywords: Population Development; The Seventh National Census; Henan Province

B. 17 Study on the Nursing Dilemma and Service System

Construction of 0 −3 year old Infants in Henan Province

—*Based on a survey in Zhengzhou*

Abstract: Ta Based on China's population structure, fertility policy and its impact, China's fertility policy in 2016 has realized the transformation from the policy of "two children only" to the policy of "two children for all". Since the implementation of the universal two-child policy, the number of children aged 0 − 3 years in China has also increased dramatically in a short period of time. In urban areas, 0 −3 parents of infants and young children are mainly dual-career workers,

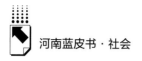

lacking experience and time in infant care. Community care and institutional care related industries are gradually developed under the support of national policies. However, as community care and institutional care differ in charge standard, care content, care level, etc. , they are also faced with great doubts in the market operation. Based on the comprehensive two child policy, this study investigated the family members of infants aged 0 – 3, to understand its to family care, community care, organization to take care of the needs and views, to explore the current problems and situation, in the process of the development of infant care based on multivariate in perspective, from family, community, institutions, proposed three participation main body system, service development, 0 to 3 years old infants and young children to take care of the new mode, to solve the 0 to 3 years old infants and young children to take care of the model to provide the reference.

Keywords: Comprehensive Two-child; Infants Aged 0 –3 Years; Childcare Services: Care for Difficult Situations

B.18   Henan Graduates' Return Choices and Policy Revelation

—*Investigation on 1136 Henan Graduates in Colleges and*

Foreign Executives   *Sun Yamei / 232*

Abstract: The outflow of outstanding young talents caused by higher education and employment is huge, which is the talent pain point in the rise of Henan province. Under the background of intensified regional competition, it is of great significance to grasp the flow law of Henan students and explore the return path of high-quality talents for realizing the strategy of strengthening the province with talents. Based on the sample survey data and interviews of Henan college graduates studying in and outside Henan Province, this study reflects the graduates' choice of after-graduation destination, the characteristics of employment flow, the trend of future flow, the evaluation and expectation of the current talent policy, and puts forward relevant suggestions on talent policy on this basis. The survey found that the COVID − 19 epidemic had a great impact on employment, and the proportion of students from Henan pursuing higher degree was higher. More than half of graduates from Henan tend to work in Henan, and the scale of returning will continue to expand in the future. The structure of students choosing Henan is not balanced, and there is still a significant loss of elites. Students who choose to work in Henan province and those who are not have a significant difference in their subjective evaluation of economic and social aspects of Henan province. High-level talents pay the highest attention to policy; Graduates who choose primary work are more inclined to stay in the province. The enlightenment to the existing talent policy include: optimize the industrial structure, cultivate the internal strength of economic development; Grasp the flow law, explore long-term talent policy; Pay more attention to elite talent, expand talent contribution channels; Adjust talent thinking patterns, grasp the opportunity of educational reform; Promoting tripartite cooperation to improve the effectiveness of talent policies; Expand primary positions and clarify talent development mechanisms.

Keywords: Graduates Originated from Henan; Employment Choice; Talent Flow; Talent Policy

B. 19　An Empirical Study on The Construction of Long-term

Industrial Poverty Alleviation Mechanism

　　—Taking Huixian City of Henan Province as An Example

Xue Jun, Ji Liuyin / 249

Abstract: The problem of absolute poverty has been solved in China, "unbalanced and inadequate development" will lead to the long-term existence of the problem of relative poverty, so it is particularly important to establish a long-term mechanism to solve the problem of relative poverty. From the perspective of sustainable development theory, this paper, taking Huixian City as an example, conducted an investigation and study on the effect of industrial poverty alleviation

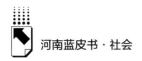

projects in Huixian City by means of interviews, and concluded that there were problems such as insufficient industrial coverage, weak foundation, internal motivation of the public, lack of professional knowledge and capital sources. At the same time, some suggestions are put forward, such as developing new industrial projects at different levels, selling on the Internet platform, and increasing the input of human and material resources, so as to promote the thorough development of industrial poverty alleviation work.

Keywords: Poverty Alleviation by Developing Industries; Permanent Mechanism; Sustainable Development; Huixian City

B.20 Practice and Reflection on the Development of Community Intelligent Pension Model in Henan Province   *Pan Yanyan / 262*

Abstract: In recent years, the aging process of Henan province is accelerating, which brings severe challenges to the social and economic development. The problem of pension is becoming more and more prominent. With the rapid development of network information technology, community intelligent pension emerged , which has become a new model to effectively deal with the problem of aging population and solve the pension dilemma. Henan Province has preliminarily explored the development of community intelligent pension model and achieved remarkable results. However, it also faces problems such as imperfect policy design, low level of wisdom in pension service, shortage of comprehensive talents and low participation degree of the elderly. Optimizing and improving the community intelligent pension model requires the joint efforts of government departments, pension industry, communities, and the elderly to achieve new development and breakthrough in policy environment, technology research and development, supporting facilities construction, talent team construction and other aspects, and then go out of the intelligent pension path suitable for the development of the province.

Keywords: Population Aging; Community Intelligent Pension; Innovation Mode

B.21 Suggestions, Results, Issues and Countermeasures of
Rural Pension in Henan Province

Sun Yueyue / 275

Abstract: The rural area is an important front for responding to the problem of population aging. In recent years, the degree of population aging in Henan has deepened, and the acceleration is more obvious than the whole country. The old-age dependency rate is rising, and the problem of empty nesting has become increasingly prominent. The rural elderly population has a large scale and the aging degree is higher than that in the urban areas. The main results of the typical experience of rural pension work in Henan are summarized, and the low level of pension service supply is analyzed. Summarizing the practices, typical experiences and main results of the elderly care work in Henan rural areas. This paper analyzes four major issues of low supply level of pension service, insufficient fund guarantee, lack of employees and relatively high elderly care costs, and puts forward five thoughts and countermeasures: It is based on the premise of in-depth study on the development trend of population aging. It is a breakthrough to innovate elderly service models and foster new business formats. To improve the quality of elderly care services as the guide. To increase capital and talent investment as the starting point. To improve pension policies and regulations as a guarantee.

Keywords: Rural Elderly Security; Aging Population; Elderly Service

皮 书

智库成果出版与传播平台

✦ 皮书定义 ✦

皮书是对中国与世界发展状况和热点问题进行年度监测,以专业的角度、专家的视野和实证研究方法,针对某一领域或区域现状与发展态势展开分析和预测,具备前沿性、原创性、实证性、连续性、时效性等特点的公开出版物,由一系列权威研究报告组成。

✦ 皮书作者 ✦

皮书系列报告作者以国内外一流研究机构、知名高校等重点智库的研究人员为主,多为相关领域一流专家学者,他们的观点代表了当下学界对中国与世界的现实和未来最高水平的解读与分析。截至2021年底,皮书研创机构逾千家,报告作者累计超过10万人。

✦ 皮书荣誉 ✦

皮书作为中国社会科学院基础理论研究与应用对策研究融合发展的代表性成果,不仅是哲学社会科学工作者服务中国特色社会主义现代化建设的重要成果,更是助力中国特色新型智库建设、构建中国特色哲学社会科学"三大体系"的重要平台。皮书系列先后被列入"十二五""十三五"国家重点出版规划项目;2013~2022年,重点皮书列入中国社会科学院国家哲学社会科学创新工程项目。

权威报告·连续出版·独家资源

皮书数据库
ANNUAL REPORT(YEARBOOK)
DATABASE

分析解读当下中国发展变迁的高端智库平台

所获荣誉

- 2020年，入选全国新闻出版深度融合发展创新案例
- 2019年，入选国家新闻出版署数字出版精品遴选推荐计划
- 2016年，入选"十三五"国家重点电子出版物出版规划骨干工程
- 2013年，荣获"中国出版政府奖·网络出版物奖"提名奖
- 连续多年荣获中国数字出版博览会"数字出版·优秀品牌"奖

皮书数据库　　"社科数托邦"
　　　　　　　微信公众号

成为会员

　　登录网址www.pishu.com.cn访问皮书数据库网站或下载皮书数据库APP，通过手机号码验证或邮箱验证即可成为皮书数据库会员。

会员福利

- 已注册用户购书后可免费获赠100元皮书数据库充值卡。刮开充值卡涂层获取充值密码，登录并进入"会员中心"—"在线充值"—"充值卡充值"，充值成功即可购买和查看数据库内容。
- 会员福利最终解释权归社会科学文献出版社所有。

数据库服务热线：400-008-6695
数据库服务QQ：2475522410
数据库服务邮箱：database@ssap.cn
图书销售热线：010-59367070/7028
图书服务QQ：1265056568
图书服务邮箱：duzhe@ssap.cn

社会科学文献出版社 皮书系列
SOCIAL SCIENCES ACADEMIC PRESS (CHINA)

卡号：829778365594
密码：

S 基本子库
SUB DATABASE

中国社会发展数据库（下设 12 个专题子库）

　　紧扣人口、政治、外交、法律、教育、医疗卫生、资源环境等 12 个社会发展领域的前沿和热点，全面整合专业著作、智库报告、学术资讯、调研数据等类型资源，帮助用户追踪中国社会发展动态、研究社会发展战略与政策、了解社会热点问题、分析社会发展趋势。

中国经济发展数据库（下设 12 专题子库）

　　内容涵盖宏观经济、产业经济、工业经济、农业经济、财政金融、房地产经济、城市经济、商业贸易等 12 个重点经济领域，为把握经济运行态势、洞察经济发展规律、研判经济发展趋势、进行经济调控决策提供参考和依据。

中国行业发展数据库（下设 17 个专题子库）

　　以中国国民经济行业分类为依据，覆盖金融业、旅游业、交通运输业、能源矿产业、制造业等 100 多个行业，跟踪分析国民经济相关行业市场运行状况和政策导向，汇集行业发展前沿资讯，为投资、从业及各种经济决策提供理论支撑和实践指导。

中国区域发展数据库（下设 4 个专题子库）

　　对中国特定区域内的经济、社会、文化等领域现状与发展情况进行深度分析和预测，涉及省级行政区、城市群、城市、农村等不同维度，研究层级至县及县以下行政区，为学者研究地方经济社会宏观态势、经验模式、发展案例提供支撑，为地方政府决策提供参考。

中国文化传媒数据库（下设 18 个专题子库）

　　内容覆盖文化产业、新闻传播、电影娱乐、文学艺术、群众文化、图书情报等 18 个重点研究领域，聚焦文化传媒领域发展前沿、热点话题、行业实践，服务用户的教学科研、文化投资、企业规划等需要。

世界经济与国际关系数据库（下设 6 个专题子库）

　　整合世界经济、国际政治、世界文化与科技、全球性问题、国际组织与国际法、区域研究 6 大领域研究成果，对世界经济形势、国际形势进行连续性深度分析，对年度热点问题进行专题解读，为研判全球发展趋势提供事实和数据支持。

法律声明

"皮书系列"（含蓝皮书、绿皮书、黄皮书）之品牌由社会科学文献出版社最早使用并持续至今，现已被中国图书行业所熟知。"皮书系列"的相关商标已在国家商标管理部门商标局注册，包括但不限于LOGO（ 　 ）、皮书、Pishu、经济蓝皮书、社会蓝皮书等。"皮书系列"图书的注册商标专用权及封面设计、版式设计的著作权均为社会科学文献出版社所有。未经社会科学文献出版社书面授权许可，任何使用与"皮书系列"图书注册商标、封面设计、版式设计相同或者近似的文字、图形或其组合的行为均系侵权行为。

经作者授权，本书的专有出版权及信息网络传播权等为社会科学文献出版社享有。未经社会科学文献出版社书面授权许可，任何就本书内容的复制、发行或以数字形式进行网络传播的行为均系侵权行为。

社会科学文献出版社将通过法律途径追究上述侵权行为的法律责任，维护自身合法权益。

欢迎社会各界人士对侵犯社会科学文献出版社上述权利的侵权行为进行举报。电话：010-59367121，电子邮箱：fawubu@ssap.cn。

社会科学文献出版社